어떻게 경제적 자유를 얻을 것인가

SK바이오투자센터장 이동훈의 투자 수업

어떻게 경제적 자유를 얻을 것인가

이동훈 지음

해냄

이 책에 쏟아진 수많은 리뷰들

좋은 책은 한 사람의 인생을 바꿀 힘을 갖고 있다. 이 책이 바로 그러한 영향력을 지닌 책이라고 생각한다. 이 책에는 1년여 동안 강의로 배웠던 경제적 자유에 대한 방대한 내용이 간결하게 잘 정리되어 있다. 비록 주변에 비슷한 주제의 도서들이 많이 있지만, 이만큼 독자의 재정독립을 바라는 진정성을 담고 있으면서 전문성과 재미를 함께 갖춘 책은 드물다. — **강재균 | 건축사, 삼우종합건축사사무소**

원하는 삶을 산다는 것. 세바시 강연의 단골 주제이다. 다양한 분야의 강연자들이 그 방법을 이야기했지만, 정작 중요한 이야기는 빠져 있었다. 바로 돈 문제이다. 세바시에는 '어떻게 돈을 공부하고, 돈을 벌 것인가'에 관한 이야기가 턱없이 부족했다. 지난 10년간 세바시의 실패를 깨닫고 나서, 이 책이 세상에 나왔다. 저자는 재정독립과 경제적 자유를 '원하는 삶을 살기' 위한 선결 조건이라고 정의한다. 이어서 우리 삶의 핵심 교양으로서 금융과 투자에 관한 지식과 통찰을 꾹꾹 눌러 책에 담았다. 다행히 이 귀한 책의 출판을 세바시가 (조금) 도왔다. 이 책 하나만으로 지난 10년의 실패를 만회하기에 충분하다. — **구범준 | 세바시 대표 PD**

항상 제 자리에서 열심히 살았지만, 세상에 대한 시선은 흐릿했다. 20대의 끝자락에서 배움에 대한 갈증도 있었고, 특히 재정적인 면에 대한 막연한 두려움이 있었다. 하지만 이 책의 내용을 먼저 강의로 '미리 듣기' 하며, 무지를 인정하고 세상을 더 선명하게 볼 수 있었다. 투자 성향과 전략을 재점검하게 되었고, 목적의식을 가지고 공부하게 되었다. 길게 보고, 자유롭게 사고하며 나아가고 싶은 분들과 꼭 같이 읽고 싶다. — **김남연 | 홍콩 패션회사 근무**

투자에 관한 책을 볼 때면 왠지 무언가 빠져 있다는 느낌이 들었다. 그건 바로 투자는 나에게 어떤 의미인지 어떻게 투자할지에 관한 가치관에 대한 것이다. 이 책은 저자의 생생한 경험을 통해 독자들의 눈높이로 어떻게 투자에 접근할 것인지에 대한 조언을 담고 있다. '재정독립'이라는 고민을 행동으로 옮길 수 있도록 도와주는 디딤돌 같은 책이다. — **김상균 | 준국제기구 근무**

간단한 검색만으로도 수두룩하게 쏟아지는 투자 정보들. 하지만 무엇에 투자하라는 정보는 쏟아지는데 반해, 어떻게 투자 역량을 키워나갈지, 왜 투자하는지에 대한 사유는 부족하다. 그로 인해 우리는 힘들게 모은 재산을 쉽게 잃기도 한다. 이 책은 경제적 자유를 얻기 위해 준비해야 할 실질적인 방법뿐 아니라, 갖추어야 할 습관과 태도, 투자 철학 등 진심 어린 조언이 가득 담긴 가이드북이다. 경제적 자유를 통해 이루고자 하는 목표, 투자의 본질적인 동기에 대해 답해 보는 기회를 줄 것이다. **— 김지민 | AXA 손해보험 근무**

우리는 부자가 되고 싶어 하지만 부자가 되는 방법은 잘 모른다. 이 책은 나처럼 투자, 경제, 산업이라고는 1도 모르는 대한민국의 평범한 40대 주부도 이해하기 쉽고, 실천해 나갈 수 있는 구체적인 투자법을 제시하고 있다. 더불어 그의 30년 투자 경험이 집대성되어 있어 경제 분야를 뛰어넘어 자기계발 영역에서도 진실한 멘토링을 해준다. **— 김혜련 | 제주에 사는 40대 주부**

죽기 전에 꼭 하고 싶은 일을 경제적 제약 없이 해보고 싶은 분들은 이 책을 꼭 보시라. 이 책은 단순히 부를 축적하기 위한 투자의 기술을 담고 있지 않다. 출판을 위해 급조된 콘텐츠는 더욱 아니다. 저자의 30여 년의 경험을 통해 체득한 친절하고 따뜻한 투자 설계서이다. 나아가 투자자로서의 자신을 바라보고 성장시킬 수 있는 훌륭한 인생 지침서가 될 것이다. 내가 좋아하는 일을 업으로 영위하기 위한 필요조건으로서의 재정독립을 향한 조언이라 더 가치 있고 신뢰할 수 있다. 당신에게도 아직 세 번의 기회는 있다. 잡으시라. **— 민일 | 존스홉킨스 의과대학 방사선과 교수**

투자는 어렵고 갑자기 벼락거지가 될까 봐 두려운 나와 같은 30대에게 꼭 필요한 책이다. 저자는 끊임없이 이야기를 풀어내는 『아라비안 나이트』의 세헤라자데처럼 100회 정도 진행된 강의에서 30년간의 투자 경험과 방대한 지식을 전해주었다. 이 강의를 한 권으로 압축한 이 책은 재정독립을 꿈꾸는 이들에게 선물이 되어줄 것이다. **— 박영진 | 삼성물산 근무**

저자는 호기심 많은 눈으로 사람들을 바라보며 자신의 경험과 주변 사례를 들어 경제에 전문지식이 없는 사람들도 쉽고 편안하게 이해할 수 있도록 투자에 대해서 설명하고 있다. 저자는 투자에 관해 많은 이야기를 하고 있으나, 그 이야기들은 인 간관계를 맺거나 인생을 살아가는 태도와도 연결되어 있다. 이 책에서 말하는 재정 독립과 경제적 자유의 의미를 되새기고, 미래를 준비하여 돈에서 자유로워지는 날 을 꿈꾸어 본다. ─ 박유연 | 파리에 사는 그래픽 디자이너

내 인생의 방향성은 이 책을 읽기 전과 후로 나뉜다. 끝없이 선택하는 삶 속에서 이 책은 나에게 소중한 울림이자 이정표가 되어주었다. 덕분에 인생의 방향에 대해 깊 게 생각하는 감사한 시간을 보낼 수 있었다. 많은 사람들에게 부사장님의 진술한 가르침과 따뜻한 마음이 닿았으면 좋겠다. ─ 박주혜 | 경제적 자유를 꿈꾸는 30대

오직 성실하게 살아야 하는 게 정답이라고 생각했다. 오십을 앞둔 나이에도 투자를 투기라 여기고 멀리했다. 주변 사람들이 하는 다양한 재테크를 보고 투자가 필요하 다고 생각했지만, 정작 실제로 내가 한 건 투기였다. 이렇게 투자에 대해서 무지한 중 년에게도 이 책은 너무 도움이 된다. 20~30대 직원들에게 한 권씩 선물하고 싶다. ─ 양상철 | 800도씨 대표

경제적 자유를 위해 어디서부터 시작할지 모르겠는 이 땅의 금융 문맹인 분들과 인생의 멘토가 필요한 분들께 이 책을 추천한다. 재정독립을 위해 어떻게 생각하고 접근하고 실천해야 하는지, 기초부터 실전까지 튼튼하게 장기적인 안목을 기를 수 있도록 안내해 줄 것이다. ─ 양지영 | 클하대학교 멤버

'어떻게 경제적 자유를 얻을 것인가'라는 물음에 저자는 경제활동을 먼저 시작하 여 재정독립을 이룬 선배로서, 30여 년간 풍부한 투자 경험을 쌓은 지혜로운 멘토 로서 정답에 가까운 대답을 던져주고 있다. 경제이론과 투자 전략을 여러 사례를

통해 쉽고 재미있게 풀어서 경제·투자·인생 분야의 나침반과 같은 역할을 해준다. 이 책을 읽은 독자라면 지금 어느 시점의 인생을 살고 있든 자신만의 투자 방식을 찾아 새로고침하여 시작할 수 있는 용기를 얻을 수 있을 것이다. — 이나리 | 미술사가

저자는 이 책을 통해 자신이 차곡차곡 모은 지식과 경험이라는 색색의 실타래 중실 한 올을 우리에게 선뜻 내어준다. 그뿐만 아니라 문양과 기술도 친절하게 열심히 가르쳐 준다. 그에게서 풀어온 실로 우리가 훨씬 수월하게 경제적 자유를 실천할 수 있도록. '사회 자본가'의 모범을 겸손하게 보여주는 이 동년배가 주는 교훈과 실용적인 경제 사전을 손에 넣은 뿌듯함이 나에게는 올해의 가장 큰 수확이다.
— 정희전 | 캐나다에 사는 클하대학교 멤버

투자에 대한 단편적 지식과 정보를 알려주는 책은 많지만, 이처럼 저자가 오랜 시간 동안 체득한 투자의 본질을 알려 주는 책은 드물다. 건물을 지을 때 기초가 중요한 것처럼 투자에도 탄탄한 기초가 필수적인데, 이 책은 경제이론과 실질적 사례의 적절한 조화를 통해 투자의 기본기를 확실히 잡아준다. 주식과 부동산, 대체투자에 이르기까지 다양한 분야에서 투자의 맥을 제대로 짚고 싶은 분들에게 권한다.
— 조종희 | JP모건체이스 미국 소비자 마케팅 투자 분석 담당

코로나 시대, 앞날을 예측할 수 없는 불안함 속에 알게 된 클럽하우스의 클하대학교. 이동훈 부사장의 마음과 지식이 녹아 있는 경제 이야기를 듣자마자, 그가 MZ세대에게 필요한 이 시대의 멘토임을 직감했다. 거시적 경제는 물론 인문학적 소양까지 딴딴한 이가 풀어내는 이야기는 남다르다. 쉽다. 공감을 넘어 감동을 준다. 이 책을 선택하는 당신의 하루는 분명 달라질 것이다. — 최인정 | 트래블 스타일리스트

은퇴 후, 당신만은 후회하지 않기를

『어떻게 경제적 자유를 얻을 것인가』는 재정독립과 경제적 자유에 대한 이야기를 담은 책입니다. 그간 주변의 선배, 친구, 후배 들을 보면서 가졌던 한 가지 궁금증이 집필의 계기가 되었지요. 그 궁금증이란 '왜 이들은 자신들의 재정독립과 경제적 자유에 별 관심이 없을까?'였습니다.

그들은 올바른 가치관을 바탕으로 사회에 도움이 되는 인생을 성실히 영위하고 자신의 일에 대해 자신감과 자존감을 갖는 사람들이었습니다. 하지만 약 10년 전부터 저는 그들이 마음속으로 이따금씩 답답함과 불안함을 느끼고 있다는 사실을 알게 되었습니다.

고등학교 혹은 대학교 동창들을 만나면 항상 듣는 이야기가 있습니다. '예전엔 은퇴를 앞둔 선배들이 미래를 걱정하는 모습을 봐도 남의 일처럼 여겨져 잘 체감되지 않았는데 이제 우리가 슬슬 그 나이가 되어가니 그 선배들과 비슷한 걱정을 하게 되더라'라는 이야기입니다.

특히 2021년에는 유독 눈에 띄는 현상이 있었습니다. 좋은 회사에서 임원으로 재직하며 소위 '잘나가는' 위치에 있다고 여겨졌던 친구들이 갑자기 추풍낙엽처럼 회사를 떠나게 되었다는 게 그것이었습니다. 그리고 그들 중 상당수는 재취업에 어려움을 겪을 뿐 아니라 은퇴 후를 대비한 경제적 안전장치를 따로 마련해 놓지 않아 난처한 상황에 처해 있다는 점도 알게 되었습니다.

이런 문제는 50세를 넘긴 지 3~4년이 된 제 또래에게만 해당되는 것인지 궁금해진 저는 주변의 친한 후배들에게 조심스럽게 넌지시 물어보기 시작했습니다. 은퇴라는 것을 생각해 본 적이 있는지, 은퇴할 때를 대비해 재정적으로 충분한 준비가 되어 있거나 혹은 그런 준비를 하고 있는지 등을 말입니다.

그리고 그에 대한 답들을 여러 사람들로부터 들으면서 놀라운 사실을 알게 되었습니다. 사람들은 은퇴 후에 대한 대비를 충분히 하고 있지 않을 뿐 아니라 그런 마음과 걱정이 있어도 구체적인 방법에 대한 아이디어나 로드맵이 거의 없다는 사실이었습니다.

이런 문제점을 인지한 뒤부터 저는 '도대체 어디서부터 무엇이 잘못되었을까? 무엇이 잘못되었는지를 알고 나면 이런 현상은 고쳐질 수 있을까? 지금의 20대나 30대가 이런 문제점을 미리 알고 대비할 수 있다면 훗날 제 지인들과 같은 상황에 처하지 않을 수 있을까?' 하는 생각에 빠졌습니다.

더불어 지난 30년간 한국 및 해외 자본 시장의 변화무쌍한 움직임을 반추해 봤고, 성공적인 투자로 재정적 안정성을 충분히 확보한 주변 사람들과 이야기를 나누었습니다. 무엇보다 저 스스로 지난 30년간 어떻게 투자했고 무슨 실수를 저질렀으며 그것에서 배우고 개선해 나간 점은 무엇인지 등을 정리하기 시작했습니다. 그리고 그런 내용들을 정리하기 시작한 지 약 5년이 지난 2020년, 그 누구도 예측하지 못했던 코로나19 사태가 일어났습니다.

사실 저는 세계 경제의 버블이 언젠가는 꺼질 것이란 비관론자의 입장이었습니다. 2008년 리먼 브라더스(Lehman Brothers) 사태 이후로 미국 및 세계 각국의 중앙정부가 들불처럼 번져가는 금융위기를 해결하기 위해 양적완화를 진행하면서 발생한 자산 가격 상승을 일종의 버블이라 판단했던 것입니다.

그래서 '그 버블은 언젠가 터질 것이고 그에 따라 자산시장도 폭락할 텐데, 그렇다면 지금 나는 매수 포지션을 유지해야 할까? 아니면 현금을 보유하고 있어야 할까?'를 고민하는 상황에 있었지요. 사람들을 만난 자리에서도 금융 및 자산시장의 과열 현상이 걱정스러우니 또하나의 금융위기에 대비하는 편이 좋지 않겠냐는 이야기도 하곤 했습니다.

내생적 변수였든 외생적 변수였든, 또 예측했든 예측하지 못했든 코로나19 사태는 자본 시장에 전대미문의 충격을 가했습니다. 자산 가격은 폭락하고 시장은 공포감에 휩싸인 것이 2020년 2~3월의 일이었죠. 그런데 놀라운 것은 그런 폭락장이 그다지 오래가지 않았다는 점입니다.

10여 년 전 리먼 브라더스 사태로 촉발된 글로벌 금융위기 당시 체득한 학습효과 덕분인지 각국 중앙정부는 금융 및 자본 시장을 안정시키는 조치를 신속히 진행했습니다. 그 덕에 매우 짧은 시간의 폭락장을 뒤로한 채 이들 시장은 그야말로 눈 깜짝할 사이에 회복했습니다.

2021년 하반기에 자산들은 코로나19 팬데믹 상황 이전의 가격을 회복했을 뿐 아니라 오히려 그 이상을 기록하고 있기도 합니다. 물론 어떤 이들은 이런 상황을 제1차 세계대전 후의 대공황 당시에 버금가는 통화량 증가가 야기한 자산 가격의 버블로 판단하기도 합니다.

이런 상황에서 어떤 이들은 큰 수익을 얻는 데 반해 어떤 이들은 느닷없이 '벼락거지'라는 허탈하고 자조적인 신조어에 스트레스를 받고 있습니다. 이런 모습을 보며 저는 그간 정리해 둔 자료를 바탕으로 책을 집필, 많은 사람들이 재정독립과 경제적 자유를 이룰 수 있도록 힘써야겠다는 생각에 이르렀습니다.

중장기적으로 보자면 코로나19 사태와 같이 자산 가격에 큰 변동을 일으키는 상황은 향후에도 발생할 것입니다. 따라서 자본 시장의 역사와 속성을 이해하고, 자신이 어떠한 투자자인지 냉정히 판단한 뒤 투자에 대한 공부를 장기적으로 해나간다면 그러한 변동 상황에서 투자수익을 거두어 경제적 자유를 얻을 수 있을 것입니다.

이 책은 크게 1부 '재정독립과 경제적 자유를 위한 준비'와 2부 '장기적이고 실제적인 성공 투자 전략'으로 구성됩니다. 1부의 목적은 투자라는 큰 그림을 바탕으로 나와 환경에 대한 이해를 키우는 것입니다. 이를 위해 자본 시장과 투자에 대한 기초적 개념을 다루며 '나는 무엇을 어떻게 지속적으로 준비해야 하는가'를 살펴볼 것입니다.

이어지는 2부에서는 여러 투자 대상 중 주식과 부동산, 그리고 사업 분야를 중점적으로 다룹니다. 그러나 어떤 주식이 좋고 어디의 부동산이 좋으니 투자하자라는 식의 내용이 아니라 각 투자 대상별 세부 속성은 무엇인지, 또 우리는 어떻게 그 자산을 분석하고 바라볼 것인지를 설명하려 합니다.

재정독립과 경제적 자유는 하루아침에 이루어지지 않습니다. 장기적으로 투자에 성공해야 합니다. 이를 위해 우리의 생각과 행동의 근육을 어떻게 기르느냐에 이 책은 초점을 맞추고 있습니다. 그럼 이제부터 본격적으로 그 내용들을 살펴보겠습니다.

2021년 12월
이동훈

3장 투자의 기초부터 학습하라

4장 실전에 뛰어들기 전에 사례로 투자력을 길러라

2부 재정독립과 경제적 자유를 위해
어떻게 투자할 것인가

5장 주식_ 제국 기업을 찾아라

6장 부동산_ 공간과 사업을 연결하라

7장 대체투자_ 투자 대상을 다각화하라

1부

재정독립과 경제적 자유를 위해
무엇을 준비할 것인가

───────────── ⑤ ─────────────

자본 시장이라는 큰 그림과 나와의 관계를 설정하려면 우선 나와 내 주변을 둘러싼 환경을 이해하기 위해 노력해야 합니다. 그리고 실제 투자에 뛰어들기 전에 투자 이론의 기초를 공부하고 투자의 성공 및 실패와 관련된 여러 사례들도 살펴봐야 하지요. 무엇을 어떻게 준비해야 할지, 또 앞으로 어떻게 공부해 나갈지에 대한 단초들이 그 안에 있기 때문입니다. 1부에서는 이런 내용들에 대한 이야기를 나눠보겠습니다.

1장

30년 후, 어떻게 살고 싶은가

최근 저는 30대 후반에 이른 두 청년에 대한 생각에 한동안 깊이 빠졌습니다. 한 명은 저와 가까이 지내는 후배이고, 다른 한 명은 비록 사람은 아니지만 분명 이 세상에 실존하는 청년입니다. 무슨 이야기인지 의아하시겠지만 우선은 첫 번째 30대 청년에 대한 이야기부터 해보지요.

무지와 공포로 투자를 시작한 30대

저는 식사를 사회적 관계 맺기의 매우 중요한 방법으로 여기는 터라 외부에서의 점심이나 저녁 식사를 혼자 하는 경우가 거의 없습니다. 저의 점심 혹은 저녁 식사 자리는 대개 한두 달 전부터 친구나 선후배, 업무 관계의 사람들과 약속되어 있고, 이런 경향은 20년 가까이 이어져왔습니다.

제 후배인 30대 청년과도 언젠가 저녁 식사를 함께했습니다. 후배는 말이 약간 어눌하고 반응 속도가 느린 경향이 있어 그와의 대화를 불편해하는 사람도 간혹 있습니다. 하지만 말 한 마디 한 마디가 진솔하고 묵직하다는 점, 그래서 서로 이야기를 나누고 나면 항상 느껴지는 바가 있다는 점에서 저는 그 후배와의 대화를 참 좋아합니다.

그날도 우리는 사무실 근처의 식당에서 만나 아이들이 어떻게 크고 있는지, 회사생활은 어떤지, 힘든 일은 있는지, 개인적으로 성장하고 있는지 등 조금은 형식적이다 싶은 대화를 나누며 식사를 했습니다. 그리고 어느 정도 대화가 무르익을 무렵 제가 불쑥 물었습니다.

"요즘 주식엔 좀 투자하고 있니?"

"네, 하고 있습니다."

"그렇구나. 잘했네. 어떤 종목들에 얼마를 투자하고 있어?"

"투자액은 2,000만 원 정도이고요, 우량주 두 종목과 바이오주, 모빌리티, 반도체에 각각 한 종목씩 해서 총 다섯 종목을 보유하고 있습니다."

속으로 '오, 제법이네!' 싶었습니다. 흔히들 이야기하는 전략적 종목 분배를 한 듯했기 때문입니다. 투자에 대해 좀더 깊은 대화를 나누고 싶어진 저는 "좋네! 그럼 그런 종목들을 고른 이유가 뭐니?" 하며 자세히 캐묻기 시작했습니다.

결론부터 이야기하자면 저는 그날 체하고 말았습니다. 후배가 그 종목들을 선택한 이유를 듣는 순간 뭔가 답답하고 이상한 느낌이 들었는데, 아마 그때부터 테이블 위에 있던 거의 모든 음식을 저도 모르게 혼자 비워버린 것이 원인이지 않았을까 싶습니다.

대화를 나눠보니 후배는 주식의 속성은커녕 자신이 투자를 하는 이유조차 정확히 알지 못했고, 보유 종목 역시 종목 분석 등의 구체적 근거 없이 막연한 이유로 선택해 갖고 있는 상황이었습니다. 주식 투자 시 꼭 필요한 요소들이 모두 빠져 있는 상태였던 것입니다. 어이가 없기도 하고 한편으로 화가 나기도 한 저는 후배에게 물었습니다.

"주식 투자는 언제부터 시작한 거야?"

"올 초에 유튜브를 보다가 '벼락거지'라는 표현을 접했는데, 생각해 보니 제가 바로 그 벼락거지에 해당하더라고요. 그때 충격을 받아서 주식 투자를 해야겠다고 마음먹었습니다."

"벼락거지? 아, 최근에 많이 하는 말이지. 그런데 어떤 이유에서 네가 벼락거지라고 생각하게 된 거니?"

제 질문에 후배는 자연스럽게 자신의 상황을 털어놓았습니다. 후배는 결혼을 했고 유치원에 다니는 두 아이가 있으며, 대전 근처 신도시의 아파트에서 전세를 살고 있었고 주말부부로 지내는 중이었습니다. 후배는 주중에는 사무실에서 '일은 좀 힘들지만 배우는 것이 있다'고 여기며 지내다 주말이면 집으로 가 아이들과 놀아주는 게 삶의 큰 즐거움이라고 했습니다.

또한 노동 소득을 매우 중시한 나머지 금융 및 투자에 대해선 전혀 아무런 생각도 하지 않았습니다. 그뿐 아니라 빚지는 상황을 특히 두려워한 탓에 대출을 받아 지방의 아파트 한 채를 사는 일조차 피해왔다고 하더군요.

그렇게 지난 5년을 살았는데 최근 유튜브를 보면서 자신이 얼마나 멍청하게 살았는지를 깨달았고, '벼락거지'라는 말에 심한 충격을 받아 지금부터라도 투자에 나서기로 마음먹었다는 후배의 말을 들으니 뭐라 답해야 할지 몰라 가슴이 답답했습니다. 그러면서도 한편으론 저의 지인 모두가 실은 이와 별다르지 않게 청년 시절을 보냈겠다 싶더군요. 저 역시 그랬으나 정말 다행히 주변 사람들과 사례들이 저를 깨우쳐준 덕분에 투자에 눈을 뜨게 되었음을 부인할 수 없었습니다.

여기까지가 첫 번째 30대 청년에 관한 이야기입니다. 그럼 두 번째 청년에 대한 이야기를 이어가보죠.

⑤ 또다른 '30대 청년', 자본 시장

제가 알고 있는 두 번째 30대 한국 청년은 바로 '자본 시장'이란 이름의 친구입니다. 규모가 크고 역사 또한 오래된 미국 및 유럽 국가들의 자본 시장이 형님뻘이라면, 한국의 자본 시장은 1988년 서울올림픽을 기점으로 일반투자자들이 참여하는 대상으로 진화했기에 그해에 태어난 청년이라 할 수 있을 것입니다.

저는 대학 3학년이었던 1989년에 신문에서 그 친구를 처음 만났습니다. '종합주가지수 1,000포인트 달성'이라는 헤드라인을 본 기억이 지금도 생생합니다. 정확한 수치는 1,004포인트였는데, '천사'와 동일한 발음의 그 기록 이후 공교롭게도 종합주가지수는 '악마'가 되었습니다. 끝없는 추락을 거듭해서 500 미만으로 주저앉았으니까요.

어쨌든 그 무렵 코스피라는 청년을 처음 접하긴 했으나 이후 대학을 졸업하고 유학을 준비하는 몇 년간 저는 그 친구에게 아무 관심도 두지 않았습니다. 그리고 유학 준비 기간 중 어느 증권회사의 조사부에 입사하면서 그 친구와 다시 만나게 되었지요.

1990년 초반의 증권회사 직원들은 패배의식에 가득 차 있었습니다. 한국의 주식 시장은 1980년대 후반에 올림픽을 기점으로 급상승했습니다. 그런 분위기를 타고 최고의 인재들이 증권사에 몰렸고, 다들 집안의 돈을 요즘 표현처럼 '영끌'해서 주식에 투자했죠. 그러나 1989년부터 주식 시장이 폭락한 탓에 모두가 심적으로든 물질적으로든 만신창이가 되어버렸습니다.

한국 자본 시장은 순식간에 사람들의 미움을 받았지만, 국가가 앞세운 '세계화'라는 기치하에 다시금 꿋꿋이 일어나 1990년대 중반에는 이전의 폭락세를 모두 만회할 정도로 급속히 회복했습니다. 외국인 투자자들까지도 여러 신흥 개발도상국들 중 가장 우선시할 만한 곳으로 꼽을 정도로 투자대상으로서 한국이 받는 인기는 가히 폭발적이었습니다.

이후 저는 미국의 한 대학원에서 유학을 했고, 졸업 후엔 뉴욕 맨해튼의 KPMG라는 회계법인에서 일하게 되었습니다. 그리고 그 무렵에 한국에선 흔히 'IMF 외환위기'라 일컫는 아시아 외환위기가 터졌습니다. 한국을 포함한 여러 아시아 국가들의 환율은 엄청난 폭으로 하락했고, 한국의 자본 시장 역시 다시 한 번 대폭락을 경험한 뒤 수년간 고통스러운 구조조정 등을 반복하며 재차 회복세를 보였지요.

당시 저는 급박하게 돌아가는 한국의 상황을 미국에서 걱정스럽게 바라보았고, 한국의 자본 시장 및 자산에 투자하는 투자사들의 자문을 하면서 자본 시장의 폭락과 회복 과정을 생생히 지켜보고 확인할 수 있었습니다. 이 시기에 한국의 자본 시장은 닷컴 버블을 겪었고, 2000년에 새로운 밀레니엄을 맞은 이후엔 역시나 과거의 고점을 회복함은 물론 한층 더 상승하는 모습을 보였습니다. 환골탈태(換骨奪胎)라 할 정도로 놀라운 반전이었지요.

2008년 한국 자본 시장에는 세 번째 위기가 닥쳤으니, 리먼 사태로 촉발된 글로벌 금융위기가 그것이었습니다. 그런데 큰 폭의 하락장을 경험하긴 했습니다만 한국 시장이 받은 충격은 전 세계가 마주한 심각성에 비해 그 영향이 크진 않았습니다. 아마 이전의 사태들을 겪으며 내성과 학습효과가 어느 정도 쌓인 덕이었겠지요. IMF 위기 때와 달리 한국의 투자자들은 오히려 적극적으로 투자에 나섰고, 그에 따라 수년 후 자본 시장이 반등에 성공했다는 것도 흥미로운 지점이었습니다.

당시 저는 한국의 IMF 위기 때 한국에 투자했던 미국 투자자들이 막대한 수익을 올렸던 기억을 떠올렸습니다. 그래서 '이번엔 IMF 위기 때의 굴욕을 설욕하자'는 생각에 '복수(payback)'이라 이름 붙인 프로젝트를 실행했지요. 미국의 부실자산 및 가치가 급락한 저평가 자산에 투자하게끔 한국 투자자들을 자문 및 설득했고, 그 결과 그들은 매우 높은 수익률을 기록했습니다.

글로벌 금융위기 이후 한국 자본 시장이라는 청년은 건실하게 성장했습니다. 국가 차원에서의 통화 공급과 여러 형태의 실물경제를 살리는 경기회복 정책의 힘도 컸지만 한국 기업들의 체질이 과거 어느 때보다 강해졌다는 것이 가장 큰 이유였습니다.

각 산업 분야의 글로벌 랭킹에서 상위 10위 내에 속하는 기업들, 4차 산업혁명이라는 IT 혁신을 활용해 한국이란 무대를 벗어나 세계에서 활약하는 기업들이 많아졌습니다. 그 결과 한국은 세계 경제에서 공고한 위치를 차지하게 되었고, 한국 자본 시장은 그 임팩트를 고스란히 받아들여 주가지수도 고공행진을 거듭했습니다.

2020년 초, 한국뿐 아니라 세계의 자본 시장은 코로나19 팬데믹이라는 날벼락을 맞았습니다. 2월경만 해도 코로나19는 한국 등 몇몇 아시아 국가에 국한된 전염병으로 인지되었으나 3월엔 미국과 유럽 국가들을 덮치며 그야말로 세계 경제를 엉망진창으로 만들어버렸습니다.

당시의 폭락세가 엄청났던 탓에 저는 평소 알고 지내던 후배들로부터 거의 매일 전화를 받다시피 했습니다. 대개는 "제가 갖고 있는 주식은 이제 어떻게 해야 할까요? 반토막이 나버렸는데 그냥 들고 있어야 할까요, 아니면 물타기를 해야 할까요?" 혹은 "지금이 투자 적기일 듯한데 형 생각은 어떠세요? 앞으로 더 떨어질까요?"라는 내용의 질문이었습니다.

그런 질문들을 받으면서 저는 과거의 경험에서 비롯된 학습효과가 사람들 사이에서 나타나고 있다는 생각이 들었습니다. 공포감에 사로잡혀 무엇을 어떻게 해야 할지 전혀 모른 채 패닉에 빠졌던 리먼 사태 때와 달리 '지금이 오히려 투자하기에 좋은 때 아니냐'는 질문을 할 정도로 다른 모습이 나타났기 때문입니다.

역시나 제가 느낀 대로, 청년 자본 시장은 예상보다 매우 빨리 반등에 성공했습니다. 청년기인 한국 자본 시장뿐 아니라 형님뻘인 미국과 유럽 등 주요 자본 시장 모두가 말입니다. 이것이 가능했던 이유는 긴급재난지원금 등 정부에서 재빨리 공급한 거대 규모의 재정 부스터였을 것입니다. 그리고 일반 개인투자자들은 그런 부스터에 힘입은 반등 열풍에 과거 어느 때보다 빨리 올라타는 기민함을 보였습니다.

벼락거지라고 자신을 평가하는 대한민국의 평범한 30대 청년, 그리고 88서울올림픽 즈음부터 지금까지 네 번의 큰 대세 변화장을 경험하며 성장해 온 '한국 자본 시장'이라는 청년. 이 두 존재를 떠올리면 저는 많은 생각이 듭니다.

　이 둘은 앞으로도 30년 이상을 함께 살아나갈 텐데 어떻게 해야 서로 잘 지내며 같이 성장할 수 있을까요? 특히 대한민국의 30대 청년은 한국 자본 시장이라는 청년의 성장을 올라타고 어떻게 자본을 축적해 재정독립과 경제적 자유를 성취할 수 있을까요? 이어지는 장들에서는 그에 대한 방법론을 여러 각도에서 정리해 보겠습니다.

💲 20대에서 50대까지 세대별 재정 상황

　구체적인 방법론에 들어가기에 앞서, 저는 동시대를 살고 있는 평범한 20~50대의 현실적인 사례들을 짚어보려 합니다. 이를 통해 현재 하고 있는 고민이 자기 혼자만의 것이 아님을, 즉 나이대에 따라 직면한 상황과 어려움이 서로 유사하다는 점을 깨달을 수 있기 때문입니다. 이 점을 알고 나면 그 고민을 어떠한 중장기적 전략을 통해 해결할지에 대한 통찰도 얻을 수 있을 것입니다.

충분한 준비 없이 퇴직을 맞닥뜨린 50대

　현재 50대인 A 씨는 고3 수험생 시절에 대학 입시에서 낙방했으나 이듬해 높은 경쟁률을 뚫고 한국 최고의 대학에 입학했다. 그가 대학생이었던 1980년대 후반은 민주화 열풍의 시기였고, 그에 따라 캠퍼스 내에서 집회나 시위가 잦아 공부에 집중할 분위기가 아니었다. 주로 동아리 활동 등을 하면서 별 탈 없이 지내던 그는 급성장하는 한국 경제 덕분에 졸업 후에도 큰 어려움 없이 금융 회사에 취직할 수 있었다. A 씨가 대리로 재직할 당시 발생했던 IMF 사태는 그의 직장 선배들을 강제에 가까운 구조조정으로 내몰았지만, 당사자가 아니었던 탓에 A 씨는 그리 큰 충격을 느끼지 못했다.

시간이 흘러 2000년대에 접어들 무렵 한국엔 IT 벤처 열풍이 불었다. 그 바람을 타고 A 씨도 금융 회사를 떠나 창업투자 회사로 직장을 옮겼다. 그러나 이직한 지 얼마 지나지 않아 벤처 붐은 사그라들었고 자본 시장 역시 침체의 늪에 빠졌다.

그때부터 2015년까지 A 씨는 수차례 회사를 옮겼고 경력에서도 별다른 발전을 이루지 못하다 어느덧 중년에 접어들었다. 위기감을 느낀 A 씨는 평소의 네트워크를 활용, 운 좋게 소형 코스닥 상장사의 재무 담당 임원이 되어 다시금 편안한 직장생활에 안주할 수 있었다.

그러다 맞은 2021년의 어느 날, 대주주의 갑작스러운 업체 매각에 따라 A 씨도 회사를 떠나게 되었다. 재취업을 계속 시도했으나 여의치 않았던 A 씨는 퇴직금을 작은 게임 회사에 투자하여 대주주가 되었으며 현재 새로운 사업에 도전장을 내놓은 상태다.

• A 씨의 고민: 분당의 아파트와 약간의 금융 자산을 소유하고 있으나 그간 잦은 이직 탓에 큰 규모의 퇴직금을 축적할 기회를 놓쳤다는 것이 가장 큰 고민이다.

또한 장기적 시각에서 투자하는 마인드를 미처 쌓지 못한 채 중년이 되었으며, 그간 금융 및 투자 환경의 변화에도 특별한 주의를 기울이지 않은 탓에 퇴직 후의 투자나 경력 지속 상황과 관련해 어려움을 겪고 있다.

금융 자산이 적고 직장이 불안정한 40대

IMF 사태 당시 B 씨는 대학생이었다. 즐겁고 희망에 찬 대학생활을 즐겨야 할 나이에 극도의 취업 스트레스를 받았던 그는 우여곡절 끝에 2000년대 초반 중견기업의 영업직으로 사회생활을 시작했다. 오래된 조직의 특성 중 하나인 상명하복의 문화 속에서 B 씨는 경력 20년이 넘은 직장인이 되어, 큰 업적도 과오도 없이 무난히 회사를 다니면서 팀장으로 승진했다.

최근 들어 B 씨는 글로벌하게 재편된 산업 구조가 자신의 업무에도 큰 영향으로 다가오는 것을 느끼기 시작했다. 혁신을 추구하는 기업들이 새로 등장함에 따라 기존의 오래된 기업들이 퇴출되거나 쇠락하는 모습을 직접 목격하면서 그는 자신 역시 불안한 위치에 있음을 자각했다. 평생직장으로 근속하면서 임원이 되기는커녕 정년이 되기 이전에 퇴직하게 될 수도 있겠다는 예감마저 든다.

• B 씨의 고민: 한 회사에서만 오래 근무한 경험이 고착되어 다른 업계로 직장을 옮기기가 쉽지 않고, 동종 업계 내에서의 이직은 가능하나 지금 회사에서의 상황과 크게 다르지 않을 것이기에 그마저도 좋은 옵션은 못 되는 상황이다. 자녀들이 각각 중·고등학교에 진학할 시기인데 그간 축적해 놓은 금융 자산이 많지 않다는 것도 스트레스 요인이다.

그나마 다행인 것은 신혼 초기부터 맞벌이를 해온 아내가 검소하게 생활하며 저축해 온 자금으로 경기도의 작은 신도시에 아파트를 분양받은 터라 내 집 마련에 대한 압박으로부터 자유롭다는 점이다. B 씨는 향후 10년이란 기간 동안 어떻게 투자하고 금융 자산을 축적해서 재정적으로 여유 있는 상태에 도달할 수 있을지 고민에 빠져 있다.

자산도 투자 지식도 거의 없는 30대

현재 30대인 C 씨는 대학생 시절에 스타트업 CEO가 된 이례적인 경우다. 중·고등학교 시절부터 사회 변화 및 개혁에 참여하길 좋아했던 그는 대학에 진학한 뒤 그런 것을 위해 자신이 할 수 있는 분야를 발견하여 사회적 기업을 세웠다. 워낙 적극적인 성격인 덕에 학생 CEO였음에도 주변에서 좋은 평을 받으며 사업을 키워왔고 여러모로 활발히 활동하여 대중적 인지도도 높아졌다.

개인적으로 넓은 인간관계, 사회적 가치 기여, 긍정적 삶 등을 추구하고 성과도 어느 정도 거두며 바삐 살다 보니 창업한 지 벌써 10여 년이 되었다. 그러나 최근 들어선 그간 해왔던 사업이 더 이상 성장하지 못한 채 정체되었고, C 씨 자신도 어딘지 모르게 유리벽에 부딪히는 한계를 느끼고 있다. 새로운 신사업 아이디어를 내서 사업다변화를 시도하고 있으나 아직은 눈에 띄는 성과가 나타나고 있지 않은 상황이다.

• C 씨의 고민: 창업한 순간부터 지금까지 10년간, C 씨는 회사의 성장을 위해 자기 에너지의 100퍼센트를 쏟아부어왔다. 요즘 표현으로 하자면 '자신을 갈아 넣으면서' 기업을 운영해 온 것이다.

그러나 정작 C 씨 자신의 투자 지식과 경험을 쌓는 데 기울인 시간과 에너지는 거의 없었다. 사회적 기업이다 보니 추후 회사를 매각한다 해도 지분가치를 충분히 인정받아 재정적 부를 얻을 가능성은 낮아 보인다. 급여 역시 그간 어려운 회사 살림에 맞춰 받아온 터라 저축할 여유가 없었고, 때문에 금융 자산의 축적은 거의 제로에 가깝다.

이제부터라도 투자의 방법론과 기초를 쌓은 뒤 투자에 뛰어들고 싶지만 어디서부터 어떻게 시작해야 할지 몰라 구체적인 솔루션을 구할 수 없는 상황이다.

직장생활과 투자 활동의 병행 방법이 궁금한 20대

사회 초년생인 D 씨는 어느 누구보다 열정적인 사회생활을 하고 있다. 회사에서의 업무에 최선을 다하고, 업무 관련 공부도 열심히 하며, 회식에도 빠짐없이 참석하는 등 모든 이로부터 좋은 평가를 받는 데 집중하는 중이다.

그러다 최근 친구들을 만난 자리에서 다들 국내 및 해외의 주식, 또 비트코인 같은 가상화폐 등에 투자하고 있는 상황을 알게 되었다. '내가 이럴 때가 아니지' 하는 생각이 든 D 씨도 그때부터 조금씩 투자를 하기 시작했다. 아직까지는 어떤 종목에 투자해야 할지 몰라 유튜브 영상들에서 언급되는 종목을 사보고 있다.

그런 과정에서 생긴 좋은 점이라면 인터넷 뉴스에서 자신의 투자 종목이 뉴스에 뜨면 관심을 갖고 기사를 읽게 되었다는 것, 그리고 경제 및 금융 분야의 뉴스들을 과거에 비해 많이 찾고 읽는 습관을 가지게 되었다는 것이다.

• D 씨의 고민: 현재 D 씨는 자신이 주식 투자에서 지금과 같은 포트폴리오를 구성한 이유를 스스로 설명하기엔 지식이 부족하고, 투자와 관련된 기본 이론이나 사례에 대해서도 아는 바가 거의 없는 수준이다. 따라서 앞으로의 투자 확대 전략과 계획 수립 역시 그에게는 막막한 주제일 수밖에 없다.

더불어 '업무 시간에 개인적으로 주식 투자에 신경을 쓰는 것이 맞을까?' 하는 점에 대해서도 다소 혼란스러움이 느껴진다. D 씨는 현재 자신이 열심히 하고 있는 회사 생활을 투자와 분리시키는 것이 옳은지, 아니면 함께 묶어 생각해야 하는지에 대해 정확한 판단을 내리고 싶다.

퇴직금을 쏟아부은 식당의 적자경영에 허덕이는 50대

E 씨는 대학 졸업 뒤 ROTC 장교로 군복무를 마치고 국내 최고의 대기업에 입사했다. 하루가 멀다 하고 야근을 하면서 빡빡한 직장생활을 견뎌나가던 E 씨는 자신이 일하는 것에 비해 보상이 크지 않다는 것을 깨닫고선 고연봉 직군인 외국계 경영컨설팅 회사로 이직했다. 당시 30대 중반이었던 그는 근면성과 사교성이 뛰어난 데 힘입어 파트너로 승진했고, 컨설팅을 맡았던 고객사의 대주주 회장에게 좋은 인상을 남긴 덕에 국내 재벌그룹이 소유한 소형 자회사의 대표로 스카우트되었다.

그렇게 커리어의 황금시대를 구가하며 승승장구하던 E 씨는 난관에 봉착했다. 어느 날 회장이 회사를 사모펀드에 매각하려 할 것임을 알게 된 것이다. 그러나 회장에 대한 신뢰가 있었던 E 씨는 성공적인 매각이 이뤄지는 데 힘을 보탰다. 그러나 그 일이 마무리되었을 무렵, 회사의 새로운 주인이 된 사모펀드로부터 '대표 자리에서 물러나달라'는 연락을 받았다. 어느 누구보다 일 잘하고 화려한 경력을 쌓아왔다고 자부하던 E 씨는 심한 자괴감을 느끼며 대표 자리를 내려놓아야 했다.

• E 씨의 고민: E 씨가 쉽게 회사를 떠난 이유는 다른 업체의 고위 임원으로 전직이 가능하다고 믿었기 때문이다. 하지만 퇴직 후 2년간 마음에

드는 적당한 포지션을 찾을 수 없었던 그는 유명하진 않으나 나름 브랜드 파워가 있다는 프랜차이즈 식당을 개업했다.

주변 지인들이 깜짝 놀라고 의아함까지 느낄 정도로 너무나 갑작스러운 행보였는데, 불행히도 식당 오픈과 동시에 코로나19 사태가 발생하면서 식당 매출이 급감했다. 이런 위기 상황에서 E 씨는 직접 식당 경영에 뛰어들어 사업을 어느 정도 정상궤도에 올려놓았다. 오랜 사회생활을 통해 쌓아온 특유의 근면성을 발휘하며 밤낮을 가리지 않고 일한 덕분이었다.

그러나 코로나19의 2차 대유행으로 경영은 다시 어려운 상황에 처했다. 다행스러운 일은 그러던 중 E 씨 자신은 대기업의 임원으로 재취업에 성공해 안정적 수입이 창출되었다는 것이다. 그러나 식당 경영에서 비롯되는 적자를 메우는 데 여유 자금을 모두 넣다 보니 금융 자산을 축적할 여력이 없다는 점이 문제다. 자산으로는 분당에 보유하고 있는 아파트 한 채가 전부일 뿐 노후 대비를 위한 재정이 부족하다 보니, E 씨는 현실에 집중하고 있으면서도 미래에 대한 불안감에 마음이 좌불안석인 상황이다.

투자와 경영을 등한시해 상대적 박탈감에 시달리는 40대

F 씨는 이공계 학과를 졸업하고 국내 제약사에 연구원으로 입사해 10년 넘게 근무했다. 그는 자신의 업무에 자부심을 갖고 꾸준히 임했고 퇴근 이후 시간엔 석사과정을 밟으면서 지식의 깊이를 더하기 위해 애써왔다. 이런 노력이 우수한 연구 실적으로 이어져 F 씨는 연구소 내에서도 인정을 받으며 만족스럽게 직장생활을 했다.

그러던 어느 날 고등학교 동창 모임에 우연히 참석했다가 몇몇 친구들이 벤처투자를 하고 있다는 이야기를 접했다. 투자했던 업체가 코스닥에 상장해 큰돈을 벌게 된 한 친구는 다니던 회사를 그만두고 자기 사업을 해보려 한다고 했다. 또다른 친구는 3년 전부터 투자해 온 바이오 벤처 기업이 향후 1~2년 내에 상장할 것으로 보이는데, 그렇게만 되면 큰 수익을 거둘 수 있다고 웃으며 이야기했다.

그런 모습들을 본 F 씨는 갑자기 '멘붕'에 빠지고 말았다. 그간 밤낮없이 연구에 매진하며 우리나라의 바이오산업 발전에 기여하고 있다고 생각했다. 그런데 정작 자신은 그에 따른 수익을 향유하지 못한 채 뒤처져 있다고 생각하니 그때부터는 업무에 대한 열정도 떨어졌을 뿐 아니라 만사가 허무하고 귀찮아졌다.

• F 씨의 고민: 화가 치민 F 씨는 '나도 바이오 스타트업을 차려볼까?' 하는 생각을 해보았다. 하지만 대학 시절 경영학 관련 수업은 한 과목도 들어본 적 없으니 회사를 설립하고 싶어도 무엇부터 어떻게 해야 할지 몰라 막막해졌다.

친한 친구 중 투자나 경영 분야를 알고 있는 사람이 있으면 조언을 구하고 싶어 주변을 둘러봤지만 한 명도 찾을 수 없었다. 관심과 지식 분야가 같아 대화하기 편한 동종 업계 사람들과 교제하길 즐기고 다른 영역에 있는 이들과의 만남을 등한시했던 것, 또한 평소 '투자니 경영이니 하는 것은 수준 낮은 사람들이나 하는 것이고 나 같은 과학자는 그런 것에 신경쓸 필요 없어'라고 생각했던 지난 시간들이 F 씨는 후회스러웠다.

부부로서 함께 재무 계획을 세우기가 어려운 30대

G 씨는 대학 졸업 후 대기업에서 직장생활을 시작했으나 잦은 외근과 출장으로 심신이 지쳐 퇴사를 결정했다. 자신만의 일을 하기로 결심한 G 씨는 자비로 영국의 직업학교를 다녀온 후 자영업을 시작하여 현재 5년차가 되어간다. 이제 일이 어느 정도 자리를 잡아 단골 고객도 확보되었고, 큰 소득은 아니지만 혼자 생활하는 데는 지장이 없을 정도로 일정한 현금 역시 발생하고 있다.

최근 G 씨는 남자친구와 결혼하기로 결정한 후, 신혼집 마련 등에 대해 함께 의논하던 중 앞으로 자산을 어떻게 축적해 가야 할지 고민스러워지기 시작했다. 남편 될 사람은 직장인으로서 안정적인 수입이 있었으나 자신의 취미생활을 중시해 급여의 상당 부분을 그에 소진했고, 재테크에 큰 관심도 실력도 없어 그간 모아놓은 현금성 자산도 많지 않다는 것을 알게 되었기 때문이다.

• G 씨의 고민: 결혼 후 맞벌이 부부로서 소득을 창출할 것이라 예측되지만 코로나19 같은 팬데믹 상황이 또다시 발생하면 그에 어떻게 대처해야 할지에 대한 G 씨의 불안감이 높은 상태다. 특히 자녀 계획과 내 집 마련을 위해 지금부터 자산 축적을 목표로 하는 재무 계획을 부부가 함께 수립하고 실천해 나가야 하는데, 그에 대한 서로의 이해와 관심도가 다른 것이 큰 문제다.

경제적 자유를 위해 서로 무엇을 해나가야 할지 몰라 걱정스러운 G 씨는 스트레스 수준이 하루가 다르게 치솟고 있다.

자신의 성향에 맞는 중장기적 투자 전략을 세우고픈 20대

중국에서 사업을 하는 부친을 따라 H 씨는 자연스럽게 중국에서 생활하며 베이징에 있는 대학을 졸업했다. 이후 국내 중견기업에 취직하여 해외수출 업무를 6년간 담당했고, 대기업으로 전직한 직장 상사의 추천을 받아 그 기업의 해외사업 관련 부서로 이직한 지 1년쯤 되었다.

평소 경제 공부에 관심이 많은 H 씨는 근검한 일상을 통해 직장생활 7년간 저축해 온 자금으로 다양한 형태의 투자를 시도해 보고 있다. 약 7,000만 원은 삼성이나 SK 등 국내 대형주 및 해외의 IT 관련 주식에 투자 중이고, 3,000만 원으로는 비트코인을 매수하여 보유하고 있다. 비트코인의 경우 초기 투자원금 대비 약 40퍼센트의 손실을 보고 있지만 손절매를 하기에는 아까워 향후 가격이 상승해 원금을 회복하는 수준이 되면 매도할 생각이다.

지난 5년간 꾸준히 투자를 이어오면서 국내외 금융 시장에 대한 어느 정도의 이해와 경험을 축적했다고 자평하고 있는 H 씨는 앞으로도 다양한 분야로 투자를 확장하고자 하는데 특히 부동산 투자에 적극 나서보고 싶다.

• H 씨의 고민: H 씨는 사회 초년생답지 않게 투자에 대한 적극적인 태도를 갖고 꾸준히 경험을 쌓아나가고 있다. 그러나 현재 보유하고 있는 규모의 자산으로는 자신이 원하는 부동산 쪽의 투자를 하는 데 현실적 제약이 있다는 것이 고민이다.

그는 나이가 젊고 직장이 안정적이니 향후 일정 기간 동안에는 주식 등에 지속적으로 투자함으로써 금융 자산을 축적해 나가겠다고, 그래서 보유 자산 규모가 어느 정도 커지고 기회가 되면 부동산 투자에 진입하는 것이 맞다고 생각한다. 하지만 중장기적 투자 전략을 어떻게 수립해야 할지, 본인의 성향과 투자 자산의 특성을 어떻게 맞춰야 스트레스를 받지 않고 긴 안목으로 투자할 수 있을지를 몰라 고민 중이다.

이상과 같이 여덟 명의 제각기 다른 사례를 정리해 보았습니다. 몇 명은 제가 예전부터 잘 알고 있는 지인들이고, 또다른 몇 명은 제가 최근 진행한 멘토링 세션을 통해 알게 된 분들입니다. 다들 자신이 맡은 일을 열심히 하며 성장해 왔지만 어떤 이는 불안감에 휩싸여 있고, 어떤 이는 방향성을 고민하고 있으며, 또 어떤 사람은 지금까지 잘 끌어온 투자 포지션을 더욱 확장하고 싶어 하는 등의 차이점이 있습니다.

그러나 각 사례의 고민에서 공통적으로 언급된 내용도 있지요. 그들 모두에게 현재 중요한 화두는 재정독립과 경제적 자유를 이루는 데 필요한 적절한 로드맵 및 실행 방법인데, 안타깝게도 때를 놓친 듯 보이거나 그에 대한 구체적 지식이 없다는 점입니다. 이러한 상황은 그들만이 처한 독특한 것이 아니라 이 책을 읽고 있는 독자 자신, 또는 가족이나 지인의 이야기일 수 있습니다.

하지만 투자에 있어 너무 늦은 타이밍이란 없습니다. 지금이라도 자기의 상황을 파악하고 차근차근 준비해 나간다면 기회는 여전히 무궁무진하기 때문입니다. 그런 차원에서 재정독립과 경제적 자유에 대한 경제적·사회적인 의미를 이해하고 어떻게 하면 지속가능성을 유지할 수 있는지에 대해 정리해 보고자 합니다.

💰 내가 원하는 삶을 살기 위한 선결 조건, 재정독립

재무적 관점에서 생각하는 재정독립은 기본적으로 수익이 지출보다 큰 상태, 즉 내가 버는 돈이 쓰는 돈보다 많아서 통장 잔고가 계속 늘어나는 상태를 칭합니다. 이때 수입은 인플레이션 효과를 고려한 화폐가치 면에서 일정 수준을 유지할 만큼 충분히 많아야 합니다. 또한 보유 자산을 증가시키고 부채는 줄여나가는 노력을 계속하는 것도 재정독립의 요건이 됩니다.

즉, 재정독립의 궁극적인 목표는 부채를 제로로 만들고 자산의 규모를 가능한 한 크게 키우는 것이 되겠지요. 이를 위해서는 평소 불필요한 소비를 지양하고 검소하게 생활함으로써 지출금액을 줄이려는 자세가 필요합니다.

또한 재무적 관점에서 봤을 때 재정독립에 필요한 자산은 '자본 자산', 즉 수익을 창출하는 자산입니다. 채권이나 주식, 부동산은 각각 이자와 배당, 임대료와 같은 수익을 만들어내는 자본 자산의 예라 할 수 있습니다. 자본 자산에는 이처럼 여러 종류가 있는데 그중 내가 원하는 때에 쉽게 현금화할 수 있는 유동성◆까지 갖춘 자산이라면 더욱 좋겠지요.

그렇다면 재정독립이 갖는 사회적 의미란 무엇일까요? 우리는 저마다

유동성

자산을 현금으로 전환할 수 있는 정도. 매각을 통해 현금으로 쉽게 전환할 수 있으면 '유동성이 높다'라고, 매각을 원하지만 쉽지 않아 현금화가 어렵거나 늦어지면 '유동성이 낮다'라고 표현한다.

일을 하면서 삶을 살아갑니다. 하지만 일에 대한 생각과 태도는 조금씩 달라서, 어떤 이는 자신의 일을 천직으로 여기며 진심으로 사랑하는 데 반해 어떤 이는 마음에 드는 일이 아님에도 어쩔 수 없이 생계를 위해 해나가기도 합니다. 여러분은 이 둘 중 어느 쪽이 '재정독립'이라는 개념과 좀더 가까운 삶으로 여겨지시나요?

제가 생각하는 재정독립의 사회적 의미는 바로 '내가 좋아하는 일을 할 수 있게 해주는 선결 조건'입니다. 너무나 하고 싶은 일이 있지만 정작 그 일로는 금전적 수익을 얻을 수 없는 상황을 상상해 볼까요? 현금이나 자산을 충분히 보유한 사람이라면 크게 고민할 필요 없이 기꺼이 그 일을 하는 쪽을 선택할 것입니다. 그러나 보유 자산이 없어 자신의 일로 생계를 해결하며 살아야 하는 사람은 '돈이 안 되는' 그 일을 택하기가 현실적으로 어렵습니다.

'직업(職業)'의 사전적 의미는 '생계를 유지하기 위해 자신의 적성과 능력에 따라 일정 기간 동안 계속해서 종사하는 일'입니다. 하지만 '직'과 '업'의 의미는 서로 다릅니다. 전자가 업무나 직무 등 '맡게 된 일'이라는 수동적 의미에 가깝다면, 후자는 자신이 능동적으로 선택한 일을 의미하지요. 우리가 보다 즐거운 마음으로 할 수 있는 일이 어느 쪽인지는 독자 여러분도 충분히 아실 것입니다.

이렇게 '직'과 '업'을 분리하는 것은 재정독립이 이뤄졌을 때 가능한 일입니다. 경제적 이유나 의무감으로 짊어지고 있던 무거운 '직'을 내려놓고 평소 자신이 즐기던 취미를 '업'으로 발전시킬 수 있는 중요한 선제 요건이 바로 재정독립과 경제적 자유인 것입니다. 이 둘은 은퇴 후의 편안한 삶에 요구되는 필수불가결한 조건임과 동시에 자신이 소망하는 삶이나 일을 영위하는 삶을 사는 데도 없어선 안 될 요소입니다.

그렇다면 재정독립은 그런 삶을 위한 일시적 충족 요건일까요? 그렇지 않습니다. 재정독립을 이루는 데 성공했는가의 여부보다 중요한 것은 그것이 지속가능해야 한다는 점이기 때문입니다.

최근 들어 저는 가상화폐 혹은 변동성이 큰 일부 상장 주식에 투자하여 젊은 나이임에도 갑자기 큰돈을 번 이들을 직·간접적으로 많이 보았습니다. 그들 중 일부는 마치 세상을 다 얻은 사람처럼 자신감이 넘쳐났고, 일부는 '나는 지금의 성공에 절대 만족하지 않고 앞으로 더욱 큰 수익을 반드시 창출해 내겠다'라는 의지로 이글거리는 눈빛을 보였습니다. 하지만 지난 30년간 자본 시장이 거친 여러 사이클을 통해 다양한 투자자의 명망을 직접 경험한 제게 있어 그들은 모래 위에 세워진 누각 같은 느낌이었습니다.

과연 그들은 자신들이 획득한 부를 앞으로도 오래도록 지속되게끔 관리하며 키워나갈 수 있을까요? 이 질문에 대한 제 답은 부정적입니다. 쉽게 번 돈은 쉽게 나가게 마련입니다. 인간은 완벽한 존재가 아니기에 탐욕이 지나치면 무리한 투자를 하기도 하고, 과한 공포에 휩싸이면 섣부른 실수도 저지르게 됩니다.

다양한 상황을 깊이 경험하지 않은 상태에서 다가온 부는 어찌 보면 신의 시험이라고도 할 수 있습니다. '네가 정말로 더 큰 부를 감내할 자격과 능력이 있는지 확인해 보겠다'라는 의도의 시험 말입니다.

지속가능한 수준의 재정독립은 하루아침에 이루어지는 일이 아닙니다. 뼈를 깎는 경험과 반성, 그리고 연습을 통해 안정적 사고와 행동패턴을 갖추었을 때에만 가능하기 때문입니다.

💲 돈과 인간, 자신의 속성을 파악하기

지속가능한 재정독립을 성취하는 데는 세 가지 핵심 요건이 필요합니다. 첫째는 '돈의 속성을 이해하는 것', 둘째는 '인간의 속성을 이해하는 것', 셋째는 '나의 기질을 알고 고쳐나가는 것'입니다. 이러한 각 요건들을 좀더 자세히 살펴보겠습니다.

첫째, 돈의 속성을 이해하라

돈을 학문적으로 표현하면 '자본'이라 합니다만, 여기서는 직설적으로 '돈'이라고 칭하겠습니다.

돈은 돈을 필요로 합니다. '돈 놓고 돈 먹기'라는 속된 표현이 있지요. 돈을 벌려면 돈을 풀어야 한다는 의미인데 돈은 혼자서 하늘에서 떨어지지 않습니다. 내가 무엇인가를 하면 그 대가로 돈을 받거나, 내가 돈을 제공하면 그 값어치에 대한 대가가 붙어서 나에게 다시 돌아옵니다.

무엇인가를 해서 받는 돈은 노동 소득이고, 돈에 대한 값어치로 받는 돈은 이자나 배당과 같은 투자소득입니다. 즉, 돈은 무엇인가에 대한 대가입니다. 우리는 그 돈을 더 많이 만들기 위해서 노동을 하거나 투자를 하는 것입니다.

재정독립과 경제적 자유를 위해서는 노동과 투자가 동시에 일어나는데, 대개는 노동이 먼저 이루어집니다. 노동 소득이 어느 정도 모이면 소비하고 남는 돈을 투자해서 투자소득을 얻으니까요.

돈은 항상 대가를 원하는 성격이 있고, 그 대가는 시간이 지나면서 또 위험하다는 곳에 사용될수록 커지는 속성을 띱니다. 그리고 이 대가들은

44

이자, 배당, 자본수익 등과 같은 용어로 표현됩니다.

누군가에게 돈을 빌려주고 일정 기간이 지난 뒤 돌려받을 때 그에 대한 대가로 덧붙는 것이 이자입니다. 또 사업을 하는 회사에 돈을 투자하고 이후 수익이 발생하면 그중 나의 지분에 해당하는 만큼으로 받는 대가가 배당이지요.

사람들이 돈에 대해 요구하는 대가의 여러 종류와 특성을 이해하는 것은 곧 돈의 속성을 이해하는 것입니다. 그리고 투자자라면 자신이 다루는 대상인 돈에 대한 이해를 반드시 갖춰야 합니다.

돈의 또다른 특성이 있습니다. 절대 혼자가 아니라 그 소유자, 즉 우리와 항상 함께 있다는 점이 그것입니다. 어떤 소유자를 만나느냐에 따라 그 돈의 운명도 달라집니다.

돈을 잘 이해하고 사용하는 소유자들은 그것을 모아 힘을 키우기 위해 회사를 설립하거나 펀드를 만듭니다. 규모의 경제가 이뤄지면 더 좋은 투자처가 나타날 수 있고, 돈의 속성을 잘 아는 이들과 머리를 맞대고 투자 결정을 내리면 그 결과가 아무래도 더 나을 것이기 때문입니다. 주식시장이나 자본 시장이 나타난 것도 이런 이유에서였습니다.

그 결과 돈은 무리를 지어 다니게 됩니다. 이에 대한 유명한 예로는 중동의 오일 머니(oil money), 서구 투자은행들에 모여 있는 유대계 자금, 아시아에 퍼져 있는 화교계 자본, 그리고 각국 중앙은행이 조성한 국부 펀드를 들 수 있습니다.

내가 가진 돈을 성장시키려면 그러한 큰돈의 무리들이 어디로 어떻게 투자되고 흘러가는지를 잘 파악해야 합니다. 전 세계 자본 시장을 움직이고 기업들의 가치에 큰 영향을 주는 것이 바로 그 무리들이기 때문입니다.

둘째, 인간의 속성을 이해하라

지난 30년간 전 세계에서는 여덟 건 정도의 대규모 금융위기가 발생했습니다. 한국에 직접적 영향을 끼친 것은 그중 절반에 불과하기 때문에 우리가 잘 모르는 것도 있지만, 그 여덟 가지를 나열해 보면 다음과 같습니다.

- 1980년대 초: 미국에서 발생한 저축대부조합(Savings & Loan) 위기
- 1989년: 미국의 블랙먼데이(Black Monday)에서 시작된 실물경제 위기
- 1994년: 페소화의 가치폭락으로 발생한 멕시코 페소화 위기
- 1998년: 한국을 비롯한 아시아에서 발생한 외환위기
- 2001년: 미국의 닷컴 버블 붕괴로 인한 위기
- 2008년: 미국의 리먼 브라더스의 부도로 촉발된 글로벌 금융위기
- 2010년: 남유럽에서 시작된 유럽 재정위기
- 2015년: 중국의 경착륙 위기

이 목록을 보면 위기가 거의 주기적으로 발생함을 알 수 있습니다. 그렇다면 그 원인은 무엇일까요? 여러 중요한 원인이 있겠지만 근본적인 것 중 하나는 인간의 속성과 관계가 있습니다.

행동재무학◆ 분야에서는 욕심(greed)와 공포(fear) 때문에 발생하는 자산 가격의 과도한 상승과 하락의 사이클이 이런 위기를 주기적으로 일으킨다고 이야기합니다. 인간의 욕심이 과해지면 투자가 아닌 투기 수요가 시장에 유입되어 자산 가격이 정상가 이상으로 지나치게 높아지는 것, 또 인간이 느끼는 공포로 인해 자산 가격이 정상가 이하로 지나치게 폭락하는 것이 그 예입니다.

또한 지난 30년간 자산 가격은 비슷한 원인으로 인해 유사한 변동 패턴을 보여왔는데 이는 인간의 속성이 변하지 않는다는 증거에 해당합니다. 다시 말해 앞으로도 자산 가격은 지금까지와 동일한 원인으로 인해 과도하게 위쪽 혹은 아래쪽으로 움직일 것이란 뜻이지요. 때문에 인간의 속성에 대한 깊은 이해는 자본 시장에서 일어나는 일들을 올바르게 해석 및 예측할 수 있는 기반이 됩니다.

그 외에도 우리 인간에겐 남의 말에 쉽게 현혹되는 팔랑귀 속성, 남이 아무리 옳은 말을 해도 자신의 생각과 맞지 않으면 귀를 기울이지 않는 우매한 속성도 있습니다. 또 떼거리 효과(herd effect), 즉 자신의 주관에 따라 판단하고 움직이기보다는 주변 사람들의 생각과 말에 영향을 받아 잘못된 의사결정이나 행동을 하는 경우도 빈번합니다. 홀로 외로운 길을 가는 것이 두렵다 보니 남들을 따라 하는 속성은 자본 시장 내에서의 자산 가격 변동에 영향을 미치는 요인입니다.

2020년 이후 한국에서 일어난 동학개미, 서학개미 운동이라는 것에도 엄밀히 말하자면 인간의 여러 속성들이 한데 어우러져 빚어진 결과입니다. 집단에 속해야만 마음이 편해지는 속성, 주변의 압박과 시선을 의식하는 속성, 사촌이 땅을 사면 배가 아픈 속성은 물론 팔랑귀와 우매함이 동시에 발현되는 점, 이성보다는 욕심과 공포에 더 큰 영향을 받는 점 등

행동재무학(behavioral finance)
투자자의 행동과 재무활동 간의 상관관계를 연구하는 학문. 전통적 재무학 혹은 경제학과 달리 '투자와 관련된 인간의 의사결정은 비합리적으로 이뤄지는 것'이며 시장 참가자들의 과도한 욕망과 공포가 자본 시장의 가격의 폭등과 폭락을 만들어낸다고 본다.

이 상호작용을 일으켜 'ㅇㅇ 운동'이라는 큰 흐름을 만들어낸 것이지요.

이렇듯 인간의 속성은 주식 시장이라는 작은 무대에서부터 전 세계적 경제위기라는 큰 무대에 이르기까지 그 영향력을 미치지 않는 곳이 없습니다. 투자는 결국 인간이 자본으로 하는 행위입니다. 따라서 인간 속성에 대한 이해는 자본에 대한 이해만큼이나 성공적인 투자에 반드시 필요한 요소입니다.

셋째, 자신의 기질을 알고 수정하라

투자에 성공한 다양한 사람들을 오랫동안 접해오면서 제게 항상 드는 의문 하나가 있었습니다. 투자를 열심히 공부하는 사람들은 세상에 정말 많습니다. 투자 관련 지식들을 차곡차곡 쌓아갈 뿐 아니라 여러 이론과 실제 사례도 연구하고, 전문가들의 다양한 의견과 보고서를 참조하면서 이성적이고 냉철한 투자를 시도하지요. 하지만 모든 이들이 투자에 성공해 큰 수익을 내는 것은 아닙니다. 과연 그 이유는 무엇일까요?

제가 내린 결론 중 하나는 '투자에 성공하는 사람들에겐 일반인들이 갖지 못한 독특한 기질이 있다'는 것이었습니다. 그러므로 우리는 자신이 어떠한 기질을 갖고 있는지 정확히 이해하고 판단할 수 있어야 합니다.

투자를 대하는 우리의 마음가짐은 투자에 성공한 사람들의 마음가짐과 같을까요? 다르다면 어떤 점에서 그러할까요? 그들의 모습을 닮으려면 우리는 어떤 노력을 어떻게 기울여야 할까요? 이런 점들을 파악하고 나면 자신이 공부하고 판단한 바에 따라 전략을 세우고 실행함으로써 원하는 규모의 수익을 실현할 수 있습니다. 성공한 투자자들이 어떤 기질을 갖는지에 대해서는 다음 장에서 보다 구체적으로 살펴보겠습니다.

⑤를 재정독립을 위한 단계별 접근

재정독립을 위한 로드맵은 크게 두 종류로 나눠볼 수 있습니다. 하나는 연령대에 따른 실천 전략을 정리한 뒤 실행해 나가는 것이고, 다른 하나는 전반적인 실천 전략을 두 단계로 나누어 차례대로 해나가는 것입니다.

연령대별 실천 전략

나이대에 따른 투자 전략을 간략히 정리하면 다음과 같습니다.

- 20대: 투자·경제·금융·산업의 기본적 메커니즘을 학습한다.
- 30대: 소액 투자로 투자 경험을 쌓는다.
- 40대: 이론과 실전의 반복과 비교를 통해 나만의 규칙을 만들어낸다.
- 50대: 삶에서의 성숙함이 더해진 진정한 투자를 시작한다.
- 60대: 증식된 자산을 수확 시점에 매각하여 현실화한다.

이런 전략을 취하고자 할 때 마음에 새겨야 할 세 가지가 있습니다. 첫째는 '무조건 일찍 시작할 것', 둘째는 '주변의 시선과 압박에 흔들리지 말고 자신의 주관대로 밀고 나갈 것', 셋째는 '작고 단기적인 결과들에 일희일비하지 않고 꾸준히 진행할 것'입니다. 이렇게 할 때에만 자신의 투자 신념과 관점을 투자철학이란 형태로 완성할 수 있습니다.

2단계 실천 전략

재정독립을 이루기 위한 전략을 연령대와 상관없이 크게 두 단계로 나눌 수도 있습니다. 첫 단계의 목표는 재정독립에 필요한 발돋움(take-off)을 할 수 있겠다는 확신을 갖는 것입니다. 두 번째 단계는 그러한 확신하에 투자를 실천하고 안정적 부를 이룸으로써 진정한 재정독립에 이르는 것입니다. 이 두 단계의 내용을 좀더 구체적으로 살펴보면 다음과 같습니다.

1단계: 이륙 가능성에 대한 확신을 갖는 단계
- 학습과 훈련을 거듭하며 신념과 자신감을 키워나감.
- 40대 초중반에 완성되는 것이 바람직함.

2단계: 투자 경험을 통해 안정적인 경제적 부를 이루는 단계
- 1단계에서 쌓은 신념을 바탕으로 투자를 실행하여 과실을 얻음.
- 일정 규모 이상의 금액을 투자, 수익에서 규모의 경제를 이룸.
- '직'을 넘어 '업'을 추구해도 무방할 수준의 경제적 부를 축적함.
- 50대 초반~60대 초반에 완성되는 것이 바람직함.

이 두 단계 중 저는 특히 첫 단계의 중요성과 의미가 크다고 생각합니다. 꾸준하고 끊임없는 학습과 훈련으로 '이제 곧 날아오를 수 있다'는 확신과 자신감이 커지면 그다음부터는 자신이 원하는 어떤 일도 소신을 갖고 진행해 나갈 수 있기 때문입니다.

어느 세계적 골프 선수가 방송 인터뷰에서 했던 말이 생각납니다. 드라이버 샷을 잘 치는 비결 중 하나는 '내 스윙은 공을 저 멀리 중앙으로 날려보낼 수 있다'는 확신을 강하게 갖는 것이라는 말이었습니다. 하지만 그런

확신이 한순간에, 또 쉽게 생길 리 없음은 독자 여러분도 아실 것입니다.

골프 선수들은 하루에 수천 번의 스윙을 연습한다고 합니다. 처음부터 단계별로 기술을 향상시키며 끊임없이 연습하는 선수라면 자신의 스윙에 대한 자신감도 점차 강해지겠지요. 그와 마찬가지로 단계별 투자 전략에 차근차근 접근하면서 신념과 확신을 키운 다음 그것을 기반으로 꾸준히 실행으로 옮길 때 재정독립을 위한 투자에서의 성공 가능성도 높아질 것입니다.

2장

나에게 맞는 투자 환경을 구축하라

'너 자신을 알라'라는 소크라테스의 말, 『손자병법』에 나오는 '지피지기백전불태(知彼知己百戰不殆)'라는 말로 이번 장을 시작하면 '이거 너무 구태의연한 방식 아닌가?' 하실 분도 계실 것입니다. 하지만 이런 구절들이 수천 년간 사람들 사이에서 지속적으로 언급되고 회자되는 이유는 모든 일을 함에 있어 가장 핵심적인 내용을 담고 있기 때문입니다. 그리고 그 핵심이란 '나를 먼저 파악해야 한다'는 것이겠지요.

이는 투자에서도 마찬가지입니다. 구체적으로 말해 '나를 파악하는 것'은 나 자신을 이해하는 것, 내 주변 환경을 이해하고 개선 방법을 찾는 것, 그리고 내가 몸담고 있는 거대환경을 파악하는 것으로 나뉩니다. 지금부터는 이 세 가지를 하나씩 찬찬히 살펴보겠습니다.

첫 번째 단계의 핵심은 '나 자신에 대한 이해'입니다. 성공한 투자자들이 가지고 있는 기질이 나에게는 있는지 파악해 보는 단계이지요. 기질이라 하니 타고나는 천성으로 여길 수도 있겠지만, 저는 투자자로서의 기질이 100퍼센트 선천적인 것은 아니라고 생각합니다.

투자라는 활동은 인류가 오랫동안 체화해 온 과정이 아니라 최근의 현대인에게 닥친 과제입니다. 투자를 통해 자산을 증식시켜야 한다는 이야기를 몇 백 년 전 누가 했겠습니까? 현대 자본주의 사회에서 새롭게 나타난 현상이자 개개인에게 닥친 이 부담을 극복하려면 우리는 투자자로서의 기질을 습득하고 내재화하기 위해 노력해야 합니다.

지난 30년간 저는 투자와 사업으로 성공한 분들을 많이 만났습니다. 매우 작은 소액을 종잣돈 삼아 투자해서 개인적으로 충분한 자산을 쌓은 소시민적 자본가는 물론 거대 자본을 형성할 정도의 자본가로 성공한 분들까지 그 분야와 부류도 다양했지요.

그런 투자자들과 만나 교류하고 자문도 하면서 저는 그들이 공통적으로 갖고 있는 무언가를 느낄 수 있었습니다. 그것이 무엇인지를 알아내면 열심히 공부하고 시도하지만 좀처럼 결실을 얻지 못하는 투자자들에게 알려드리고, 그분들이 자신의 부족한 부분을 개선 및 보완하게끔 도울 수 있을 거란 생각도 들었습니다.

나의 기초 기질 제대로 알기

제가 그간 파악한 바에 따르면 투자에 성공하는 기초적 기질은 침착함, 과감함, 유연함, 그리고 신뢰하는 태도입니다. 그러므로 이와 반대되는 기질들, 즉 성마름, 부화뇌동하는 성격, 우유부단함, 지나친 고집, 그리고 불신하는 태도는 투자에 부적합한 기질이 되겠지요.

물론 오로지 적합한 기질 혹은 부적합한 기질만을 갖고 있는 사람은 세상에 없기에 이런 이분법적 흑백논리로 접근하는 것은 바람직하지 않을 뿐 아니라 위험할 수도 있습니다. 하지만 사람의 성격은 어느 정도 일관성을 띠게 마련입니다. 그러니 그에 비춰 자신을 판단해 보자는 의미에서 이야기해보았습니다.

그럼 이제 스스로에게 냉정히 질문을 던져봅시다. 내게는 어떤 기질이 더 많을까요? 나는 나 자신을 올바르게 판단하고 있는 것일까요? 나는 내가 부족한 부분을 개선하고 보완하려는 노력을 하고 있나요?

이와 동시에 자신이 지난 수년간 또는 수개월간 해왔던 투자를 되돌아보는 시간을 갖길 권합니다. 좋은 수익률을 낸 경험들도 있을 것이고 손실을 봤던 경험들도 있을 텐데, 이 두 종류 중 어느 쪽의 예들을 더 많이 구체적으로 기억하고 있는지 판단해 보십시오.

제 경우를 떠올려보자면, 초보 투자자 시절의 저는 투자에서 좋았던 경험을 더 중시했습니다. '그때 나는 그 자산에 투자해서 몇 백 퍼센트의 수익률을 기록했지. 정확한 판단을 내렸고 투자 타이밍도 기가 막히게 맞춘 데다 매도 시점도 매우 적절했어' 하는 식으로, 좋았던 기억을 더 좋게 떠올리며 자평했던 것입니다. 그에 반해 실패하거나 손실을 기록한 경험에 대해서는 기억하지 않거나 말을 아끼려 애썼습니다.

그런데 많은 경험과 투자 관련 지식이 쌓여가자 성공에 대한 기억보다는 쓰라린 실패의 기억을 더 떠올리고 곱씹어보는 태도를 갖게 되었습니다. 저 개인으로 보자면 바람직한 변화였다고 여겨집니다. 왜냐하면 그렇게 달라진 뒤부터 투자에 실패하는 경우가 과거에 비해 많이 줄어들었기 때문입니다. 자신을 객관적으로 보는 태도를 가지는 것이 얼마나 중요한지를 깨닫게 된 계기였습니다.

철학 분야에서 '경이'라는 단어는 '낯설어짐으로 인해 깨닫게 되는 것'을 의미합니다. 언뜻 보기엔 투자 분야와 어울리지 않는 단어처럼 여겨지지만, 저는 투자에서도 이러한 '경이'가 필요하다고 생각합니다. 나를 낯설게 바라봐야만 냉정히 평가하게 되고, 이 과정이 있어야만 자신의 기질을 변화시키거나 보완해 나가는 단계로 이어질 수 있기 때문입니다.

그럼 이즈음에서 셀프 테스트를 한번 해볼까요? 다음의 문항들 중 어떤 것이 자신에게 해당되는지 생각해 보십시오.

- 투자 정보를 들었을 때 충분한 검증 없이 투자한 적이 있다.
- 보유 기간, 목표수익률 등에 대한 사전 계획 없이 투자한 적이 있다.
- 타인의 말에 심하게 현혹되어 투자에 대한 자신의 주관을 설정하지 못했다.
- 자산 가격의 상승에 과하게 기뻐하고, 하락에 과하게 낙담하는 편이다.
- 투자 손실이 발생하면 주변 환경과 남을 탓한다.
- 투자 관련 의사결정 시 일관성 없이 휘둘리는 모습을 보인다.
- 성과를 내고자 하는 욕구가 지나치게 강한 편이다.

여러분은 몇 가지 문항에 해당되시나요? 개인별로 다르겠지만 한 가지도 없다는 분들은 많지 않으실 겁니다. 그렇다 해서 '나는 투자자로서 적합하지 못한 것은 아닐까?'라고 자책할 필요는 없습니다. 현재의 자신을 냉정하게 바라보는 눈을 가지게 되었다는 것, 그래서 앞으로 개선해 나갈 가능성이 커졌다는 것이 더 중요하고 의미 있는 일이니까요.

투자자로서의 자기 성향 알아보기

그다음으로 우리가 파악해 봐야 할 것은 '나는 어떤 성향의 투자자인가?' 그리고 '나는 보유 자산을 내 투자자 성향에 맞춰 구성해 놓았는가?'입니다. 투자자로서 자신이 갖는 성향은 다음의 문항들을 통해 판단할 수 있습니다.

- 나는 공격형 투자자인가, 아니면 방어형 투자자인가?
- 나는 수익을 중시하는가, 아니면 원금 보장을 중시하는가?
- 나는 단기 투자자인가, 아니면 장기 투자자인가?
- 나는 자산가치의 상승을 선호하는가, 아니면 일정한 이자나 배당수익을 선호하는가?
- 나는 티끌 모아 태산을 만드는 투자자인가, 아니면 로또와 같은 대박을 기대하는 투자자인가?

평소 자신의 투자 성향에 대해 이런 질문을 해본 적이 있으신가요? 없었다 해도 괜찮습니다. 아직 늦지 않았고, 지금부터 알아나가면 되니까요. 증권 회사에 방문해 주식계좌를 개설하려면 담당 직원과의 상담을 거쳐야 하는데 그 과정에서도 이런 질문을 받게 됩니다.

물론 초보 투자자일 때엔 그 과정을 그저 행정적 절차로만 여겼을 겁니다. 자신의 투자 성향이 어떤지를 깊이 생각해 보지 않았을 가능성도 높고요. 하지만 자신을 정확히 이해하기 위해 움직이기 시작한 지금 이 순간부터는 그러시면 안 됩니다.

보유 자산 점검하기

다음 단계는 자신이 보유하고 있는 자산을 점검해 보는 것입니다. 우선은 보유 중인 현금성 자산, 상장 또는 비상장 주식들, 주거용 또는 투자용 부동산의 투자 현황을 파악합니다. 퇴직연금 가입액이나 펀드 투자액은 물론 실물자산인 금이나 은 등의 귀금속, 원자재 등도 보유 자산에 포함됩니다. 최근 큰 화두로 등장한 비트코인 같은 가상자산도 이제는 어엿한 자산의 일종으로 여겨지고 있으니 이 역시 포함시켜야 합니다.

이 모든 자산들이 파악되었다면 앞서의 테스트로 알아냈던 자신의 투자 성향과 그것을 비교해 보시길 바랍니다. 자신은 장기투자를 통해 위험을 회피하는 투자자 성향인데 정작 보유 자산의 대부분은 변동성이 큰 중소형 주식이라면 어떨까요? 또 단기 투자자로서 위험을 선호하는 스타일의 성향을 가진 사람인데 정작 보유 자산은 10년만기 국채 또는 우량 등급의 회사채 혹은 저축성 생명보험인 경우도 있을 것입니다.

다음의 실제 사례를 보면서 자신의 상황과 비슷한 경우는 없는지 생각해 보십시오.

- A 씨 (장기적 소득 희망 | 단기성 투자자산): 나는 현재 젊은 편인 데다 소득도 안정적이기에 미래에 필요한 자산을 축적하겠다는 목표로 장기적 투자를 하고 싶다. 그러나 정작 실제 투자는 소문만을 듣고 중소형

주식들을 사고팔면서 방향성 없이 단기적 시각에서 하고 있다.

- B 씨 (수익형 투자 희망 | 비효율적 투자자산): 나는 어느 정도 일정 수익이 발생하는 자산에 투자하고 그 수익을 노후에 필요한 최소한의 생활 자금으로 사용하고 싶다. 하지만 내가 가입해 둔 저축성 생명보험의 실제 수익률을 계산해 보니 매우 낮아서 향후 일정한 수익을 얻기란 어려워 보인다.

- C 씨 (장기적 고수익 투자 희망 | 잘못된 종목 설정): 나는 유망 스타트업 등의 비상장 주식에 투자하여 장기적으로 큰 수익을 얻고 싶다. 하지만 현재는 미래성장성보다 주변의 소개에 의지하여 비상장 주식에 투자했다가 오히려 손실만을 보고 있는 상황이다.

- D 씨 (안정적 투자 희망 | 투기성 투자): 나는 보수적인 성격이기에 가격변동이 크지 않고 안정적인 장기 투자를 희망한다. 그러나 얼마 전 주변 친구들을 따라 가상화폐를 샀고, 가격의 폭락과 폭등 때문에 스트레스에 시달리고 있다.

이 사례들을 보면 모두 미스매치(mismatch), 즉 자신의 성향 및 희망하는 바가 실제 취하고 있는 투자 방향과 다른 상황임을 알 수 있습니다. 재정독립과 경제적 자유를 성취하기는커녕 투자 기간 내내 불안하고 불편한 마음에 시달릴 수밖에 없는 환경인 것입니다.

뭔가 잘못되어 어긋나 있다는 느낌 때문에 찜찜하게 진행되는 투자는 어떤 결과와 이어질까요? 당연한 말이지만 자신이 원하는 방향대로 나오지 않을 가능성이 매우 높습니다. 자신의 성향을 먼저 알고 그것에 투자 방향을 맞춰야 합니다.

두 번째 단계의 목표는 '내 주변 환경을 이해하고 개선 방법을 찾기'입니다. 내가 현재 누구를 만나고 누구로부터 영향을 받고 있는지를 파악하고, 좋은 환경을 만들어나가는 방법에 대해 생각해 보는 단계이지요.

세 사람이 길을 가면 그중 반드시 내 스승이 있다는 '삼인행필유아사(三人行必有我師)'라는 말처럼, 주변 사람을 포함한 환경은 우리에게 가르침과 교훈을 주고 나의 행동과 생각을 좋은 쪽으로 바꿔주기도 합니다.

투자라는 배경에서 생각해 보자면 '내가 투자하는 데 도움이 되거나 투자자로서의 능력을 갖추고 향상시키게 해주는 환경'이라 할 수 있겠지요. 이런 환경은 태생적 유인이 아니라 후천적 노력으로 만들 수 있습니다. 여기에서는 그런 노력에 힘을 보태줄 방법들을 살펴보겠습니다.

성공한 투자자들의 특징

투자나 사업에 성공한 사람들이 갖고 있는 습관이나 특징들이 무엇인지 알아보는 것은 내 주변 환경을 좋게 만드는 방법이 됩니다. 내가 미처 갖추지 못했던 요소들을 알게 되어 내 것으로 만들기 위해 노력하다 보면 투자자로서의 자질도 높아지기 때문입니다.

저는 30년간의 사회생활에서 만난 성공 투자자들을 35명가량 선별하고, 그분들이 갖는 공통된 특징 몇 가지를 뽑아 다음과 같이 정리해 봤습니다. 물론 35명 모두가 다음의 특징 모두를 완벽히 갖춘 것은 아니지만 거의 대부분을 가졌음은 분명합니다. 어떤 특징들이 있는지 함께 알아보겠습니다.

- 지속적인 정보 수집: 그들은 최대한 많은 정보를 모으려 노력합니다.

- 지식과 지혜의 축적: 그들은 새로운 학습에 꾸준히 전념합니다. 투자뿐 아니라 다양한 분야의 지식을 얻기 위해 독서, 만남 등에 집중합니다. 특히 인문학, 예술, 여행 등에 깊이 심취하며 인간 및 세계에 대한 성찰을 해나갑니다.

- 검증을 위한 네트워크 보유: 그들은 무언가에 대해 궁금한 점이나 의심되는 점 등을 주변 네트워크를 통해 항상 확인하고 검증합니다. 이를 위해서는 정확한 지식과 풍부한 경험을 나눠줄 전문가나 지인이 많아야 하는데, 성공한 투자자들은 이런 네트워크를 충분히 보유하고 있습니다.

- 침착함과 결단력을 갖춤: 그들은 평상시 매우 침착합니다. 어떤 사안을 접했을 때 쉽게 흥분하지 않고 쉽게 낙담하거나 포기하지도 않지요. 차분하게 사안을 분석하고 좀 시간이 걸리더라도 하나씩 찬찬히 짚어가는 신중함을 보입니다. 그리고 결정을 내린 뒤엔 요즈음 표현으로 '정주행'에 돌입합니다.

- 큰 흐름을 읽기 위한 노력: 그들은 매크로 방향성에 대한 식견이 탁월합니다. 각종 언론, 회계법인, 컨설팅 회사 등이 매년 초 개최하는 경제 세미나들, 또한 여름 휴가철에 많이 열리는 하계 경영 세미나들에 꾸준히 참여해 전 세계의 트렌드나 변화를 익히는 데 많은 시간을 할애합니다.

- 확실한 신념으로 무장: 그들은 자기만의 투자관 및 세계관을 보유하고 있고, 어떤 부분은 절대 타협하지 않는 강한 면모를 보입니다.

여러분은 이러한 특성들 중 어떤 것을 갖고 있으신가요? 또 그 강도와 깊이는 어느 정도 된다고 자신하시나요? 갖춘 특성이 별로 없다면 점차 갖춰나가기 위해, 또 크게 자신할 수 없다면 좀더 강화하기 위해 지금부터 노력을 기울이시면 좋겠습니다.

먼저 '주는 자'가 되자

이와 더불어 한 가지 생각해 봐야 할 것이 있습니다. 앞서 언급된 특성들을 갖거나 강화하는 것이 과연 자기 혼자의 힘으로 쉽게 가능한 일일까요? 만약 나를 도와주는 사람들이 주변에 있다면 그 일은 훨씬 쉬워지겠지요. 자신의 주변 환경을 현명하게 조성해야 하는 이유가 이것입니다.

그리고 저는 이런 환경을 만들어나가는 데 있어 중요한 키워드 하나를 여러분께 알려드리고 싶습니다. 그 키워드란 바로 giver, 즉 '주는 자'입니다.

가끔 저는 농담 삼아 "정보는 권력이다"라는 이야기를 하곤 합니다. 이때의 정보가 '시장에는 알려지지 않고 내부자들끼리만 공유하는 정보' 혹은 '부정한 방법으로 취득하는 정보' 등을 의미하는 것은 아니니 오해 없으시길 바랍니다. 여기에서 이야기하는 정보는 넓은 의미의 정보로서 투자 판단을 하는 데 필요한 여러 요소입니다.

투자론에서는 투자 시 수익의 원천이 정보비대칭을 활용한 거래라고 이야기합니다. 내가 가지고 있는 정보가 거래 상대방이 가지고 있는 정보보다 양질의 것이라면 이것이 곧 투자 수익을 발생시키는 근거가 된다는 뜻이지요.

앞서 살펴본 성공 투자자들의 특징은 기본적으로 정보의 힘을 바탕으로 하는 것들입니다. 정확하고 많은 정보를 보유하면 그것을 바탕으로 좋은 판단을 내릴 수 있고, 자신의 판단에 대한 자신감 또한 강해질 수 있습니다. 하지만 그런 정보들은 홀로 뛰어서 얻기가 불가능에 가깝고, 대개는 주변 사람들의 협조와 도움을 통해 수집됩니다.

누군가 귀띔으로 정보를 알려준다는 뜻의 영어 표현으로 '헤즈 업 (heads up)'이란 것이 있습니다. 나에게 이런 '헤즈 업'을 해주려는, 즉 나에 대해 '주는 자'의 위치에 있는 이들은 내게 호감을 갖고 호의를 베풀려는 사람들이겠지요.

이런 '주는 자'들을 주변에 많이 두는 현명한 방법은 나 자신이 먼저 그들에게 '주는 자'가 되는 것입니다. 주변 사람들에게 호의를 건네는 '주는 자'로서 지속적으로 행동하다 보면 그들 역시 내게 '주는 자'가 되어 가까이 다가오기 때문입니다.

전문가 네트워크를 구성하기

그렇다면 구체적으로 투자에 도움이 되는 주변 환경은 어떻게 만들 수 있을까요? 인생을 살면서 우리는 다양한 직군과 부류의 사람들과 만납니다. 사적인 만남, 업무 관계에 따른 공적인 만남도 있으며 글자 그대로 우연히 이뤄진 만남도 있지요.

여러 만남에서 주고받은 명함들을 바탕으로 계산해 보니 지난 20년간 저는 연간 500명 정도를 만났더군요. 다시 말해 20년 동안 만난 사람의 수가 1만 명가량이란 뜻인데, 그렇다면 저는 그 1만 명과 지금까지 교류를 하고 있을까요? 그렇지 않습니다. '회자정리거자필반(會者定離去者必返)'이라는 옛말도 있듯 만나면 곧 떠나고, 떠났던 사람도 다시 돌아와 만나곤 하니까요.

그런 경험을 매우 많이 해온 저는 이제 저만의 네트워크를 형성, 관리하고 있습니다. 투자 분야에서 서로 도움되는 관계에 있는 분들에 대해선 특히나 그렇지요. 다음은 그간의 경험에 근거해서 정리해 본, 투자에 도움을 줄 수 있는 유형의 사람들입니다. 여러분에게도 좋은 참고가 되길 바랍니다.

- 펀드 매니저, 투자 전략가, 신용평가사, 투자은행, 회계사, 세무사, 감정평가사 등의 금융 시장 참여자
- 창업투자 회사 혹은 사모펀드의 관련자
- 투자와 사업 등에서 장기투자로 성공한 사람들
- 경제학자, 연구자, 교수, 과학자 등 기초학문의 연구에 평생을 바치는 사람들

필요로 하는 정보를 제때 구하려면, 또 갖고 있는 정보를 정확히 검증하려면 해당 분야의 전문가가 필요하게 마련입니다. 그렇기에 투자 관련 정보를 보다 효율적으로 구하고 확인하고 싶다면 여러 부류의 금융 기관에 있는 다양한 사람들과 네트워크를 구축해야 합니다.

부동산 투자를 원하는 상황을 한번 생각해 볼까요? 중개업소를 찾아 어떤 매물을 소개받고 나면 우리는 그것의 실제 적정 가격이 어느 정도일지 궁금해합니다. 중개인을 믿을 수 없어서라기보다는 나름의 확인 과정을 거쳐 올바른 판단을 내리고 싶기 때문이지요.

이럴 때 내가 문의를 위해 찾아야 할 사람은 감정평가사입니다. 그들

은 부동산의 가치를 객관적 입장에서 평가함은 물론 내가 잘 모르거나 미처 생각하지 못했던 포인트들을 짚어줄 수도 있기 때문입니다(어쩌면 이것이 부동산에 대한 가치평가보다 더 소중한 것일 수 있습니다). 그렇기에 한 명의 감정평가사만 알고 있어도 부동산 투자에 큰 도움이 됩니다.

비슷한 예를 주식 투자의 경우에 적용해서 생각해 볼 수도 있습니다. 가까운 시일 내에 상장할 예정이라는 회사가 있다는데 여러분은 지인의 소개로 그 회사의 주식을 매입할 수 있는 기회를 갖게 됐습니다. 이런 상황에서 여러분이 가장 알고 싶은 것은 아마도 그 회사가 실제로 잘 상장될지, 재무재표상에 나타난 문제점은 없는지 등일 것입니다.

이때는 증권사에서 상장 자문 업무를 맡은 사람, 그리고 재무제표를 전문적으로 해석하고 판단할 수 있는 회계사가 필요합니다. 전문가인 그들에게 문의하여 의견을 들으면 투자에 실패할 위험도 당연히 한층 낮아집니다.

바이오 관련 주식은 근래에 뜨거운 화두로 떠올랐는데, 마침 여러분에게 어느 바이오 업체의 유상증자에 참여할 수 있는 기회가 왔다면 어떨까요? 이 회사는 특정 바이오 기술을 오랫동안 연구개발해 왔고 그 결과 곧 약품으로 출시할 예정이라고 합니다. 그렇다면 지금 내가 자문을 구해야 할 사람은 증권사의 직원일까요, 아니면 은행의 직원일까요? 그도 아니면 재무제표 전문가인 회계사일까요?

그런 분들에게 바이오 및 제약 분야의 전문성이 아예 없다고 할 순 없지만, 그래도 이런 상황에서 가장 믿을 만한 전문가는 바이오 및 제약 관련 분야에 오랫동안 몸담아온 제약 회사 연구원, 혹은 대학교 등의 기관에서 이 분야를 연구해 온 교수 또는 연구자 들일 것입니다. 그들의 의견이 내 투자 의사결정에 중요한 역할을 할 것은 자명한 일입니다.

사실 이렇게 각 분야, 특히 투자 관련 전문가들로 구성된 인적 네트워크는 의욕만으로 갖출 수 없습니다. 거미가 거미줄을 쳐나가듯 꼼꼼하고 찬찬히 자신의 네트워크를 만들고 확장해야 하지요.

다음은 투자 관련 네트워크를 체계적으로 구성해 나가는 데 필요한 실천적 방법들입니다.

- 네트워크 매핑: 나의 성공적인 투자를 위해 만들어가야 하는 주변 환경은 어떤 것일까? 그와 비교했을 때 현재 나의 실제 주변 환경은 어떤가? 네트워크 매핑(network mapping)은 이런 생각을 보다 구체화하는 작업이다.

  세로축에는 상장주식, 비상장주식, 부동산, 펀드, 증권, 회계, 재무, 법률 등을, 가로축에는 친구, 선배, 후배, 업무상 지인 등을 써넣은 뒤 각 교차점에 해당 인물의 이름을 적어보자. 이런 식으로 채워나가다 보면 나의 네트워크에서 어떤 분야가 부족하거나 비어 있어 보강해야 하는지를 알게 된다.

- 투자 스터디 모임 참여: 인터넷을 검색해 보면 부동산, 상장 주식, 비상장 주식과 관련하여 전문가들이 운영하는 투자 스터디 모임을 꽤 많이 발견할 수 있다. 이런 모임에 적극적으로 참여하여 네트워크를 넓혀보자.

- 주변 지인의 네트워크 활용: 점심이나 저녁 약속을 자유롭게 할 수 있다면 투자 관련 분야의 사람들과 주기적으로 식사 자리를 가져보자.

  예를 들자면 증권사나 부동산 투자 회사, 회계나 법률 분야에 종사하

	친구	선배	후배	업무상 지인	친인척	기타
상장 주식	서△△				전△△	
비상장 주식		김○○				
부동산	박○○					
펀드업			송○○			
증권업						유△△
재무 전문			정△△	이○○		
회계 전문						
법률 전문	김△△				최○○	
기업경영		이△△				

네트워크 매핑의 예

는 친구 혹은 선후배와 분기에 한 번 정도의 주기로 약속을 갖는 것이
다. 이런 자리를 꾸준히 만들어나가다 보면 일정 시간 뒤엔 자연스레
해당 분야의 네트워크가 확장되어 있음을 느낄 것이다.

주변에 두지 않는 편이 좋은 사람도 있다

그렇다면 우리가 피하거나 조심해야 할 유형의 사람은 없을까요? 당연
히 있습니다. 사실 '이러이러한 부류의 사람들은 조심해야 한다'라고 단정

적으로 말하는 것은 그리 바람직한 태도가 아니지요. 그럼에도 제 오랜 경험상 깨달은 바를 여러분에게도 알려드리고자 합니다.

우리가 가능한 한 주의하고 조심해야 할 유형은 기획부동산 사업자들, 단기적이고 투기적으로 주식을 매매 또는 중개하는 사람들, 그리고 거짓 정보를 전달하고 흘리면서 수익을 얻으려 하는 사람들입니다.

이들은 화려하고 현란한 언변으로 무장하고 그럴듯한 논리까지 갖춰 접근합니다. 그래서 투자와 관련된 경험이나 지식이 많은 사람도 휘말려 간혹 실수를 저지르곤 합니다. 그러므로 다음의 방법들을 통해 항상 경계하고 조심하는 것만이 최선의 방법입니다.

- 믿을 만한 전문가들에게 물어보기: 처음 만나는 사람이라면 명함을 받아 보고 그가 소속되어 있다는 회사의 웹사이트를 검색해 본다. 평소 들어본 적 없는 생소한 이름이라면 주변의 믿을 만한 전문가에게 그 회사를 알고 있는지, 명성은 어떠한지 등을 물어보자.

  여러 명에게서 의견을 구해서 듣다 보면 그가 어떤 유형의 사람인지 느낄 수 있을 것이다.

- 말하는 스타일로 파악해 보기: 자신의 업적을 떠벌리는 사람, 손대는 투자마다 크게 성공했다고 자랑하는 사람, 자신만이 이 분야의 최고 전문가라고 주장하는 사람 등 자기를 과시하고 과대포장하는 유형이라면 십중팔구 경계해야 할 대상에 해당한다.

  이런 사람을 만날 경우에는 내 이야기는 최대한 아끼고 날카롭게 관찰하자.

- 위험한 투자 권유를 조심하기: 투자 기회나 대상을 이야기할 때 '원금은

무조건 보장된다' '기대 이상의 높은 수익을 거둘 수 있다', 유명인의 이름을 들먹이면서 '이 사람도 이미 투자했다'라며 투자를 권유해 올 때에는 정말 조심해야 한다.

이름을 들어보지 못한 회사들이 관련 기업으로 포함되어 있는 경우에도 경계를 늦추지 말자.

끊임없이 변하는 주변 환경

주변 환경에 대해 여러분이 기억해 두면 좋을 것이 있습니다. 바로 주변 환경은 고정적이지 않고 계속해서 달라진다는 점입니다.

내가 만나고 교제하는 대상은 시간이 흘러감에 따라 변합니다. 제 경우를 예로 들자면, 학창 시절엔 친한 친구들과 평생 가깝게 지낼 줄 알았는데 나이가 들면서 관계의 깊이가 얕아져 그중 몇몇은 이제 잘 만나지 않게 되더군요. 그 대신 사회에서 새롭게 만난 사람들과는 폭과 깊이 면에서 다양한 관계를 맺게 되었고, 그 덕에 저의 사회적 네트워크는 더 넓어졌습니다.

이렇게 주변과 네트워크가 달라지는 이유는 무엇일까요? 곰곰이 생각한 뒤 제가 내린 결론은 '나의 세계관과 경험이 변화해 왔고, 내 네트워크도 그런 변화에 맞는 형태로 자연스럽게 내 주변에 형성되어 왔기 때문'이었습니다.

행복한 어린 시절의 기억을 함께 만든 친구들임에도 오랫동안 각자의 삶을 살다 보면 서로 경험과 세계관이 달라지는 게 당연합니다. 그렇게 달라진 바탕 위에서 깊이 있는 대화를 계속 이어가기란 어려운 일이라 결국은 소원해지는 것입니다.

그렇기에 새로운 사람들과의 만남을 두려워해선 안 됩니다. 인간은 환경의 영향을 받는 존재이지만 한편으론 환경을 만들어내는 존재이기도 합니다. 나의 변화에 맞는 주변 환경은 내가 얼마나 적극적으로 세상 밖을 향해 나가느냐에 영향을 받습니다.

이는 투자와 관련된 네트워크에 있어서도 마찬가지입니다. 내가 투자하는 대상들의 범위와 깊이가 달라짐에 따라 내가 만나고 교류해야 하는 대상들도 계속 변해간다는 사실을 인지해야 합니다. 그렇기 때문에 네트워크의 확장과 교체 및 개선을 위해 끊임없이 노력해야 한다는 점을 강조하고 싶습니다.

멘토를 따라 투자 습관을 길러라

나의 인생, 나의 사회생활, 나의 투자에 귀중한 조언을 해줄 멘토가 있다면 목적지에 이르는 시간과 노력을 절반은 절약할 수 있습니다. 적절한 표현일지 모르지만 가성비 높은 삶을 사는 것이라 할 수도 있습니다.

제게는 다양한 부류의 멘토가 있는데, 저는 '무거운 멘토'와 '가벼운 멘토'로 그분들을 나눕니다. '무거운 멘토'는 친구나 선배, 혹은 선생님 등 흔히 우리가 알고 있는 개념의 멘토로서 나의 생활과 철학, 행동 등에 지대한 영향을 주는 이들입니다.

30년 전 만났던 멘토는 당시 경영학 박사과정을 밟고 있던 선배였는데 경제 트렌드와 관련된 뉴스 기사나 글을 매일 읽는 습관에 대해 멘토링을 해주셨습니다. 저는 아직까지도 그 선배의 조언에 따라 아침마다

10~20분의 시간을 할애하여 경제 트렌드를 확인하고 있습니다.

20년 전에는 국내외 대기업에서 오랫동안 일한 뒤 은퇴를 앞두고 있는 분을 멘토로 만났습니다. 그분은 제게 사람을 만나는 방식에 대한 멘토링을 해주셨습니다. 평일의 식사 시간이나 주말을 활용해 여러 사람들과 사적 모임이나 모임을 가질 때 나름의 규칙을 활용해 보라는 내용이었지요.

가령 매주 5회 정도의 식사 시간이 활용 가능하다면 나의 네트워크를 강화하는 데 도움이 되는 분들, 또는 친구나 후배, 선배 등 지인들과 주기적으로 만나는 식으로 체계적인 교제를 해나가는 것이 그 예입니다. 이런 관계는 점차 서로의 신뢰를 쌓게 해주고 제가 하는 일에도 도움이 되었기에 현재까지 이 방법을 실천해 오고 있습니다.

저는 인문·철학·역사 분야의 책들을 지금까지 10년 동안 매주 한 권씩 읽어왔습니다. 단 한 주도 건너뛰지 않고 꼬박꼬박 실천하다 보니 그간 읽은 책의 수도 어느덧 600권을 넘겼지요. 이런 독서 습관을 갖게 된 것 역시 10년 전에 만난 멘토인 철학과 교수님 덕분입니다. 그분의 수업을 들으면서 인문·철학·역사 관련 공부에 대한 영감을 받았으니까요.

이러한 좋은 습관을 반복해서 갖추고 꾸준히 해나가는 활동은 어느 날 갑자기 제가 결심하여 시작하게 된 것이 아닙니다. 주변의 멘토가 조언을 해주거나, 방법을 알려주거나, 또는 영감을 느끼게 해주었기 때문에 시작할 수 있었습니다.

이런 계기를 만들어주는 '무거운 멘토'와 더불어, 제가 '코디'라고 칭하는 '가벼운 멘토'도 저의 발전에 도움을 줍니다. 제게는 투자 코디, 독서 코디, 미술 코디, 운동 코디 등 다양한 코디들이 있습니다.

투자 코디는 자산운용사를 설립해 경영해 온 제 오랜 친구로, 서로의 투자 철학을 공유하거나 그와 관련된 토론을 하기도 합니다. 미국에서 직장생활을 할 때 알게 된 친구지만 투자에 관해서는 '구루(guru)'라 할 만큼 탁월한 시각을 갖고 있어 제게 아주 좋은 코디가 되어줍니다.

저의 멘티인 후배 중 한 명은 영미문학에 대한 조예가 깊어 제게 소중한 독서코디가 되어줍니다. 이 후배 덕분에 저는 수년간 영문학에 대한 소위 '덕질'에 빠지기도 했습니다. 오랫동안 미술품을 수집해 온 또다른 후배 역시 제게 미술품 수집에 대한 가이드와 정보를 제공해 주는 미술 코디가 되어주고 있습니다.

이쯤 되면 운동 코디에 대해선 굳이 설명하지 않아도 여러분이 상상 가능하시겠지요? 이렇듯 저는 주변에 있는 여러 '무거운 멘토'와 '가벼운 멘토'로부터 다양한 도움과 조언을 받고 또 제가 제공하기도 합니다.

목표 지점을 향해 내가 나아가는 데 힘이 되어주는 이런 존재들로 주변 환경을 조성해 나간다면 내가 기울이는 노력도 보다 효과적으로 알찬 결실을 맺겠지요. 하지만 '당장 내 주변엔 멘토가 되어줄 만한 사람이 없는데 어떻게 해야 할까?' 하는 생각이 드는 분도 계실지 모르겠습니다. 그런 분들은 다음의 팁을 참고하시면 좋겠습니다.

- 세미나, 발표회, 컨퍼런스 등에 적극적으로 참석해 연사나 패널로 참여한 사람들을 살펴보자. 그중 배울 점이 많다고 생각되는 사람이 있으면 먼저 다가가 인사를 하고 다음에 조언을 얻고 싶다는 희망을 피력한다.
  물론 용기가 필요한 행동이지만, 역설적으로 그런 행사에 참여하는 사람들일수록 마음이 열려 있고 초보자들에게 도움을 주고 싶어 하는 마음이 강할 가능성도 높다.

- 혼자 하기 어렵다면 여러 명의 친구와 함께 멘토를 모시려 노력하는 것도 좋다. 멘토가 되어주는 사람 입장에서는 이런 경우 더욱 적극적으로 도와줄 수 있다.

- 학교나 사회 또는 직장에서 만나는 선배들 중 누구에게나 인정받는 인물이 있다면 적극적으로 다가가고 만남을 가짐으로써 나의 멘토로 만들어야 한다.

  내가 알고자 하는 분야가 기업경영이라면 경영자의 길을 걷는 선배를, 헬스케어라면 제약·바이오 기업의 연구원이거나 의료직에 종사하는 선배를 찾아내는 식이다. 알고 싶은 분야, 배우고 싶은 분야의 멘토를 찾아 교류하는 것 자체가 내게는 큰 자산이 된다는 점을 기억하자.

여섯 가지 패러다임으로 세상의 변화를 감지하라

마지막 단계로서 거대환경의 변화에 대한 이야기를 하겠습니다. 거대환경은 개인이 통제하거나 변화시킬 수 있는 대상이 아닙니다. 이런 거대환경의 변화는 개인이 아닌 전 세계에 파급력을 미치며 오랫동안 지속되지요. 따라서 이를 어떻게 이해하고 대응할 것이냐가 개인의 입장에선 중요한 문제가 됩니다.

특히 우리의 목표는 재정독립과 경제적 자유이므로, 이러한 거대환경의 변화로 발생하는 위기와 투자 기회를 어떻게 인지하고 중장기적으로 대응할지를 중점적으로 생각해 봐야 합니다.

우리가 주의 깊게 봐야 할 거대환경의 변화를 크게 여섯 가지로 구분해 봤습니다. ① 경제 패러다임의 변화, ② 기술 패러다임의 변화, ③ 인식 패러다임의 변화, ④ 지정학적 패러다임의 변화, ⑤ 투자 패러다임의 변화, ⑥ 라이프 사이클의 변화가 그것인데 지금부터 하나씩 찬찬히 살펴보겠습니다.

① 경제 패러다임의 변화

투자자의 입장에서 봤을 때 가장 중요한 거대환경이 경제 패러다임의 변화임을 부인하는 사람은 아마 없을 것입니다.

거의 매일 아침 뉴스에는 미국 연준, 즉 연방준비제도(Federal Reserve System) 의장의 발언, 한국은행 총재의 인터뷰, 각국 경제 정책과 관련된 내용 등이 보도되고, 이는 실물시장과 자본 시장에 지대한 영향을 미칩니다. 그렇다 보니 투자자들도 이런 보도들에 항상 관심을 가지고 글로벌 산업 및 경제의 동향이나 세계 여러 나라의 경제 정책에 각각 어떤 변화가 일어나고 있는지에 주의를 기울일 수밖에 없습니다.

그럼 우리가 주의 깊게 봐야 할 변화는 어떤 것일까요? 저는 세세한 경제지표의 해석이나 통계 데이터 분석에 대해 이야기할 생각은 없습니다. 지면도 부족할 뿐 아니라 코끼리의 다리나 코를 만지면서 코끼리의 모양을 파악하려는 것과 같은 일이니까요.

다만 투자자라면 코끼리의 전체 모습에 변화와 영향을 주는 두 가지의 큰 경제 패러다임, 즉 케인스학파(Keynesian school)로 시작되는 재정주의자적 경제이론과 밀턴 프리드먼(Milton Friedman)을 구심점으로 하는 통화주의자적 경제이론을 간략하게나마 알고 있어야 합니다. 다른 어떤 지파적 이론들보다 이 둘은 지금까지 세상을 이끌어왔고, 아직까지 큰 영향력을 미치는 중요한 경제 패러다임이기 때문입니다.

케인스학파의 재정주의자들은 진보주의적 경제학파로 분류되고, 미국의 경우 이들이 내놓는 정책들은 주로 민주당이 정권을 잡고 있을 때 많이 채택됩니다. 대개 증세를 통해 재정을 투입함으로써 정부가 경제 정책의 운용에 적극 개입하는 형태이기에 '큰 정부'를 지향한다고 볼 수 있습니다. 최근의 그린뉴딜* 같은 정책적 어젠다가 정부 주도의 경제 정책이 갖는 기조와 맞아떨어지는 예입니다.

밀턴 프리드먼을 중심으로 하는 통화주의자들은 보수주의적 경제학파로 분류되고, 미국의 경우 보수성을 띠는 공화당이 집권할 때 통화주의적 패러다임이 채택됩니다. 모든 것은 시장경제에서 결정되므로 정부가 개입하는 것은 옳지 않다는 관점을 바탕으로 하기에 기본적으로 감세 정책을 취합니다. 또한 중앙은행을 통한 통화량 조절에만 신경을 쓸 뿐 정부가 나서서 정책을 펴는 것을 선호하지 않기 때문에 '작은 정부'를 지향한다고도 할 수 있습니다.

투자자로서 우리가 염두에 두어야 할 점은 이와 같은 두 가지 경제 패

그린뉴딜(Green New Deal)

최근 세계에선 전반적인 경제 불황 현상이 나타나고 있는데, 1930년 미국의 프랭클린 루스벨트 대통령이 뉴딜(New Deal) 정책으로 대공황을 극복한 것처럼 사회간접자본의 투자와 일자리 창출을 통해 경제활성화를 꾀함으로써 현재의 세계적인 경제불황을 타개하려는 정책. 화석에너지에서 신재생에너지로의 전환, 친환경적이고 자원을 절약하는 '녹색 성장'을 목표로 한다.

러다임이 어떻게 유지되고 바뀌는가에 따라 자본 시장이 큰 영향을 받는 다는 것입니다. 가령 그린뉴딜이 정부의 정책적 기조가 된다면 대체에너 지 사업 혹은 환경친화적 사업을 하는 기업들이 수혜를 얻을 테고 가치 또한 상승할 것이므로 좋은 투자 기회를 잡을 수 있습니다.

또다른 경제 패러다임으로는 디지털 경제(Digital Economy), 창조경제 (Creative Economy), 공짜경제(Freeconomics) 등이 있습니다. 하지만 이런 개념들은 시대의 큰 흐름을 감지한 경제학자들이 일종의 신호탄처럼 앞서 정립한 것으로, 서로 대립하며 정책적 경합을 벌이는 관계가 아닙니다.

1995년 니컬러스 네그로폰테(Nicholas Negroponte)라는 미국 경제학 자가 처음 이야기한 '디지털 경제'는 인터넷을 기반으로 이루어지는 모든 경제활동 상황을 다룹니다. '창조경제'는 2001년 영국의 경제학자 존 호 킨스(John Howkins)가 제기한 개념으로 혁신적 기술과 창의적 아이디어 를 중시하는 경제를 의미합니다. 『롱테일 경제학』으로 유명한 크리스 앤 더슨(Chris Anderson)이 2007년에 내놓은 '공짜경제'는 디지털 산업에서 무료 서비스를 기반으로 새로운 부가가치를 창출하는 흥미로운 경제 개 념입니다.

주지할 부분은 이러한 디지털 경제, 창조경제, 공짜경제라는 개념들이 시장에서 인지된 후 세상은 실제로 거대한 광풍을 경험했다는 점입니다. 디지털 경제는 1990년대 후반부터 일상을 파고들며 2000년 초반에 소위 '닷컴 버블'이라는 형태로 자본 시장에 충격을 가했습니다. 당시 투자에 나선 개인들은 이전엔 볼 수 없었던 매우 높은 수익률을 기록하며 큰 부 를 쌓았습니다.

'창조경제'라는 개념 역시 처음 제기된 이후 시장과 세상에 큰 변화를 가져왔습니다. 콘텐츠, 엔터테인먼트 등의 분야가 ICT 분야와 접목되면서 유튜브(YouTube)로 대표되는 새로운 형태의 산업이 큰 힘을 갖게 되었지요. 그런가 하면 상상을 초월하는 기업가치를 시현하는 FAANG, 즉 페이스북(Facebook), 아마존(Amazon), 애플(Apple), 넷플릭스(Netflix), 구글(Google) 주식이 시장에 등장했습니다. 또 다소 유머러스한 명칭의 '공짜경제'는 '공유경제'라는 개념으로 치환되면서 이전에 없던 형태의 산업을 탄생시켰지요.

보수적 경제 패러다임과 진보적 경제 패러다임이 빚는 양강 구도의 변화, 그리고 시대적 혁신을 이끌어내는 새로운 경제 패러다임의 등장은 투자자의 입장에서 봤을 때 중요한 의미를 갖습니다. 또 앞으로는 이전에 없었던 다른 패러다임이 등장해 우리가 상상하지 못한 영향력을 발휘할 수도 있지요. 이는 경제 관련 트렌드를 다룬 기사나 책을 끊임없이 접하고 관련 지식을 업데이트하며 관심을 지속시켜야 하는 이유입니다.

② 기술 패러다임의 변화

기술의 변화는 지금의 현대 사회에서만 일어나는 현상은 아닙니다. 그 역사는 우리가 생각하는 것보다 더 오래전으로 거슬러 올라가야 할 정도로 깁니다.

중세의 어둡고 긴 터널을 벗어나 도달한 르네상스 시대를 떠올려볼까요? 인본주의라는 표현에 걸맞게 균형 잡힌 인간의 모습을 한 그리스 로마 시절의 예술품들을 보며 사람들은 과학적 비례와 균형을 생각하기 시작했습니다.

또한 종교혁명은 인간으로 하여금 신에 예속되어 있던 굴레를 벗어나 적극적으로 사고하고 자율적으로 부를 추구하게 했습니다. 그런 사고는 결과적으로 과학혁명과 연결되어 남부와 북부 유럽에서 기초과학의 진보를 가능케 함은 물론 영국에서의 산업혁명도 배태했습니다. 말하자면 인류는 인문학적 사고의 진보와 함께 과학과 기술의 혁신을 이루며 발전해 온 것입니다.

이러한 변화는 근대를 거쳐 현대에 들어오면서 속도가 빨라졌고 영향 또한 폭발적으로 커졌습니다. 지난 40여 년간 있었던 기술 변화가 그 이전의 2,000년 동안 있었던 기술 변화보다 이런 면에서 압도적 우위에 있다는 점에 대해선 누구도 반론을 제기하지 못할 것입니다.

특히 자본주의 사회에서의 기술 변화는 제품, 서비스, 생산 및 소비 과정의 혁신을 일으킵니다. 예를 들어 스마트폰 기술의 등장으로 북유럽의 노키아가 쇠락하고 애플이 새로운 강자로 우뚝 섰듯이 말입니다. 그렇기에 투자자들은 이런 점이 투자 자산의 선택에 큰 영향을 미친다는 것을 놓쳐서는 안 됩니다.

저는 중학생이었던 1980년대 초반에 처음으로 애플 컴퓨터, 그리고 베이직(Basic)이라는 프로그래밍 언어를 접했습니다. 그리고 대학생이었던 어느 날엔 교내 전산소에 걸려 있는 '경축 미국 국무성과의 인터넷 연결'이라는 현수막을 봤습니다. 하지만 무슨 뜻인지 이해할 수 없어 고개를 갸웃거렸지요. 마치 영화 〈부시맨〉의 주인공이 생전 처음 본 콜라병을 들고 무엇인지 몰라 어리둥절했던 것처럼 말입니다.

대학원 유학 시절엔 렉서스(Lexus/Lexis)라는 리서치 플랫폼을 인터넷 베이스로 사용하면서 처음으로 이메일이라는 것을 썼던 기억이 납니다. 그렇게 시작된 인터넷 혁명이 2000년대 닷컴 광풍으로 나타나고 인터넷 제국을 이룬 기업들이 FAANG이라는 명칭으로 카테고리화되고 있으니 놀라울 따름입니다.

과거에 수강했던 투자론 수업에서 알게 된 인상적인 사실이 있습니다. 제너럴일렉트릭이나 포드 등 미국 산업을 대표하는 기업들의 주식을 대공황 직후에 사서 50년 동안 보유했을 때의 수익률이 수천 퍼센트에 이른다는 것이었습니다. 사실 지난 20~30년 사이에도 이와 비슷한 현상이 있었지요. FAANG 기업들이 사업 초기에 있을 때 투자를 했다면 지금 우리는 재정독립과 경제적 자유를 넘어 그 이상의 세상을 생각하고 있을 테니까요.

물론 그런 투자에 성공한 사람들이 제 주변에도 몇몇 있습니다. 그러나 절대다수의 사람들은 투자 기회조차 알아채지 못했고, 설사 투자했다 해도 작은 수익률을 얻는 데 그치고 말았습니다. 왜 그랬을까요? 바로 투자자로서의 기질이 완성되어 있지 못했고, 또 좋은 투자 기회를 인지할 만한 통찰력이나 식견이 없었던 탓입니다.

자동차 분야도 예외는 아닙니다. 지난 수십 년간 우리는 화석연료를 사용하는 내연기관 자동차를 애용해 왔습니다. 그런데 이제는 '어쩌면 내연기관 자동차가 주류에서 사라지고 모두 전기차로 대체되는 것은 아닐까?'라고 생각하는 사람들이 많아졌지요. 글로벌 완성차 업체들의 지난 10년간 주가를 보면 전반적으로 크게 상승하지 못했음을 알 수 있습니다. 그에 반해 전기차 업체들의 주가는 놀라울 정도로 대폭 올랐습니다.

이것이 의미하는 바는 무엇일까요? 바로 '학습효과 반영'입니다. 시장은 FAANG 주식들의 폭발을 이미 목격한 바 있습니다. 기술 혁신이 가져다주는 변화를 자본 시장이 어떻게 받아들이는지를 눈으로 확인했지요.

그러니 다음번 혁신이 일어날 타이밍에는 보다 빨리 선제적으로 대응해야겠노라 생각했고, 그 혁신이 아마도 자동차 분야에서 나타날 것이라 예상하기에 전기차 업체들에 투자하고 있는 것입니다.

물론 앞으로 가야 할 길은 멀고도 멉니다. 실패할 가능성도 있고 예상보다 지연될 수도 있습니다. 하지만 대세를 이루는 방향성의 물꼬가 이미 터졌음은 누구도 부인할 수 없기에, 우리는 향후에도 계속해서 기술 패러다임의 변화에 촉각을 곤두세워야 합니다.

헬스케어 분야에서 나타나는 기술 패러다임의 변화도 눈여겨볼 만합니다. 디지털 기술과 인공지능이 의료 분야와 접목되기 시작하면서 기존 의료 시스템에는 혁신이 일어나고 있습니다. 신약 개발에 인공지능 알고리즘이 사용되면서 연구개발 속도가 획기적으로 단축되는가 하면, 환자가 직접 병원을 찾지 않고도 의사로부터 원격 진료를 받을 수 있는 시스템이 도입되고 있지요(한국에선 아직 해결되어야 할 법적 사안들로 인해 시행되지 못하고 있습니다).

2016년경 미국 나스닥에는 텔라닥(Teladoc)이라는 원격진료 회사가 상장되었습니다. 상장 당시의 주가는 15달러 정도였는데 저는 어느 정도 시간이 지나면 크게 성장할 것이라 확신하며 지켜봤지요. 아니나 다를까 2021년 하반기인 지금은 당시 상장가보다 열 배 이상의 가격으로 거래되고 있는데, 코로나19 팬데믹으로 비대면 진료가 본격적으로 도입된 직후에는 무려 20배 이상으로 폭등하기도 했습니다. 이렇듯 원격진료 역시 기술 패러다임 변화가 가져온 성공한 비즈니스 모델의 한 예라 할 수 있습니다.

앞으로는 어떤 변화가 산업, 그리고 자본 시장에 나타날까요? 우주여행의 시대를 바라보며 연구개발에 몰두하는 몇몇 회사들이 있는데, 이들도 어쩌면 기술 패러다임을 변화시킬 새로운 단초를 제공하지 않을까요?

미래의 일을 정확히 예상하는 사람은 아무도 없겠지만 투자자라면 앞으로의 변화 가능성을 탐색하고 고민하는 자세를 견지해야 합니다. 기술 패러다임에서 나타나는 초기의 변화는 오직 선구안을 가진 소수의 사람만이 감지하고 눈여겨봅니다. 선구안을 가진 투자자가 될지, 뒤늦게 대세에 올라타는 투자자가 될지, 아니면 먼 나라에서 일어나는 일로만 여기고 넘겨버리는 투자자가 될지는 오롯이 자신에게 달려 있습니다.

③ 인식 패러다임의 변화

'인간은 어떻게 사고하고 행동하는 것일까? 우리가 사고하는 방식은 그동안 어떻게 변해왔을까?' 하는 생각을 해본 적이 있으신가요? 생각하는 방식의 변화는 일상생활에 큰 영향을 미칩니다.

소비나 놀이, 노동 등에 대한 인식 변화는 지난 몇 년 사이 급격히 진화했습니다. 그에 따라 새로운 형태의 업종이나 산업이 생겨나는가 하면 일부 기업은 유니콘기업*을 넘어 대규모 기업으로 도약하기도 했습니다. 다른 한편에서는 기존의 산업과 기업 들이 사양길에 접어들거나 아예 자취를 감춰버렸지요.

저는 가끔 '소유는 고통이다'라는 농담을 하곤 하는데, 요즘 들어선 이 말이 진리처럼 여겨집니다. 그래서 '이렇게 욕심을 내서 다 가지고 있어야 할 필요가 있을까?' 하며 되도록 몸과 마음을 가볍게 하고 물리적으로 소유하는 물건들도 줄여나가는 노력을 하고 있지요.

그런데 이런 생각은 저만 하는 것이 아닌 듯합니다. 소유가 아닌 공유에 대한 인식이 최근 몇 년간 사람들 사이에서 퍼지고 있는 것을 보면 말입니다. 차량이나 집, 사무실, 주방 등은 물론 의류와 핸드백에 이르기까지, 내 몸과 마음을 제외한 거의 모든 것을 공유하는 세상이 되었습니다. 이는 소유라는 개념에 대한 사람들의 인식에 큰 변화가 일어났기에 가능한 일입니다.

놀이에 대한 인식도 마찬가지입니다. 과거에 제가 갖는 모임은 대개 날짜와 장소, 시간을 정해 만나서 식사를 한 뒤 2차로 커피나 맥주를 마시러 이동하는 것이 거의 정해진 루트였습니다. 그러나 요즘의 MZ세대는 가상의 세계에서 생일 파티를 하는가 하면 자신 대신 아바타를 회의에 참석시키기도 합니다. 인터넷을 기반으로 하는 새로운 세계관인 메타버스*를 바탕으로 하는 방식이지요(메타버스를 두고 과거 싸이월드의 재현이라 하는 사람들도 있으나 저는 그보다 훨씬 정교하고 완전히 다른 세상이라고 생각합니다).

그런데 이 개념을 접한 뒤부터 저는 한 가지 의문점이 들었습니다. 『장자』를 보면 그가 나비가 된 꿈을 꾸었다 깬 뒤 "그 나비가 나인지 내가 그 나비인지 도무지 모르겠다"라 했다는 이야기가 나옵니다. 이런 이야기

유니콘기업(unicorn)

기업가치가 10억 달러 이상으로 성장한 스타트업 기업을 전설 속 동물인 유니콘에 비유한 표현으로, 그만큼 스타트업 기업이 성공하기 어렵다는 사실을 반증하기도 한다.

메타버스(metaverse)

현실세계를 의미하는 유니버스(universe)와 가상 또는 추상을 의미하는 메타(meta)를 결합한 현실세계와 같은 사회·경제·문화 활동이 이뤄지는 3차원 가상세계를 일컫는 신조어.

나 동양의 오래된 전통적 사고 중 하나인 윤회설을 생각해 보면 메타버스 세계관과 유사하다는 점을 알 수 있습니다.

그럼에도 동양의 기업이 아닌 미국 서부의 실리콘밸리에서 이 새로운 개념이 탄생한 이유는 무엇일까요?

오랫동안 생각한 뒤 저는 교육과 사회적 기저의 차이가 주된 이유라는 결론을 내렸습니다. 공맹사상과 노장사상의 원류는 중국이지요. 그러나 공산주의 사회가 된 뒤부터 중국은 유연한 사고를 금하는 분위기가 형성되었고, 그것이 오래 지속되다 보니 상상력과 창의력이 발휘될 사회적 기저도 발달하지 못했습니다. 그에 반해 미국은 자유롭고 도전적인 정신이 사회 전반에 퍼져 있습니다. 바로 그런 정신이 실리콘밸리를 만들었을 뿐 아니라 인터넷을 탄생시킨 데 이어 메타버스라는 개념으로까지 확장되고 있는 것입니다.

노동에 대한 사람들의 인식은 어떻게 달라졌을까요? 제가 처음으로 직장생활을 했던 1990년대에는 주 6일 근무가 기본이었습니다. 다행히 토요일엔 낮 12시에 퇴근할 수 있었지만 가끔 회사 선배가 맥주라도 한잔 하자 하면 거절할 수 없어 따라갔다가 자정까지 붙잡혀 있기도 했지요. 요즘엔 상상하기 어려운 일입니다.

그랬던 업무 환경이 2000년대 초반에 주 5일제로 바뀌더니 최근에는 주 4일제를 택한 곳까지 생기더군요. 9시부터 6시까지 근무했던 방식에서 벗어나 직원들이 각자의 상황에 맞게 자유로이 근무시간을 정하는가 하면 사무실에 나오지 않고 재택근무를 하는 것도 일반화되었습니다. 이와 관련하여 줌(Zoom) 또는 웹엑스(Webex) 같은 서비스도 생겨나 빠른 속도로 성장하고 있습니다.

사람들의 인식 변화가 가져온 영향은 사회 각 분야에 큰 파급 효과를 일으키고, 이런 효과들은 곧 투자의 위기와 기회도 파생시킵니다. 다양한 기업이 새로 생겨나기도 하지만 기존의 기업들은 사양길로 접어들기도 하기 때문입니다. 그렇기에 좋은 투자 기회를 잡으려면 사람들의 인식이 어떤 흐름으로 달라지고 있는지를 평소 꾸준히 관찰해야 합니다.

④ 지정학적 패러다임의 변화

'가지 많은 나무 바람 잘 날 없다'라는 속담이 있는데, 저는 이를 '나라 많은 지구 전쟁 잘 날 없다'라는 말로 바꾸고 싶습니다. 우리가 살고 있는 이 지구는 강대국 간의 패권전쟁에서부터 중동 지역에서의 국지전에 이르기까지, 여러 나라들 사이에서 발생한 갖가지 분쟁으로 조용할 날이 없습니다. 이런 중에도 우리가 놓치지 말아야 할 것은 지정학적 패러다임이 큰 흐름 차원에서 변화해 나가는 양상입니다.

미국과 소련의 이념 차이에서 비롯된 냉전 상황은 1990년에 소련의 붕괴로 막을 내렸습니다. 사람들은 미국이 세계 최강국으로 영원히 자리잡을 거라 생각했지요. 국제정치학자인 프랜시스 후쿠야마(Francis Fukuyama)는 『역사의 종말』에서 자유민주주의 국가 미국의 승리를 선언하고 미국이 영원히 세계 평화를 추구해 나갈 팍스 아메리카나(Pax Americana)를 예측했습니다.

하지만 얼마 지나지 않아 중국이 새로운 세력으로 부상함에 따라 미중 간의 양강구도가 형성되었습니다. 2000년대에만 해도 미중 양국은 적절히 호혜적인 관계를 유지했습니다. 중국이 세계의 공장으로서 저가의 노동력을 기반으로 제품을 생산해 세계 최대 시장인 미국에 공급하면 미국의 대중은 저렴한 가격에 그것들을 소비했으니 누이 좋고 매부 좋은 관계였습니다.

그런데 2015년경부터 갑자기 중국은 '위대한 중국'의 부활을 외치며 세계 패권국가가 되겠다고 선언했습니다. 이로써 시작된 미중 간의 패권경쟁은 세계의 많은 국가들에게 "엄마가 더 좋아? 아빠가 더 좋아?" 하는 식의 질문을 던지며 새로운 갈등 단계로 접어들게 만들었습니다.

냉전 시대에 있었던 미국과 소련의 군비경쟁과 달리 지금의 미중 양국은 글로벌 가치사슬의 선점이라는 경제적 포인트를 사이에 두고 경쟁 중입니다. 때문에 그간 미국과 중국을 상대로 무역이나 사업을 전개해 온 국가들은 둘 중 어느 한쪽과만 손잡을 수 없어 이러지도 저러지도 못한 채 난감한 상황에 처해버렸습니다. 물론 이 와중에도 국제정세의 변화에 빠르게 대응하여 실속을 차리는 국가나 기업들도 존재합니다.

사실 이런 지정학적 변화는 강대국에서만 나타나는 현상이 아닙니다. 강대국들이 경쟁구도를 형성하여 대립하는 중에도 신흥성장국들은 그에 따른 혜택을 보거나 불리한 상황에 놓이곤 합니다. 베트남과 미얀마가 그 대표적인 예에 해당합니다.

베트남은 과거 미국과의 전쟁에서 승리한 몇 안 되는 국가입니다. 미국 입장에서는 자존심에 금을 낸 상대이기도 하지요. 그럼에도 미국은 현재 베트남에 많은 자본을 투입하고, 중국에 집중되어 있던 생산 기지들을 베트남으로 이전하면서 중국에 대한 의존도를 줄이고, 상대적으로 베트남 국내 산업을 빠른 속도로 장악해 가고 있습니다. 또한 베트남은 중국처럼 사회주의와 공산주의 노선을 따르지만 자국 산업의 발전을 위해 미국의 자본투자에 호의적 태도를 취합니다.

물론 미국은 미얀마로도 생산 시설을 이전했습니다. 그러나 미얀마 정권은 베트남 정권보다 친중 성향이 강하기에 미국 입장에선 베트남에서 하듯 유리한 입장에서 국가 전략을 펼치기가 쉽지 않습니다. 이 때문에 미얀마보다는 베트남에 더 많은 투자를 하고 있습니다. 같은 신흥성장국이지만 정권의 성격 때문에 미중 패권경쟁 상황에서 유불리한 면이 각각 다르게 나타나는 좋은 예라 하겠습니다.

투자자의 관점에서 본다면 베트남 투자는 향후 높은 수익률을 안겨줄 수 있는 매력적인 대상입니다. 1980~1990년대의 한국은 미국 경공업의 생산 기지 역할을 하면서 주식 시장이 폭발적으로 성장했고, 2000년대에는 중국이 이와 비슷한 양상을 보이며 자본 시장이 커졌지요. 미래에는 베트남이 이러한 현상을 보이며 급성장할 것으로 예상됩니다.

베트남을 예로 들어 이야기하긴 했으나 이와 유사한 또다른 예도 있겠지요. 지정학적 패러다임의 변화가 투자자에겐 천재일우의 투자 기회를 만들어줄 수도 있음을 명심해야 합니다.

⑤ 투자 패러다임의 변화

투자는 자산이 원래 갖는 가치(본질 가치)와 사람들이 거래하는 가격(인식 가치) 사이에 차이가 있을 때 하는 것입니다. 그러나 그러한 정석적 투자를 실행하는 방법론은 시대의 변화에 따라 그 형태도 다양하게 달라집니다. 그런 점에서 보자면 투자에도 패션이 존재한다고 할 수 있습니다.

경제가 빠른 속도로 성장할 경우엔 성장주, 즉 성장률 높은 주식이 인기를 얻고 배당주 같은 안정적 투자 자산은 다소 외면받는 분위기가 형성됩니다. 사람들은 기업이 주주들에게 이윤을 나눠주기보다는 그것을 재투자함으로써 더 많이 성장하길 원하기 때문입니다. 이렇듯 주식 시장이 활황세일 때는 '망둥이가 뛰니까 꼴뚜기도 뛴다'라는 옛말처럼 중소형 주식의 가격도 덩달아 급격히 오르곤 합니다.

반대로 경제가 안정적인 성숙 단계에 접어들면 오히려 배당률이 높은 배당주나 내재적 가치가 단단하게 다져진 가치주가 높은 인기를 얻으며 집중 투자를 받고, 단기적 투자보다는 장기적 투자를 선호하는 분위기가 시장을 지배하지요. 중요한 것은 투자에 대한 시장의 이런 선호도가 마치 패션 트렌드처럼 변할 수 있음에 유의해야 한다는 점입니다.

2000년대 초반부터 전 세계를 휩쓴 대체에너지(alternative energy) 투자 열풍이 좋은 예입니다. 탄소 배출을 규제하자는 합의가 국가들 간에 이루어짐에 따라 대체에너지 및 풍력, 태양광, 조력, 수력 발전 프로젝트에 대한 세간의 관심이 급격히 높아졌습니다. 많은 기업들은 신성장동력 중 하나로 이러한 프로젝트를 선정해 진행하기 시작했고 자본 시장에서는 그런 기업들에게 높은 가치를 부여했습니다. 투자자들에겐 당연히 매력적인 투자 기회가 생겼지요.

최근 각광받는 투자 패러다임 중 하나는 ESG 투자입니다. ESG는 환경(environment)과 사회(social), 지배구조(governance)를 뜻합니다. 세계 최대의 자산운용인 블랙록(Blackrock)이 'ESG 철학을 침해하는 화석연료 기업에는 앞으로 투자하지 않겠다'고 선언할 만큼 ESG 투자는 현 시대의 큰 패러다임입니다. 투자자는 이런 패러다임의 변화에 따라 특정 자산이나 기업의 가치가 하락할 수 있음에 유의해야 하지만, 그와 반대로 수혜를 입는 자산과 기업도 있으니 동전의 양면과 같은 양상을 주의 깊게 살펴야 합니다.

⑥ 산업 내 라이프 사이클의 변화

마지막으로 다룰 것은 산업 내에서 일어나는 라이프 사이클의 변화입니다. 조선업을 예로 들어 설명해 보겠습니다.

조선업은 역사적으로 세계 무역의 중심에 있던 국가들이 경쟁력을 보인 산업입니다. 세계 최초의 주식회사인 네덜란드동인도회사(Dutch East India Company)를 세우고 인도나 인도네시아에서 식민지를 경영할 당시 네덜란드는 세계 최고 수준의 조선 기술을 보유하고 있었습니다. 그러다 영국이 세계의 패권을 손에 넣자 조선 산업의 축도 영국으로 넘어갔지요.

그러나 제1차 세계대전 종전과 함께 세계 1위의 조선강국은 미국이 되었고, 제2차 세계대전 이후엔 일본이 그 자리에 올랐습니다. 일본 특유의 정교함과 성실함을 바탕으로 조선 분야에서의 경쟁력을 높인 덕분이었습니다.

한국이 세계 조선 시장에 등장한 것은 1990년대 후반부터였습니다. 재벌기업인 삼성, 현대, 대우의 대규모 자본, 대형 조선소 운영을 가능케 하는 남해안 지역 기반의 입지 조건, 근면한 노동력으로 무장한 한국은 일본을 제치고 세계 1위의 선박 건조국으로 우뚝 섰습니다. 이후 20여 년의 전성기를 구가할 동안 조선과 관련된 한국 기업들의 주가는 수 배에서 수십 배까지 상승했습니다.

글로벌 산업에서의 라이프 사이클이 변화하는 양상을 잘 이해하고 신속히 의사결정을 한 후 장기투자의 포지션을 유지한 투자자라면 최근의 FAANG 주식들이 보인 수준의 기록적 수익률을 누렸을 것입니다. 하지만 그 주식들을 계속해서 보유하는 것은 좋은 방법이 아닙니다. 이제는 1등 조선국의 자리를 중국에게 넘겨야만 하는 상황이 도래했기 때문입니다.

투자에 들어가는 타이밍만큼이나 투자를 정리하고 나오는 타이밍도 중요합니다. 자신이 투자하고 있는 산업의 라이프 사이클이 어떻게 달라지는지를 자세히 살펴야만 손실을 최소화할 수 있습니다.

반도체 산업의 라이프 사이클도 이런 점에서 우리에게 시사하는 바가 큽니다. 조선업의 경우와 유사하게 초기의 반도체 강국은 미국과 독일이었으나 일본이 어느 순간 부상하면서 글로벌 반도체 시장의 판도가 크게 달라졌지요. 하지만 이후 반도체 산업의 다크호스로 등장한 한국 기업들은 20여 년이 지난 지금까지도 세계 메모리 반도체 시장에서 최고의 위치를 점하고 있습니다. 그 세월 동안 삼성전자와 SK하이닉스는 가히 폭발적인 수익률을 기록하는 기염을 토했습니다.

이와 관련하여 어느 철물점 사장님의 주식 투자를 다룬 뉴스가 기억납니다. 그 사장님은 여유 자금이 생길 때마다 삼성전자 주식만을 매수했는데, 그렇게 10년 가까이 흐른 2000년에는 사장님이 보유한 삼성전자 주식 평가액이 무려 50억 원 이상에 이른다는 내용이었습니다. 그로부터 20년이 더 흐른 지금, 그 사장님이 아직도 그 주식들을 보유하고 있다면 평가액도 아마 수백억 원에 달할 것입니다.

필요한 것은 맥락에 따른 단계별 이해

지금까지 거대환경의 변화를 하나씩 살펴봤습니다. 여섯 가지로 나누어 이야기하긴 했으나 사실 이것들은 상호 연결되어 있거나 인과관계를 구성하기도 합니다. 다른 것에 아무런 영향을 받지 않는 독자적인 형태의 변화란 없습니다. 때문에 우리에게 중요한 것은 변화 자체를 감지함과 더불어 그 변화들 사이의 인과관계를 파악하는 것입니다. 이것이 가능한 투자자는 큰 수익을 올리지만, 불가능한 투자자라면 변화에 맞지 않는 자산을 계속 보유하다가 큰 손실을 입기 때문입니다.

태풍과 회오리바람, 그리고 산들바람을 이에 비유하여 이야기할 수 있습니다. 태풍은 많은 인명 및 재산 피해를 일으키는 가장 파괴적인, 또 가장 거대하고 구조적인 변화를 일으키는 바람입니다.

그에 비해 미국 중서부 지역에서 흔히 일어나는 토네이도, 즉 회오리바람은 엄청난 속도로 주변을 휩쓸지만 사실 오래가진 않습니다. 대개는 잠깐 발생했다가 소멸될 뿐이고 하루 이상 지속되는 경우도 드물지요. 물론 피해를 일으키긴 하지만 태풍에 비하면 지속성이나 파괴력이 약하기 때문에 구조적 변화를 가져오진 않습니다.

이 둘에 비해 산들바람은 분명 바람이긴 하나 우리에게 피해를 입히기는커녕 상쾌한 느낌을 주며 스트레스 해소에 도움이 되기도 합니다.

각각 바람들의 영향력과 지속성이 다르듯, 거대환경 안에서 우리가 만나는 여러 패러다임의 변화도 영향력이 제각기 다릅니다. 따라서 지금 나타나는 변화의 크기와 강도는 어느 정도인지, 그에 맞춰 나의 현재 주변 상황은 어떠하고 준비 상태는 어떤 수준인지를 면밀히 파악할 수 있어야 합니다.

그럼 그런 차이는 어떻게 알아채고 구분할 수 있을까요? 세상 모든 일에는 반드시 원인이 존재하게 마련이고, 이는 앞서 살펴본 패러다임의 변화들도 마찬가지입니다. 따라서 그런 변화가 일어난 원인을 정확히 파악해낸다면 그 일의 향후 진행 양상과 결과도 예측할 수 있습니다.

이때 필요한 것이 바로 맥락을 이해하는 능력입니다. '콘텍스트(context)'라고도 하는 맥락의 사전적 정의는 '사물 따위가 서로 이어져 있는 관계나 연관'입니다. 즉, 맥락을 이해한다는 것은 곧 그 구성 요소들의 연관성을 이해한다는 것인데, 이것이 거대환경의 변화를 바라보는 데 있어 가장 중요한 전제 조건입니다.

나 자신을 정확히 이해하며 성공 투자자로서의 기질과 특성을 갖기 위해 노력하는 것, 어느 정도 자신감이 생긴 뒤엔 주변의 환경을 돌아보며 내게 도움이 되게끔 만들어가는 것, 그런 다음엔 세상을 바꾸는 큰 변화를 파악하는 것. 이렇게 범위를 넓히고 단계를 높여가며 나와 세상을 이해하는 일은 재정독립과 경제적 자유를 이루기 위한 투자라는 장기전에 실제적으로 필요한 준비 요소입니다. 이런 밑바탕은 이후 여러분이 쌓아올릴 투자 지식과 경험을 탄탄히 받쳐주는 기둥이 될 것입니다.

3장

투자의 기초부터 학습하라

투자란 무엇일까요? 투자라는 단어를 과거 그 어느 때보다 많이 접하는 요즘이니 이 질문에 대해선 저마다 자신이 생각하는 답을 내놓을 수 있을 것입니다.

제가 생각하는 투자는 '집 짓기'입니다. 과정 면에서 이 두 가지 일이 매우 유사하기 때문입니다. 구체적으로 어떤 점에서 그런지 살펴볼까요?

우선 원하는 집을 지으려면 구상을 해야겠지요. 평소 상상했던 집의 모습, 용도, 미적 아름다움 등을 고려하여 콘셉트를 잡은 뒤엔 구체적으로 설계하는 과정을 거칩니다. 대개의 사람들은 건축가에게 설계를 의뢰하고, 논의를 거듭하며 상세한 설계 도면을 완성하지요.

그 다음 시공업자를 선정해 공사를 진행합니다. 골조와 외벽을 세우고 지붕까지 올리면 내벽을 완성하고 인테리어, 전기 관련 작업 등을 마무리한 후 가구를 구비하고 멋진 그림이나 장식품도 설치합니다. 마지막으로 사람이 그 집에 들어가 거주하는 순간 집 짓기가 완성된다고 할 수 있지요.

⑤ 그냥 시작하지 마라, 투자에도 설계가 필요하다

투자 프로세스도 집 짓기 과정과 비슷합니다. 투자를 위한 콘셉트를 잡고, 투자 계획서를 작성하고, 자산을 어떻게 전략적으로 배분하여 투자할지에 대한 로드맵을 설정한 뒤 실제 자산에 투자하기 시작하기 때문입니다.

우선은 큼직한 금액으로 다소 안전한 자산을 먼저 매입한 뒤, 상대적으로 위험도는 높지만 수익이 더 많이 예상되는 자산을 엄선해 투자해 나갑니다. 더불어 내가 투자한 자산의 성과나 상태도 수시로 점검, 성과가 좋지 않은 일부는 매각하고 다른 자산으로 바꾸어 편입시킵니다. 시간이 어느 정도 지나 목표수익이 달성된 경우엔 과감히 매각한 뒤 그 자금을 다른 자산에 투자하고, 마이너스 수익을 기록하고 있는 자산은 울며 겨자 먹는 심정으로 매각해 손실을 확정하기도 하지요.

단계별 설계와 시공을 거쳐 집을 짓는 것처럼 투자 또한 계획을 세우고 로드맵을 만든 뒤 그에 따라 투자하고 매각과 재투자를 반복해 나가면서 원하는 자산 포트폴리오를 구성하는 과정인 것입니다.

투자를 집 짓기 과정에 비유하는 이유는 구조화의 중요성을 부각하기 위해서입니다. 투자에 대한 개념을 구상하고 계획서를 구체적으로 구조화하는 단계는 투자라는 과정에서 절반 이상의 무게감을 가집니다.

물론 어떤 주식, 혹은 어떤 부동산을 투자 대상으로 정할지 고민하고 결정하는 과정도 중요합니다. 하지만 여러 전문가들의 실증적 연구에 따르면 자산의 전략적 배분 계획을 어떻게 세우느냐가 그 포트폴리오가 기록한 성과의 70퍼센트를 설명한다고 합니다. 그만큼 초기에 투자 계획을 면밀히 세우고 실행에 옮기는 과정, 즉 견실한 구조화 과정이 필요하고 중요하다는 뜻입니다.

그럼 투자 시작을 위한 구조화 과정은 비교적 쉽게 이루어지고 있을까요? 그렇지 않습니다. 우리는 일상에서 주식 시장의 등락, 부동산 시장의 과열, 투자 매력이 있는 주식이나 부동산 등과 같은 구체적인 실례나 대상에 대하여 이야기합니다. 큰 그림을 구상하고 내가 어떤 로드맵으로 구조화하면 좋은지에 대해 다루는 일은 흔치 않습니다. 그렇기 때문에 건축주가 기본적인 건축에 대한 이론과 용어를 배우듯이 투자자는 투자에 대한 이론과 용어를 배워야 합니다.

재무적 의미에서의 투자란?

앞서 '투자란 무엇일까?'라는 질문이 나왔을 때 아마 여러분의 머릿속엔 자신만의 답이 떠올랐을 것입니다. 이 질문에 대해 재무적 의미에서 할 수 있는 대답은 '특정 이득을 얻기 위해 시간을 투입하거나 자본을 제공하는 행위'입니다.

주식, 채권 같은 금융 자산이나 식당, 프로젝트, 온라인 커머스, 무역, 교육 사업 같은 대상에 자본, 시간 또는 지식을 투입하는 것이 곧 투자 프로세스인 것입니다. 다만 이 책에서 이야기하는 투자는 이러한 여러 행위들 중 특히 '자본을 증식하는 자산에 자본을 투입하는 행위'로 그 의미를 한정하고자 합니다.

자본을 증식하는 자산은 다른 말로 '자본자산(capital asset)'이라 합니다. 제가 지금 사용하고 있는 노트북은 시간이 지나면서 가치가 떨어지는 일종의 소비성 자산이기에 자본자산이라 할 수 없습니다. 하지만 만일 제가 전자제품을 거래하는 사업자이고 노트북 100대를 상품으로 보유하고 있다면 이때의 노트북들은 자본자산이 될 수 있습니다. 수익을 위해 판매할 자산이기 때문이지요. 다시 말해 수익을 목적으로 특정 자산에 나의 자본을 투입하는 모든 행위가 투자인 것입니다.

🪙 투자의 기초 ① 수익과 위험

투자의 정의에 이어 우리가 알아야 하는 개념은 '수익'과 '위험'입니다. 투자는 수익을 위한 활동이고, 이 활동에는 반드시 위험이 따르기에 이 둘은 투자라는 행위를 구성하는 가장 중요한 요소에 해당합니다. 그렇기에 이 개념들을 정확히 이해하는 일은 투자라는 행위를 정확히 파악하는 일이기도 합니다.

자본수익, 경상수익, 총수익

투자를 통해 얻고자 하는 수익으로는 어떤 것들이 있을까요?

주식 투자에서 기대하는 기본적인 수익으로는 회사가 벌어들인 이익의 일부를 주주에게 돌려주는 배당이 있습니다. 또 회사가 성장하면서 기업가치가 상승해 주가도 자연스럽게 올라갈 때 주식을 처분함으로써 매매차익을 얻는다면 그것 역시 수익이 되지요.

채권 투자로 얻는 수익도 이와 유사합니다. 채무자인 기업이 자금을 빌린 대가로 지급하는 이자가 수익이 되고, 시장 이자율 및 투자자들의 수요공급이 변동함에 따라 채권 가격이 변하면 매매차익을 실현할 수도 있으니까요. 부동산의 경우에도 임대용 부동산을 통한 임대 소득, 부동산 가격 상승에 따른 매매차익을 수익으로 얻을 수 있겠지요.

이렇듯 배당, 이자, 임대 소득처럼 일정하게 반복적으로 발생하는 수익은 경상수익(current income), 자산의 매매차익은 자본수익(capital gain)이라고 합니다. 이 두 종류의 수익을 합친 것이 총수익(total return)입니다(투자총수익이라고도 합니다). 수식으로 표현하자면 '총수익 = 경상수익 + 자본수익'인 것이지요.

투자자인 우리에게 중요한 것은 항상 총수익의 관점에서 투자수익을 고려해야 한다는 점입니다. 채권 이자는 몇 퍼센트이고 한 달 월세로 얻는 수익은 얼마라는 식으로 나누어 생각하는 것이 아니라, 자신이 보유한 자산에서 얻는 모든 수익을 합쳐 총수익이라는 하나의 개념으로 바라보는 습관을 들여야 한다는 것이지요. 이렇게 해야만 나의 전체적인 투자 포트폴리오를 구성하고 운영할 때 효과적으로 계획을 세우고 평가할 수 있기 때문입니다.

위험은 수익률의 표준편차다

투자에서의 위험은 곧 '투자한 자금이 손실을 입을 가능성'입니다. 이런 가능성을 전문가들은 어려운 말로 '수익률의 표준편차◆'라고 표현합니다.

주식 투자보다 채권 투자가 안전하다는 사실은 많은 사람들이 알고 있습니다. 주식 가격은 변동의 정도가 커서 두 배로 상승하는가 하면 순식간에 반토막이 되기도 하는 데 반해 채권 가격은 최대로 오른다 해도 10~20퍼센트, 최저로 하락하더라도 -10~-20퍼센트 수준이기 때문입니다. 말하자면 표준편차란 '가격이 위아래로 움직이는 폭의 평균값'이라 할 수 있는데, 주식 수익률의 표준편차는 대개 채권 수익률의 표준편차보다 높기에 주식 투자는 채권 투자보다 위험하다고들 하는 것이지요.

그렇다면 이렇게 표준편차로 위험을 표현하는 이유는 무엇일까요? 바로 각 자산들의 위험을 비교하는 데 필요한 기준을 마련하기 위해서입니다.

지금 누군가가 "사과와 배 중 어느 것이 나은가요?"라고 묻는다면 여러분은 즉각 명쾌한 답을 내놓을 수 있을까요? "사과에는 홍옥, 부사 등 여러 종류가 있는데 가장 아삭한 품종은 무엇인가요?" 혹은 "한국의 배와 서양의 배 중 어느 것이 더 달콤한가요?"라는 질문에는 비교적 답하기가 쉽겠지만 이 질문은 그렇지 않습니다. '더 낫다'의 기준이 무엇인지가 질문에서 명확히 드러나 있지 않기 때문입니다.

표준편차는 바로 그 기준이 되는 개념입니다. 다양한 자산 중 어떤 것이 얼마나 더, 혹은 덜 위험한지 비교하고 싶을 때 표준편차를 기준으로 삼으면 자산들을 위험도에 따라 구분, 정리할 수 있겠지요. 투자 의사결정을 함에 있어 이런 자료가 큰 역할을 한다는 점은 굳이 설명할 필요가 없을 것입니다.

표준편차(standard deviation)
각 데이터 값이 평균치에서 얼마나 가깝고 먼지를 나타내는 산포도(散布度)의 통계적 표현. 투자에서는 투자 수익률의 데이터 값이 평균 수익률로부터 얼마나 멀리 떨어져 있는가에 따라서 투자 자산의 위험도를 판단한다.

수익과 위험의 관계

앞서 저는 수익과 위험은 투자라는 행위를 구성하는 가장 중요한 요소라 이야기했습니다. 그럼 이 둘은 서로 어떤 관계에 있기에 투자를 구성하는 것일까요? 이를 잘 보여주는 역사적 예가 있습니다.

1944년 제2차 세계대전 당시 연합군은 서부전선에서 전개하는 중요한 작전 중 하나로 노르망디 상륙작전을 계획했습니다. 미국의 82, 102 공수여단이 새벽에 노르망디 해변을 공습할 예정이었지요. 하지만 독일군이 분명 강력하게 대응할 것이라 예상되었기에 연합군은 파리 목숨 신세가 될 가능성이 높았습니다.

그런데 전해지는 바에 따르면 이 작전의 수행에 앞서 미국 정부는 각 병사에게 '전사하는 장병이 생기면 그 가족에게는 충분한 위로금과 보상금을 지급하겠다'라는 약속을 했다고 합니다. 이것이 바로 위험에 대한 보상구조(수익)를 전형적으로 보여주는 사례입니다.

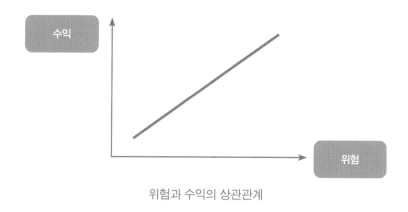

위험과 수익의 상관관계

위험이 높은 투자일수록 투자자는 당연히 높은 수익률을 요구합니다. 똑같이 주식에 투자한다 해도 중소형 주식의 투자에 대해 투자자들이 요구하는 수익률은 대형 주식의 경우보다 높을 수밖에 없지요. 중소형 주식이 대형 주식보다 위험하다고 느끼기 때문입니다.

이렇게 투자자 입장에서 추가로 요구하는 수익률을 재무 용어로 '위험 프리미엄(risk premium)'이라고 합니다. 투자를 계획할 때에는 이렇듯 위험과 수익률이 양(+)의 관계에 있음을 인지하고 설계 구조에 반영해야 합니다.

⑤ 투자의 기초② 분산 투자

'달걀을 한 바구니에 담지 말라(Don't put all your eggs in one basket.)'는 투자와 관련해 많이 접하는 격언일 듯합니다. 저도 분산 투자를 이야기할 때 이와 비슷한 예를 들곤 합니다.

부모 모두는 군인, 첫째 아들은 특공대, 둘째 아들은 북파공작원, 막내딸은 여군 하사관으로 구성된 가족이 있다고 가정해 보겠습니다. 나라를 위해 일하는 자랑스러운 군인 집안이지요. 그런데 전쟁이 발발하면 '생명의 안전'이라는 단순한 관점으로 봤을 때 이 집안은 다른 집안보다 위험한 상황에 놓일 것입니다.

이 이야기가 분산 투자의 중요성을 강조한 것임은 꼭 투자자가 아니더라도 직관적으로 알 수 있을 것입니다. 하지만 투자자라면 '분산 투자가 좋다더라' 하는 식의 막연한 생각을 하기보다는 보다 명확하고 구체적인 이유를 알아둘 필요가 있습니다.

투자 대상의 상관관계

'내가 투자하는 모든 자산들이 동일한 위험에 비슷한 정도로 노출되는 것'을 투자에선 '자산 손실의 위험이 높아진다'고 표현합니다. 그렇기에 안전한 투자 방법, 즉 투자 대상을 여럿으로 나누어 서로 다른 수준의 위험에 다른 정도로 노출시키는 방법으로 분산 투자를 권하는 것입니다.

그런데 한 바구니에 담은 달걀, 식구 모두가 군인인 집안의 이야기는 분산 투자의 중요성을 쉽게 전달해 주지만 중요 포인트는 설명해 주지 못합니다. 두 가지 이상의 대상에 동시 투자할 경우 나타나는 수익률과 위험의 결과값은 그 대상들의 위험과 수익률을 산술적으로 계산한 평균값과 다르다는 점이 바로 그 포인트입니다.

즉, 실제 분산 투자에서의 포트폴리오에선 산술적 결과값보다 수익률은 높게, 위험은 낮게 나타난다는 뜻이지요. 이는 두 투자 대상의 가격이 정확히 일치해서 움직이는 것이 아니기 때문입니다. 예를 들어보겠습니다.

주식 A가 5퍼센트 상승한 날 주식 B도 5퍼센트 상승하고 주식 B가 7퍼센트 하락한 날 주식 A 역시 같은 폭으로 하락한다면, 다시 말해 이 두 주식이 동일하게 상승 또는 하락한다면 이를 두고 '두 주식 수익률의 상관관계는 +1이다'라 합니다.

이런 경우와 달리 주식 C가 5퍼센트 상승한 날 주식 D는 반대로 5퍼센트가 하락하고, 주식 D가 7퍼센트 상승한 날 주식 C는 오히려 7퍼센트가 하락하는 식으로 두 주식이 정확히 반대로 움직인다면 이는 '두 주식 수익률의 상관관계는 -1이다'라고 표현합니다. 반면에 두 주식이 서로 아무런 연관성 없이 움직일 경우엔 '두 주식의 상관관계는 0이다'라고 하지요.

- 상관관계의 최대값이 +1일 때 → 자산들이 같은 방향으로 움직임 (양의 상관관계)
- 상관관계의 최소값이 −1일 때 → 자산들이 정반대 방향으로 움직임 (음의 상관관계)
- 상관관계가 중간값, 즉 0일 때 → 두 자산의 움직임에는 아무런 연관성이 없음

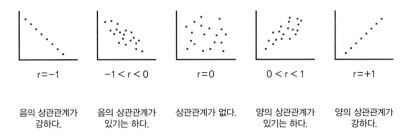

| r=−1 | −1 < r < 0 | r=0 | 0 < r < 1 | r=+1 |
| 음의 상관관계가 강하다. | 음의 상관관계가 있기는 하다. | 상관관계가 없다. | 양의 상관관계가 있기는 하다. | 양의 상관관계가 강하다. |

투자 대상들 간 수익률의 상관관계

포트폴리오 구성에 있어 이런 상관관계는 매우 중요한 요소가 됩니다. 이론적으로 봤을 때 두 투자 대상의 상관관계가 +1보다 낮다면 그 포트폴리오에선 수익률이 상승하거나 위험이 하락하는 현상이 발생합니다. 그리고 이 현상은 특히 두 투자 대상 간 수익률의 상관관계가 −1일 때 극대화됩니다.

따라서 이론적으로만 생각하면 상관관계가 −1인 투자 대상들을 찾아 포트폴리오에 포함시키는 것이 위험의 최대감소, 또는 수익의 최대상승이라는 효과를 얻을 수 있는 방법입니다. 물론 이렇게 정확히 −1의 상관

관계를 보이는 투자 대상들을 현실에서 찾기란 쉽지 않다는 것이 문제이긴 하지만 말입니다.

정리하자면, 투자 시 포트폴리오를 구성하는 것은 상관관계가 낮은 대상들에 투자해야 수익률이 상승하거나 위험이 감소하는 효과, 즉 '포트폴리오 분산 효과'를 얻을 수 있기 때문입니다. 모든 달걀을 한 바구니에 담지 말아야 하는 이유를 이제 여러분도 보다 정확히 알게 되셨을 것입니다.

체계적 위험과 비체계적 위험

이왕 분산 효과 이야기를 꺼냈으니 위험에 대해 조금 더 자세히 알아보겠습니다. 투자에 따른 위험들 중에는 투자 대상의 종류를 늘려 분산 투자를 해도 줄어들지 않는 위험이 있습니다. 이자율 변동, 환율의 급격한 변동, 실업률 증가 등 거대환경의 변화에서 비롯되고, 그래서 개별 투자 대상의 움직임과는 상관이 없는 데다 개인의 노력으로 막을 수도 없는 위험이지요. 이런 위험을 일컬어 '체계적 위험(systematic risk)' 혹은 '베타 위험(beta risk)'이라 합니다.

이와 달리 투자 대상의 수를 늘리면 줄어드는 위험은 '비체계적 위험(unsystematic risk)'이라 합니다. '알파 위험(alpha risk)'이라고도 불리는 비체계적 위험은 투자 대상이 갖는 독특한 성질에서 비롯됩니다. 기업의 경영진에서 야기되는 위험, 노조 파업의 위험, 제품 결함에 따른 위험, 화재 및 안전사고로 인한 위험 등이 그 예입니다.

어느 투자자가 "나는 베타 위험에 베팅하는 투자를 하려 한다"라 말한다면 이는 코스피 인덱스 펀드처럼 한국 거시경제라는 변수에 직접적 영향을 받는 투자를 원한다는 뜻으로 해석하면 됩니다. 그와 반대로 "나는 알파 위험에 베팅하고 싶습니다"라 하는 투자자는 개별 기업이나 자산에 집중해서 투자하려 한다는 것이겠지요.

이러한 체계적 위험(베타 위험)과 비체계적 위험(알파 위험)을 더하면 해당 포트폴리오가 가지는 총위험(total risk)이 됩니다. 흥미로운 사실은 투자 대상을 무제한으로 늘린다 해서 전체 포트폴리오의 총위험이 무한히 감소하는 것은 아니라는 점입니다. 실증 연구에 따르면 주식 투자의 경우, 약 40개까지 주식 수를 늘려가는 동안엔 총위험이 줄어들지만 그 이상으로 늘어나면 추가로 감소되는 위험은 없는 것으로 밝혀졌습니다.

전략적 자산 배분과 전술적 자산 배분

목표로 하는 투자 수익률과 위험치를 설정한 다음 실제 분산 투자를 위해 자산을 배분할 때는 통상 두 단계를 거칩니다. 첫 단계는 전략적 자산 배분, 두 번째 단계는 전술적 자산 배분입니다.

전략적 자산 배분은 큰 그림에서 현금, 주식, 채권, 부동산 등 투자 대상들의 비율을 정하는 것입니다. 현금이나 채권처럼 다소 안전한 자산, 그리고 주식이나 부동산처럼 다소 위험성 있는 자산의 비율을 정하는 것으로 이해하셔도 됩니다.

두 번째 단계인 전술적 자산 배분은 주식을 예로 들어 볼 때 정해진 주식의 배분율 안에서 투자할 산업이나 실제 종목을 선택하는 것입니다. 예를 들어 전자 산업에 투자하기로 했다면 삼성전자와 LG전자 중 어느 회사에 투자할지를 선택하는 것이지요. 같은 의미로 부동산 투자에서도

임대용 부동산, 토지 등의 실제 종목을 선택하는 전술적 자산 배분이 필요합니다

여러 연구에 의하면 자신이 희망하는 포트폴리오 투자의 수익률을 거두는 것은 전략적 자산 배분의 방법에 따라 70퍼센트가 좌우된다고 합니다. 따라서 우리에게는 투자 초기부터 장기적 계획을 세우고 그에 따라 자산 클래스별 배분 비율을 신중히 정하는 태도가 필요합니다.

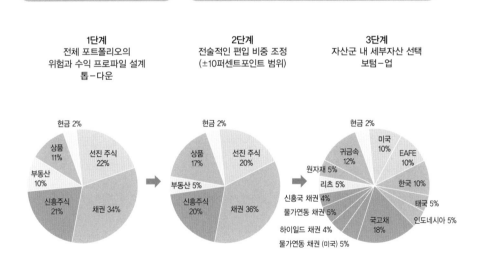

전략적 자산 배분과 전술적 자산 배분의 예

투자의 본질을 기억하자

결론적으로 투자의 본질은 명쾌합니다. 투자는 어떤 투자 대상이 현재 거래되는 가치(인식 가치)와 그것이 원래 갖고 있는 본연의 가치(본질 가치)를 끊임없이 비교하고 평가하는 과정입니다.

현재 저평가되어 있는 투자 대상을 발견하면 그것에 투자를 하고, 그 가치가 본연의 수준에 도달하면 매각을 통해 이익을 실현하는 것이지요. 현재 고평가되어 있는 투자 대상들 중 내가 보유하고 있는 것이 있다면 매각을 하고, 아직 보유하지 않은 것이 눈에 띈다면 공매도◆라는 방식으로 투자할 수도 있습니다.

이러한 행동은 '모든 자산의 가치는 언젠가 본연의 가치로 돌아오고, 이를 위해 시장은 이성적이고 효율적이어야 한다'라는 것을 대전제로 하여 이뤄집니다. 효율적 시장에 대해선 이 책의 뒷부분에서 좀더 자세히 살펴보겠습니다.

지금까지 투자에 대한 일반적이고 핵심적인 이론을 정리해 봤습니다. 그런데 투자자가 이러한 이론에 근거해 이성적이고 합리적인 판단을 하고 있을까요?

만일 그렇다면 이는 곧 '투자를 통해 수익을 얻을 기회는 작아질 수밖에 없다'라는 역설적 결론과 이어질 수밖에 없습니다. 모든 사람이 동일

공매도(short sale)

특정 종목의 주가가 하락할 것으로 예상하고 해당 주식을 빌려 매도하는 투자 전략. 미래에 그 주가가 예상대로 떨어지면 해당 주식을 낮은 가격에 매입, 그 주식을 대여해 준 주체에게 돌려주는 방법을 통해 시세 차익을 얻는다.

하게 생각하고 동일하게 행동한다면 자산들의 가격은 본연의 가치에서 벗어나 거래될 가능성이 희박해지기 때문입니다.

결국 여기서 우리는 앞에서 언급한 '기질'의 이야기를 다시 떠올리게 됩니다. 사람은 저마다 다른 기질을 가지고 있다는 것, 그리고 자신이 선택하는 투자 전략과 전술은 자기 기질과 맞는 것이어야 한다는 이야기 말입니다. 기질과 전략·전술이 서로 맞을 경우엔 편안한 마음으로 투자에 임하고 원하는 성과를 얻을 수 있습니다.

물론 끊임없는 노력과 훈련을 통해 투자에 적합한 기질을 계발하고 키워나가야 하는 것이 먼저겠지요.

투자의 실제① 현실에서의 수익과 위험

앞에서는 간략하게나마 투자라는 행위를 이해하는 데 필요한 이론을 알아보았습니다. 지금부터는 투자를 실제로 행하는 관점에서 중요한 몇 가지 포인트를 점검해 보겠습니다.

현실에서의 여러 수익

우선 주식, 채권, 부동산을 총수익의 관점에서 다시 정리해 볼까요? 경상수익은 배당, 이자, 임대수익이고 자본수익은 매매차익으로 구분됩니다. 그리고 총수익, 혹은 투자총수익이라는 것은 경상수익과 자본수익을 더한 것이라 말씀드렸습니다.

경상수익 중 부동산 임대수익을 좀더 자세히 살펴보자면 우선 주거용 부동산의 임대수익은 월세, 반전세, 전세, 깔세 등으로 다양하게 나뉩니다. 전세는 우리나라에만 존재하는 특이한 형태의 임대구조인데, 지난 수년간 초저금리 기조가 이어짐에 따라 임대사업자 입장에선 선호하지 않는 방식이 되었습니다. 앞으로는 전세 방식이 사라지고 대부분 월세나 깔세 방식으로 대체될 가능성이 매우 높아 보입니다.

업무용 부동산의 임대수익은 일반적으로 월세 형식입니다. 오피스텔은 개인이 투자하여 임대수익을 얻을 수 있는 업무용 부동산의 대표적 예죠. 부동산 투자를 다룬 부분에서 자세히 설명하겠지만, 오피스텔은 장기적으로 일정한 임대수익을 일으킬 수 있는 데다 다른 부동산보다 상대적으로 적은 자금으로 투자 가능한 대상입니다. 따라서 젊은 분들일수록 오피스텔을 눈여겨볼 필요가 있습니다.

경상수익과 자본수익은 아니지만 현실에서 투자수익으로 간주되는 것들도 있습니다. 재건축 부동산에 투자했을 때 거둘 수 있는 분양권 프리미엄이 한 예입니다. 이는 분양권의 매매에서 발생하는 수익이기에 일종의 거래수익(transaction income)에 해당합니다. 물론 거래수익은 법이나 규제를 어긴 투자가 아닌, 합법적 투자로 얻는 수익입니다.

중상공인의 경우 자신의 사업을 타인에게 양도하면서 받는 권리금도 투자수익의 원천 중 하나가 될 수 있습니다. 기업을 운영하다 매각하는 경우에는 권리금이 아닌 '경영권 프리미엄'이라 표현하기도 합니다만 본질적으로 이 둘의 속성은 동일합니다.

마지막으로 원자재나 곡물, 귀금속, 미술품 등의 거래에서의 매매차익, 선물◆이나 옵션◆ 등 파생 상품◆ 거래에서의 프리미엄 변화 등으로 수익을 얻을 수도 있습니다. 최근 활발히 이뤄지는 미술품 투자는 매도자와 매수자가 공개된 시장에서 만나 거래하는 형식이 아니라 갤러리 혹은 전문 중개인이 거래를 성사시키는 역할을 하기 때문에 그들에게 지불하는 수수료가 적지 않다는 점을 염두에 두고 투자에 임해야 합니다.

주식, 채권, 부동산 투자에서의 위험

표준편차는 수익률의 변동성을 표시한다는 것, 그래서 위험을 측정하고 비교하는 방식이 된다는 점을 우리는 앞서 살펴본 바 있습니다. 지금부터는 수익률이 변동하는 실제적 원인들을 알아보겠습니다.

먼저 주식 투자의 경우를 생각해 볼까요? 기업에게 가장 큰 위험은 사업이 저조한 실적을 거두거나 실패하는 것입니다. 이익은 적자로 바뀌고 이것이 계속되면 부도에 이르며, 상장기업이라면 상장폐지를 당할 수도

선물(futures)

파생 상품의 하나. 매매 계약을 먼저 맺은 뒤 실제 물건은 미래의 특정 시점에 인도한다. 표준화된 계약으로 매매가 이루어지며 통상 선물거래소를 통해서 거래한다.

옵션(option)

파생 상품의 하나. 특정 금융 상품을 정해진 가격에 매입할 권리(콜옵션), 혹은 매도할 권리(풋옵션)를 옵션 매입자에게 부여한다(콜옵션과 풋옵션은 뒤에서 좀더 자세히 살펴보기로 한다).

파생 상품(derivatives)

흔히 현물이라 하는 주식, 채권, 환율, 원자재 등을 기초 자산으로 하여 새로운 현금흐름 구조를 만들어내는 금융 상품. 통상 위험을 줄이고자 하는 헤지 목적으로 사용된다. 선도거래, 선물거래, 옵션거래 등이 파생 상품에 해당한다.

있습니다.

이 과정에서 주가는 자연스럽게 떨어지고 수익률의 표준편차 값은 커집니다. 투자 자문 전문가들이 초보 주식 투자자들에게 대형 우량주 위주로 투자하라고 권하는 이유 중 하나는 이런 주식들의 경우 가격 등락 폭이 중소형 주식보다 작기 때문입니다. 다시 말해 수익률의 표준편차 값이 낮기 때문입니다.

AAA	최상위의 신용 능력을 보유하여 환경 변화에 충분히 대처가 가능한 수준
AA	매우 우량한 신용 능력을 보유하여 환경 변화에 대한 대처 능력이 상당한 수준
A	우량한 신용 능력이 인정되지만 환경 변화에 대한 대처 능력은 제한적인 수준
BBB	양호한 신용 능력을 보유하지만 안정성 면에서 다소 부정적이 요인이 내재되어 있는 수준
BB	비교적 무난한 수준의 신용 능력을 보유하지만 안정성 면에서 부정적인 요인이 내재되어 있는 수준
B	단기적인 신용 능력은 인정되지만 환경 악화 시 안정성이 저하될 가능성이 높은 수준
CCC	신용 능력이 제한적으로서 안정성이 저하될 가능성이 매우 높은 수준
CC	채무불이행 발생 가능성을 내포하고 있으며 상위 등급에 비해 안정성이 낮은 수준
C	채무불이행 발생 가능성이 높아 향후 회복가능성이 낮고 적기 상환 능력이 매우 의심되는 수준
D	지급불능 상태의 매우 취약한 신용 능력을 나타내고 적기 상환 능력이 전무한 수준

신용등급표

채권 투자의 위험도는 신용등급의 하락으로 감지할 수 있습니다. 신용등급은 기업이나 국가의 신뢰도를 그 수준에 따라 AAA부터 여러 등급으로 나눈 것입니다. 가장 높은 등급인 AAA는 '이 자산에 투자하면 손실을 볼 가능성이 거의 없음'을 뜻하는데, 이런 자산을 일컬어 '무위험 자산 (risk free assets)'이라고도 합니다.

그런데 BBB 등급을 받았던 기업이 BB 등급으로 내려가는 경우엔 상황이 좀 심각해집니다. AAA부터 BBB까지는 투자적격등급으로 분류되지만 BB 등급 이하는 투자부적격등급, 쉽게 말해 투기등급에 해당됩니다. 이런 등급의 채권은 정크 본드(junk bond)라고 표현할 만큼 투자자들에게 위험한 자산으로 분류되지요. 왜냐하면 해당 채권을 갖고 있던 기존 기관투자자들은 자체적인 위험관리 규정상 그것을 모두 처분해야 하기 때문입니다.

그 과정에서 채권 가격은 다시 큰 폭으로 하락하고, 이는 재차 해당 기업의 신용도를 떨어뜨리고 다시 신용등급이 하락하는 악순환을 반복합니다. 결국 해당 기업이 원금이나 이자를 갚지 못하는 채무불이행, 즉 부도 상황에 처하면 투자자는 큰 손실을 입지요. 이것이 채권 투자 시 항상 투자 대상의 신용등급이 어떻게 변하는지 지속적으로 주의를 기울여야 하는 이유입니다.

부동산 투자에서의 위험은 주식 혹은 채권 투자 시의 위험과 성격이 다소 다르고 종류도 여럿입니다. 우선 한국에서 부동산에 투자하는 경우라면 세금으로 인한 위험을 신중히 고려해야 합니다. 보유세, 거래세, 매각차익에 대한 양도소득세 등 다양한 형태의 세금이 있는데 때로는 세금이라는 카드로 부동산의 가격 상승을 억제하려는 정책 당국의 의도까지 반영되기도 하지요. 그래서 부동산 투자자는 현재 집권하는 정권의 정책 의도에 촉각을 곤두세우기도 합니다.

이자율 감소로 부동산 가격이나 유동성이 낮아지면서 매매가 줄어들고, 이것이 다시 가격 폭락으로 이어지는 것도 부동산 투자에 따르는 위험 중 하나입니다. 부채를 많이 얻어 주거용 부동산을 고가에 매입했는데 이런 상황이 발생하면 흔히 이야기하는 하우스푸어(house poor)가 될 수도 있습니다. 내가 일으킨 대출금 이하로 집값이 주저앉은 상태에서 대출금을 갚아야 하는 것입니다. 임대용 부동산의 경우엔 경기침체 등의 이유로 임대료 수취가 어려워지거나 공실이 발생하여 임대수익이 줄어들 위험을 갖지요.

정리하자면 부동산 투자 시에는 세금, 매매가 하락, 임대수익 감소라는 세 종류의 위험에 주의해야 합니다.

위험과 수익의 실제 상관관계

앞에서 말했듯이 위험과 수익률은 상호 비례 관계에 있습니다. 위험이 높아지면 수익률도 높아지고, 위험이 낮아지면 수익률도 낮아지지요. 투자자의 입장에서 특정 투자 대상이 얼마나 위험한지를 알 수 있다면 그에 상응하는 수익률도 추정할 수 있습니다.

위험이 낮다고 추정되면 예상 수익률도 높지 않을 테고, 상당히 위험한 투자 대상이라고 판단되면 수익률 역시 높아지는 것이 상식입니다. 현실에서는 자산 간 또는 자산 내에서의 수익률 차이로 위험의 차이를 파악할 수 있는데 몇 가지 예를 들면 다음과 같습니다.

- 주식: 주식들 사이에서도 어떤 주식은 위험하고 어떤 주식은 덜 위험하다고 예상됩니다. 예를 들어 블루칩 주식이라고 표현하는 대형주식은 기본적으로 사업의 안정성 등으로 위험이 낮기에 투자자는 다소 낮은 수익률로도 만족할 수 있습니다.

  반면에 중소기업이나 스타트업 기업의 경우는 대개 사업이 불안정한 면이 있어 투자 위험이 높다고 판단되고, 그래서 투자자 입장에서는 꽤 높은 수익률을 기대할 수 있습니다.

- 채권: 채권들 역시 위험이 각기 다르고 그에 따른 수익률도 달리 나타납니다. 예를 들어 국가가 발행한 국채의 경우는 가장 안전한 성격을 띠기 때문에 위험이 낮은 만큼 수익률도 낮게 요구됩니다. 그러나 일반 기업이 발행한 회사채의 경우는 사업상의 위험 등이 반영되어 높은 위험에 따른 높은 수익률이 요구되게 마련입니다.

- 부동산: 부동산은 입지, 형태, 연령 등에 따라 위험이 제각각입니다. 가령 서울 도심의 아파트는 가격 변동성 측면에서 상대적으로 위험이 낮은 투자 대상입니다. 반면에 지방 중소도시의 아파트는 상대적으로 가격이 급격히 변동할 가능성이 있으므로 위험하다고 볼 수 있습니다.

  따라서 투자자는 대도시의 아파트에 낮은 위험만큼 낮은 수익률을, 지방 중소도시의 아파트에 대해선 높은 위험만큼 높은 수익률을 기대하게 됩니다.

- 실물자산: 실물자산에는 금이나 은과 같은 귀금속도 있고, 곡물이나 광물도 있습니다. 최근에는 미술품도 실물로 투자 대상이 되기도 합니다. 금이나 은은 본질적으로 희소성의 가치를 갖기에 투자자의 입장에서는 위험이 낮은 자산으로 인식됩니다. 반면에 미술 작품은 가격 변동

성이 크기 때문에 상대적으로 위험한 투자 대상이라 할 수 있습니다. 따라서 금과 은은 위험이 낮은 만큼 기대 수익률도 낮고, 미술 작품은 위험이 높은 만큼 기대 수익률도 높아야 할 겁니다.

⑤돈 투자의 실제② 현실에서의 분산 투자

현실에서 이루어지는 분산 투자는 이론적인 분산 투자와 분명 차이를 보입니다. 투자 대상을 골라 분산 투자를 함에 있어서 자본 및 대상, 실현가능성의 한계 등이 존재하기 때문입니다.

실제 분산 투자의 여러 형태

실전에서의 분산 투자는 자본 시장에서 거래 가능한 자산을 대상으로 여러 투자자의 성향과 기질을 반영하여 이뤄집니다. 그래서 그 종류도 수천 가지에 이르지요.

그러나 개인투자자 입장에서 선택할 수 있는 종류는 제한적입니다. 거래 비용, 투자 가능한 자산, 물리적 자산 시장의 한계 때문입니다. 가령 러시아의 주식에 투자하는 일은 러시아어로 된 정보의 가독성 및 러시아의 불안정한 정치적 상황으로 어려울 수 있습니다. 또 두바이의 대형 건물 같은 곳에 대한 투자는 거대자본을 필요로 하기에 이 역시 개인 입장에서는 엄두가 나지 않겠지요.

때문에 개인투자자 차원에서 할 수 있는 분산 투자라면 주식의 경우 5~10종목 정도가 최선이고, 아무리 많아도 30~40종목을 넘지 않습니다. 투자 대상의 수가 많으면 그만큼 투자 시의 분석 및 투자 후 관리 등에 시간과 노력이 많이 투입되기에, 지나치게 많은 종목에 투자하는 것은 효율 및 효과 면에서 좋지 않습니다.

다음은 개인투자자가 생각할 수 있는 분산 투자의 예들입니다.

- 표준형 분산: 현금성 자산 + 임대용 부동산 + 펀드/연금 + 주식
- 규모별 분산: 대형주식 + 중소형주식
- 산업별 분산: 산업주 + 소비재주 + IT주 + 수출관련주
- 지역별 분산: 국내주식 + 해외주식[미국 등 선진국의 주식 + 브릭스 (BRICs) 등 신흥국의 주식]
- 투자주체별 분산: 주식의 직접투자 + 연금/펀드 등의 간접투자
- 유동성별 분산: 상장주식 + 비상장주식

실전에서의 전략적 자산 배분과 전술적 자산 배분

실전에서의 전략적 및 전술적 자산 배분은 다양하기도 하지만 개인투자자에게 있어선 원칙을 짜고 실행에 옮기기도 어려운 일입니다. 저는 자산 배분의 원칙이 간단하면서도 확실한 효과, 즉 자신이 목표로 하는 수익과 감내할 수 있는 위험치를 달성하기에 적합해야 한다고 봅니다.

다음의 예는 상대적으로 안전하지만 일정한 수익을 얻을 수 있는 자산 배분의 모델입니다. 원금보장형 펀드 구조에 착안해 개인적으로 만들어본 이 모델에 따라 저는 10년 이상 투자를 해왔습니다. 그리고 그 기간 동안 '일단 모델을 만들고 나면 지속성을 가지고 그에 따른 투자를 하면서 실제 경험과 자본 시장의 환경 변화에 맞춰 수정해 나가는 것이 중요

하다'라는 점을 깨달았지요. 우선 이 자산 배분 모델의 내용을 살펴보겠습니다.

전략적 자산 배분
- 안전자산에 70퍼센트, 위험자산에 30퍼센트를 투자하기로 한다.

전술적 자산 배분 ① (2000년대용)
- 안전자산 70퍼센트: 예금, 적금, 채권형 펀드
- 위험자산 30퍼센트: 국내 우량주 위주 상장 주식

전술적 자산 배분 ② (2010년대용)
- 안전자산 70퍼센트: 채권형 펀드 + 임대용 부동산 (부채 활용)
- 위험자산 30퍼센트: 우량주 + 비상장주식(엔젤부터 상장 전까지의 단계)

이는 5~10년 이상 지속적으로 원칙에 따라 투자해 나가야만 의미 있는 투자 수익을 얻을 수 있는 모델입니다.

이 모델의 첫 번째 특징은 안전자산에 70퍼센트를 투자하면 그것이 일정 수익을 만들어주고, 그것이 합쳐져 어느 정도 시간이 지나면 그 70퍼센트가 100퍼센트, 즉 총투자원금 수준으로 증가한다는 점입니다. 30퍼센트는 상대적으로 위험 자산들에 투자하는데, 그중 일부가 높은 성과를 보이면서 전체 포트폴리오의 수익률을 올려줍니다.

두 번째 특징은 처음에는 전술적 자산 배분 ①에서 보듯 7:3의 심플

한 구조로 운영하다가 어느 정도 시간이 지나면 전술 ②의 방식, 즉 안전자산에는 부채를 레버리지◆한 부동산을 편입시키고, 위험자산에는 비상장주식군을 편입시켜 포트폴리오를 다변화함으로써 수익률을 개선하고자 했다는 점입니다.

저는 이 모델에 따라 지금까지 15년 정도 투자하며 목표수익률을 달성했고, 첫 번째 전제인 포트폴리오상 전체 원금의 손실을 피해가면서 매년 자산을 증대시키는 결과를 얻을 수 있었습니다. 특히 전술적 자산 배분 ②를 위해 임대용 부동산 자산에 투자할 시의 부채 활용법을 정교하게 분석하여 실행했습니다. 비상장주식에 대한 투자를 위해 투자 대상 발굴·분석에 필요한 네트워크를 만들거나 참여하는 데 많은 시간과 노력을 투입했습니다.

결국 중요하고 필요한 것은 좋은 투자 대상을 찾으려는 각고의 노력과 학습 및 분석, 또 자산을 장기간 보유하는 끈기와 열정입니다. 1장에서 언급했던 '투자에 적합한 기질을 가지는 것'과 맥을 같이하는 것이지요. 하지만 앞서 제시한 자산 배분 모델은 하나의 예시에 불과하니, 개인별 성향에 따른 본인만의 독특한 모델을 만들기 위해 노력해야 합니다.

레버리지(leverage)

영어로 '지렛대'라는 뜻. 투자에 필요한 자금 중 일부를 차입하여 투자하는 것을 뜻하며, 레버리지를 사용할수록 투자 수익률이 상승하는 것을 일컬어 '레버리지 효과'라 한다.

⑤ 목표와 제약 조건을 반영한 투자 계획서를 만들어라

여행을 떠나기 위해 우리는 여행 계획서를 작성합니다. 투자의 경우도 동일합니다. 투자를 실행에 옮기기 전에 투자 계획서를 실제로 작성해 보는 것은 매우 중요합니다. 계획이 확실하면 실제 실행에 있어 실수를 하거나 방향을 벗어날 가능성이 낮아지기 때문입니다.

개인별 투자 계획서

투자자의 투자 성향과 자본 시장의 상황을 반영한 투자 계획서라는 것을 처음 들어본 분도 있을 겁니다. 투자 자문이 발달한 미국이나 유럽 등의 선진국에서는 고객을 위해 투자 자문사가 맞춤형 투자 계획서를 준비합니다. 투자 정책을 정리한 계획서라는 뜻에서 이를 IPS(Investment Policy Statement)라 칭하는데 간단히 '투자 계획서'라고도 부릅니다.

개인별 투자 계획서는 포트폴리오의 목표 두 가지와 그것들의 달성을 위해 고려해야 하는 제약 조건 다섯 가지로 구성됩니다.

목표는 투자 수익률의 최대화와 투자 위험의 최소화입니다. 위험과 수익은 항상 같이 다니는 이란성 쌍둥이와도 같습니다. 위험 없이는 수익률을 생각할 수 없고 수익률 없는 위험을 고려할 수도 없지요. 때문에 투자자라면 이 둘을 언제나 함께 고려하는 습관을 가져야 합니다.

투자에도 예상 수익률이 높은 만큼 위험할 수도 있다는 것은 진리입니다. 물론 로또처럼 아무 위험도 없는 듯한 대박을 경험하는 이들도 있지요. 그러나 그런 사람은 극소수이며, 갑자기 생긴 당첨금은 대개 허공으로 날아갑니다. 그만큼 위험이 크다는 것이지요.

포트폴리오의 목표

　① 수익률 목표

　② 위험치 목표

제약 조건

　① 투자 기간

　② 유동성 유지 요건

　③ 현금 지출의 필요

　④ 세금 및 규제 사항

　⑤ 독특한 상황

투자 계획서

그럼 목표에 따르는 다섯 가지 제약 조건들을 하나씩 알아볼까요? 첫 번째인 '투자 기간'은 투자에 소요될 것이라 예상되는 최대 기간일 수도 있고 단계별 투자 기간일 수도 있습니다. 나는 지금 30세이고 은퇴 시기는 60세일 것이라 가정한다면 투자 기간은 30년이겠지요.

그런데 만약 은퇴 후에도 투자를 계속 이어가 내 이름의 재단을 세우고 싶다면 새로운 30년의 투자 기간이 또 설정될 것입니다. 멋있지 않습니까? 은퇴 시기까지 30년, 은퇴 후 사회에 자산을 남기기 위한 30년. 총 60년간 투자하는 인생을 살겠다고 마음먹으면 지금부터 투자에 대한 공부와 훈련을 얼마나 열정적으로 해야 할지도 실감하실 것입니다.

두 번째인 '유동성 유지 요건'은 투자 자산 중 어느 정도의 비중을 현금화가 가능하게끔 유지할 것인가와 관련됩니다. 만일 내가 30대 청년이고 현재 소득으로 충분히 생활이 가능해서 많은 현금은 한동안 필요하지 않을 수 있는 상황이라면 유동성을 희생해서라도 장기성 자산에 투자하는 것이 가능할 것입니다. 그만큼 기대수익률도 다른 연령대 및 상황에 있는 사람들보다 상대적으로 높겠지요.

반면에 내가 자녀를 둔 50대라서 멀지 않은 미래에 은퇴해야 하는 데다 자녀들을 위한 여러 지출들도 예정되어 있다면 유동성 있는 자산을 보유하는 편이 안전할 수 있습니다. 이처럼 개인 상황의 차이에 따라 유동성 유지 요건은 다르고, 그에 따라 자산 배분 전략도 달라집니다.

세 번째에 있는 '현금 지출의 필요'도 '유동성 유지 요건'과 내용 면에서 유사합니다. 차이가 있다면 전자는 '매년, 또는 일정 주기로 현금이 지출되어야 하는 제약 조건'이고, 후자는 '포트폴리오를 운영하는 동안 유동성 자산을 일정 비율로 유지하는 원칙'을 명시한다는 점입니다.

가령 부모님께 드리는 일정액의 용돈, 아프리카의 어린이들을 위한 구호금, 나의 능력 계발을 위해 사용하는 학비 혹은 학원비 등 일정 시기마다 지출되는 현금흐름 사항을 투자 계획 시 사전에 반영해야 한다는 의미입니다.

네 번째의 '세금 및 규제 사항'은 포트폴리오에 편입되는 자산의 성격에 따라 달라집니다. 주식이라면 비상장주식에 부과되는 양도소득세가 대표적인 예일 것입니다. 상장주식의 경우 현재는 과세 대상이 아니지만 지분율이 높거나 전체 투자 금액이 일정 수준 이상이면 과세해야 한다는 움직임이 있는 분위기이고, 해외 주식 매매 시에는 보유 기간이 장기이냐

단기이냐에 따라 세율이 달라집니다.

특히 한국에서의 부동산 투자에 따른 세금은 종잡을 수 없을 만큼 복잡하고 변동이 심합니다. 주거용 부동산의 경우 1가구 2주택 이상에 해당하는 이들은 머리가 복잡할 테고, 임대용 부동산이라면 임대소득에 대한 세율 등을 따져봐야 합니다. 기본적으로 보유세라는 개념이 나날이 강해지고 있기 때문에 장기 투자자는 세제 및 세율에 대한 장기 전망을 반영하여 투자 의사를 결정하는 것이 필수입니다.

원하는 투자에 영향을 미칠 만한 규제가 존재하는지도 알아봐야 합니다. 개발용 토지에 투자하고 싶은데 해당 개발에 대한 제약 조건으로는 어떠한 것이 있는지, 그것이 나의 투자에 미치는 영향으로는 무엇이 있을지 등을 확인하는 것이 한 예가 될 것입니다.

마지막의 '독특한 상황'은 투자자로서 가지는 신념, 처해진 상황, 종교적 이유 등에 따라 특정 투자는 피한다든가 하는 것과 관계됩니다. 앞서 잠시 언급했듯 최근의 투자 트렌드 중 하나가 ESG 투자인데, 만일 개인 입장에서 ESG 투자에 대한 신념이 있다면 '환경에 해를 끼치는 산업 및 기업에는 투자하지 않겠다'라는 식으로 투자 전략 및 투자 대상의 선정에 반영할 수 있습니다. 담배, 주류, 도박 등과 관련된 곳에는 투자하지 않겠다는 것도 한 예가 될 수 있습니다.

저는 여러분들이 실제 투자를 시작하기 전에 각자 개인별 투자 계획서를 만들어보길 권합니다. 자신이 무엇을 모르고 있는지, 또 무엇을 고려해야 하는지를 그 과정에서 알게 될 것이기 때문입니다. 제가 정리한 다음의 예가 여러분에게 참고가 되면 좋겠습니다.

포트폴리오의 목표

    ① 수익률 목표: 연 10~15퍼센트

    ② 위험치 목표: -20퍼센트의 원금 손실까지 수용 가능

제약 조건

    ① 투자 기간: 은퇴 시까지 10년

    ② 유동성 유지 요건: 30퍼센트의 현금화 가능성 유지

    ③ 현금 지출의 필요: 자녀의 학업 및 결혼 지원

    ④ 세금 및 규제 사항: 부동산 거래세 및 종부세의 최소화,

                  비상장주식 투자 시의 세제 혜택 활용

    ⑤ 독특한 상황: 사회적 가치 증진용 투자 가능, NGO 설립

개인 투자 계획서 사례

샘플로 제시한 투자 계획서를 해석해 보겠습니다. 우선 저는 10~15퍼센트의 수익을 거두겠다는 것, 그리고 전체 투자 금액의 20퍼센트까지는 손실을 감내하겠다는 것을 포트폴리오의 목표로 삼았습니다.

투자 기간은 우선 목표 은퇴 시점부터 역산을 하여 10년으로 잡고 중장기적 관점에서 투자해 나가기로 했습니다. 또 전체 투자 금액의 30퍼센트를 현금화할 수 있는 자산으로 보유하겠다는 유동성 제약 조건을 넣었습니다. 바꿔 말하자면 70퍼센트로는 유동성이 떨어지더라도 장기적으

로 투자해 나가겠다는 뜻입니다.

현금 지출과 관련해서는 자녀의 학업 또는 결혼으로 현금이 일시적으로 빠져나갈 수 있는 가능성을 열어놓았습니다. 주기적으로 현금을 지출해야 하는 상황은 은퇴 시까지 없을 것이기에 전체 투자 자금에서 고려할 필요가 없고, 따라서 투자 계획서에도 넣지 않았습니다.

세금과 관련해서는 부동산의 거래 및 보유와 관련된 세금을 세세히 검토하고, 주식 투자에 따르는 세금을 절약할 수 있는 방법도 찾으려 했습니다. 비상장주식에 투자할 시 개인투자조합을 활용하거나 벤처인증 기업에 투자하여 소득공제와 같은 세제 혜택을 받는 것이 그 예입니다.

더불어 저는 비록 수익률과 위험의 목표치에 미달하더라도 사회적 가치를 올리는 사업이나 기업이 있다면 제 신념에 따라 투자를 일부 행할 생각이 있습니다. 특히 NGO, 즉 비영리 봉사단체의 설립은 개인적 미래 목표 중 하나이기에 그와 관련된 투자를 진행할 수도 있다는 점을 '독특한 상황'과 관련하여 명시했습니다.

사실 이 투자 계획서는 제가 50세가 되었을 당시 60세에 은퇴할 것을 가정하고 향후 10년간 어떻게 자산을 투자할지 계획하는 과정에서 만든 것입니다.

그 과정은 내가 무엇을 하고 싶어 하는지, 그것을 위해선 무엇을 고려해야 하는지 등을 깊이 생각하며 진정한 나를 발견하는 좋은 기회가 되었습니다. 여러분도 자신의 투자를 주기적으로 깊이 판단하고 미래를 준비해 나가는 과정에 동참하시길 진심으로 권합니다.

⑤ 프로 골퍼처럼 끊임없이 훈련하기

세계 무대에서 최고의 기량을 선보이고 인정받음으로써 한국을 빛낸 스포츠 스타들은 정말 많습니다. 골프의 최경주와 박세리 선수, 축구의 박지성과 손흥민 선수, 야구의 박찬호, 추신수 선수 등이 대표적이지요.

그들의 스윙, 킥, 타격, 투구 등을 보면 어떤 생각이 드시나요? 그들은 수만 번의 연습을 거쳐 완성시킨 타격 폼, 킥 자세, 스윙 궤도를 갖고 있으며 찰나의 순간에 정확한 임팩트를 완성하는 숙련도도 높습니다.

이를 위해서는 운동 감각과 상황 대응 능력을 일정 수준 이상으로 계속해서 유지시켜야 합니다. 즉, 그 선수들은 평소 끊임없는 훈련과 노력을 통해 그런 능력을 갖추었고, 그것이 뒷받침되었기에 수년간 지속적으로 성과를 낼 수 있었습니다.

싱글 골퍼가 되는 길

저는 투자를 위한 훈련을 골프 훈련에 빗대 이야기하곤 합니다. 벌써 30년 가까이 아마추어로서 골프를 즐기다 보니 싱글 골퍼, 즉 골프 상급자가 되는 데 어떤 요건들이 필요한지도 알게 되더군요.

골프 훈련에서 기본적으로 중요한 것은 스윙 연습입니다. 프로 선수들은 하루에 1,000번 이상의 스윙 연습을 한다고 합니다. 골프를 잘 치고 싶다면 기본적으로 프로가 연습하듯 완벽한 스윙을 위해 끊임없이 연습해야 합니다.

이렇게 해서 완벽한 스윙을 가지면 싱글 골퍼가 될 수 있을까요? 그렇지 않습니다. 스윙 실력만큼이나 코어 근육도 중요하기 때문입니다. 허리부터 허벅지에 이르는 코어 근육은 운동선수에게 중요한 육체적 조건인데, 골프에서도 마찬가지입니다. 코어 근육이 발달해 있어야 빠른 스윙 중에도 중심을 잡고 흔들리지 않는 자세를 유지할 수 있기 때문입니다.

멘탈 훈련도 빼놓을 수 없습니다. 열여덟 홀을 거치는 동안 골프 선수는 크고 작은 실수를 하게 마련입니다. 순간의 흐트러짐 때문에 공이 예상과 다른 방향을 향하는가 하면 규정을 착각해 갑자기 벌타를 받기도 하지요. 그럴 때마다 금방 마음을 다잡고 차분해지는 정신자세를 갖춰야 합니다. 또한 이전 홀의 스코어가 좋다고 자만하다 다음 홀에서 큰 실수를 범하기도 하니 끝까지 냉정함과 침착함을 잃지 않고 경기에 임하도록 평소에도 꾸준히 멘탈 훈련을 지속적으로 해나가는 것이 중요합니다.

하지만 완벽한 스윙과 단단한 코어 근육, 강인한 멘탈, 이 세 가지를 갖추었다 해서 싱글 골퍼가 되는 것은 아닙니다. 이것들을 하나로 뭉쳐 수준 높은 실력으로 나타나게 해주는 '경험'이라는 요소가 덧붙어야 하기 때문입니다.

골퍼들 사이에서 사용하는 재미있는 표현 중 '잔디짬밥'이란 것이 있습니다. 위기 상황을 탈출하는 능력은 실전 경험의 양에 비례한다는 의미의 표현이지요. 골프에서의 스윙은 잔디의 종류, 바람, 내리막 혹은 오르막에 따라 각각 달라져야 합니다. 하지만 여러 환경을 다양하게 경험해보지 않으면 상황에 정확한 스윙을 할 수 없고, 따라서 좋은 성적을 거두기도 어렵습니다.

또한 순위를 결정하는 대회 등에 실제적으로 참가해 보는 것도 중요한 요소입니다. 그렇게 되면 실전의 경험을 통해서 승부근성도 기르게 됩니다.

이처럼 싱글 골퍼는 끊임없는 스윙 연습과 근력 운동, 멘탈 훈련과 실전 경험 및 승부근성을 기르는 프로세스를 골고루 거친 사람만이 될 수 있습니다. 아마추어 골퍼들이 그렇게 많음에도 싱글 골퍼가 정말 드문 이유 역시 이것입니다. 그럼 이 훈련 프로세스를 투자 훈련과 연결하여 한 번 생각해 볼까요?

투자 훈련을 위하여

사실 골프 훈련 및 투자 훈련 프로세스의 핵심과 과정은 동일합니다. 다음을 보면 쉽게 이해할 수 있으실 것입니다.

- 스윙 연습: 경제·경영·금융·재무·산업 공부 (모든 투자의 기본)
- 코어 근육 키우기: 인문·역사·철학 공부 (투자의 중심을 잡는 통찰력)
- 멘탈 훈련: 작지만 의미 있는 투자 연습 (손실 경험이 특히 중요)
- 잔디짬밥: 위험관리에 대한 경험 (실패 확률을 줄이는 방법)
- 실전 참여: 종잣돈 마련 과정 (자산 배분을 할 정도의 금액)

투자 훈련에서 스윙 연습에 해당하는 것은 경제·경영·금융·재무·산업 등에 대한 깊이 있는 학습입니다. 전 세계 및 각국의 경제가 운용되는 바에 대한 이론적 이해, 기업 경영에 대한 이해, 자본 시장의 구조와 작동 원리에 대한 금융 공부, 사업을 위한 자금 조달 및 사용 등과 관련된 재무적 지식의 습득, 기업이 추구하는 비즈니스 모델의 타당성과 성공 가능성에 대한 판단을 가능케 하는 산업 관련 지식의 함양은 모든 투자의 기본이 됩니다.

코어 근육은 투자 기간 동안 내가 견지하는 중심을 잡게 하는 통찰력입니다. 자본 시장에서의 자산 가격은 하루에도 수없이 등락을 거듭하고, 거시경제는 불확실하게 움직이곤 합니다. 그런 상황에서 투자자는 중심을 잡고 태풍의 눈에 정중동의 자세로 서서 태풍의 방향과 움직임을 냉철하게 주시할 수 있어야 합니다.

이때 필요한 것이 인간의 마음과 욕망, 허점을 이해하고 파악하는 능력인데 이는 인문학, 역사, 철학의 지속적인 학습을 통해서만 기를 수 있습니다. 투자에 성공하려면 역사를 공부하고 철학적으로 사고하라고 수많은 투자 거장들이 이야기한 이유도 이것입니다.

멘탈 훈련은 투자에서의 어떤 과정일까요? 바로 '손실'을 경험하는 과정입니다. 투자를 시작하면 모두가 향후 큰 수익을 얻고 행복해지는 순간들을 상상하고 기대합니다. 하지만 현실은 냉혹합니다. 앞서 지난 30년 동안 세계를 휩쓸었던 경제위기를 잠깐 언급했습니다만, 현재 투자 경력이 10년 미만인 투자자들은 그 위기 때마다 나타난 잔인한 폭락장을 경험해 보지 못했을 가능성이 높습니다.

어려움을 잘 버텨내는 능력은 하루아침에 생기지 않습니다. 흔히 '맷집'이라고들 하지요. 맷집을 키우기 위해 권투선수가 수없이 많은 스파링 훈련을 하듯 투자자는 끊임없는 투자 실패를 경험해야 합니다. 자신이 감내할 수 있는 원금 손실 범위 안에서 다양한 자산에 투자하는 연습을 반복하고 그 가운데 소규모 손실들을 겪는 지난한 경험을 거듭하면서 큰 손실을 피할 수 있는 능력이 싹트기 때문입니다.

'잔디짬밥'은 멘탈 훈련과 유사합니다. 에베레스트 산을 오르는 과정에서 눈에 보이지 않는 크레바스(crevasse, 빙하가 갈라져 생긴 좁고 깊은 틈)를 예측하는 능력, 깊은 바다에서 스쿠버 다이빙을 하며 조류의 강도와 방향을 예측하는 능력, 더운 여름 마라톤을 뛰기 전에 그날 가장 고통스러운 지점이 어디가 될지 예측하는 능력 등은 풍부한 실전 경험에서 나옵니다.

이렇게 배양된 위험관리 능력은 전체 포트폴리오를 운용하고 손실이 발생했을 때 손절매(loss cut)로 투자 자산을 재구성하는 등의 어려운 결정을 할 때 돋보입니다. 더불어 자산에 손실을 입을 확률을 줄이게끔 해줍니다.

'실전 참여'는 종잣돈 마련과 관련됩니다. 자신의 투자 계획서 작성, 포트폴리오 구성, 전략적 자산 배분 계획의 수립을 위해선 현실적으로 어느 정도의 종잣돈이 마련되어 있어야 합니다.

중년의 투자자라면 비교적 장기간의 저축이나 투자를 통해 어느 정도의 자금이 마련되어 있을 수 있겠지요. 그러나 젊은 청년들은 대개 이런 상황이 아닐 것입니다. 때문에 우선은 자금을 최대한 한 바구니에 모아야 합니다. 반드시 목돈이어야 할 필요는 없습니다. 투자 과정에서 유동성이 낮아지거나 손실이 발생해도 일상생활에 타격이 되지 않는 정도의 자금을 젊었을 때부터 성실히 모아나가면 됩니다. 투잡 활동을 하는 것도 좋은 생각입니다.

저는 30대 초반에 약 5년간 재무 및 회계 관련 강의를 투잡으로 열심히 했습니다. 원래 하는 일과 연관되어 업무에 도움이 된다는 점, 강의 준비를 하다 보니 투자 관련 지식을 지속적으로 업데이트할 수 있다는 점이 좋았습니다. 무엇보다 투잡의 가장 큰 장점은 어느 정도 종잣돈을 모으는 데 큰 도움이 되었다는 것입니다. 업무 외 시간을 할애해 강의하는 것은 육체적으로 힘들고 피곤한 일이었지만 돌이켜 생각해 보면 당시의 저는 모든 일에 진심을 다했고, 성실히 임했으며, 보다 검소하게 생활했습니다. 저 자신을 단단하게 다지는 경험을 할 수 있었습니다.

저축 및 약간의 투자 경험, 그리고 투잡에서의 소득을 합쳐 저는 40대부터 진정한 장기투자 프로세스에 들어섰습니다. 사전에 충분한 연습경기를 거친 덕에 실전에서 안정적 성과를 낼 수 있었습니다. 투자에 성공한 사람들은 거의 예외 없이 투자 철학을 정립하고 종잣돈을 모으는 데 몇 년이 걸렸습니다. 그리고 그런 프로세스를 거친 사람만이 결국에는 의미 있는 성과와 결과를 얻습니다. 이는 비단 투자에서뿐 아니라 삶의 어떤 일에서든 마찬가지라고 자신 있게 말씀드릴 수 있습니다.

뼈아픈 반성의 시간도 필요하다

어떤 훈련 과정에서든 공통적으로 중요한 일이 있습니다. 바로 자신을 객관적으로 판단할 수 있어야 한다는 점입니다. 물론 낙관적이고 긍정적인 사고와 시각도 중요하지요. 하지만 자신에 대한 뼈아픈 성찰과 반성의 자세를 잃어서는 안 됩니다.

싱글 골퍼들의 특징 중 하나는 귀가할 때 그날 라운딩 중 자신이 범했던 실수를 다시금 떠올리면서 그 원인과 재발 방지 방법을 생각한다는 점입니다. 그에 반해 초보 골퍼들은 그날 자신이 기록한 가장 좋은 샷이나 퍼팅을 떠올리지요. 행복한 귀갓길은 되겠지만 그 골퍼는 다음 라운딩에서 같은 실수를 또다시 저지를 가능성이 높습니다. 실수를 분석하고 교정할 기회를 갖지 않았기 때문입니다.

앞서 저는 작은 실패 경험이 중요하다고 말한 바 있습니다. 당연한 이야기지만 자신만의 투자 계획서를 작성하고 전략적·전술적 자산 배분 계획에 따라 투자를 실천한다 해서 처음부터 성공을 거두는 것은 아닙니다. 그런 실패를 '전략 수정 및 재구조화를 위한 프로세스'라는, 투자에서 반드시 거쳐야 하는 절차로 여기며 냉철한 분석과 고민의 계기로 삼고 계속해서 반복해 나가야 합니다.

그와 동시에 필요한 것이 동료 혹은 파트너입니다. SK, 삼성, 현대, LG 등 세계적 수준의 한국 대기업들이 가진 경쟁력은 무엇일까요? 이들 그룹사의 내부를 들여다보면 그 답을 알 수 있습니다. 상급부터 하급까지 이르는 수만 명의 구성원들이 학습과 토론에 절대시간을 투입하고, 그 과정에서의 지식과 경험의 공유를 통해 거대한 집단 지성을 형성합니다. 그 덕분에 거대 전략과 담론의 방향성을 하나로 맞춰 진행하는 실행력이 그들 경쟁력의 원천입니다.

이는 투자자로서의 우리에게도 시사하는 바가 큽니다. 투자는 외롭고 긴 여정이라 처음부터 끝까지 혼자 해나가기에는 너무나 힘든 과정입니다. 그렇기에 함께 고민하고 의논할 수 있는 이들의 존재는 큰 힘이 되어 줍니다.

지금까지 실전 투자에 들어가기 전에 갖춰야 할 지식과 요건들을 보다 상세하고 구체적으로 알아보았습니다. 다음 장에서는 실전에서 성공과 실패를 거둔 사람들의 다양한 사례를 살펴보겠습니다. 그런 사례들을 타산지석으로 삼아 실전 투자를 간접적으로 경험해 보는 것도 필요하기 때문입니다.

4장

실전에 뛰어들기 전에 사례로 투자력을 길러라

이번 장에서는 실제 있었던 투자 사례들 중 성공한 경우와 실패한 경우를 각각 아홉 가지로 나눠 살펴보려 합니다. 내게 배울 점을 알려주고 경종이 될 만한 예들은 많이 접할수록 좋습니다. 그런 사례에서 느낀 바를 항상 염두에 두고 경계하는 자세는 실수를 범하지 않게 도와주기 때문입니다.

흥미롭게도 성공 사례와 실패 사례가 동전의 양면과도 같습니다. 투자의 테마나 대상은 유사하지만 투자자 입장에서 신중하지 못하고 경솔한 접근은 실패로 이어지는 데 반해 신중하고 참을성 있는 접근은 성공과 연결된다는 진리를 저는 장기간의 투자를 통해 깨달았습니다. 그만큼 투자의 성공과 실패는 종이 한 장 차이라 할 수 있는데, 앞으로 이야기할 각각의 사례를 통해 이 점을 알아보겠습니다.

⑤ 인연, 욕심에 이끌려 투자한 실패 사례에서 배우기

지금부터는 아홉 가지의 투자 실패 사례를 살펴보려 합니다. 수많은 사례 중 학습 차원에서 의미를 갖는 중요한 유형들을 뽑아 정리한 예들로, 가상으로 지어낸 것이 아니라 제가 직접 목격하고 경험한 것들입니다.

남의 이야기만을 근거로 삼은 주식 투자

어느 대기업의 CFO(재무총책임자)인 A 씨는 그야말로 산전수전을 다 겪은 재무의 달인입니다. 업무를 통해 다양한 재무 및 투자 사례들을 경험했고, 투자를 직접 진두지휘하면서 큰 성과를 거두기도 했지요. CFO라는 자리 덕에 그는 금융권의 여러 사람들로부터 다양한 시장 정보를 접했고, 여유 자금이 어느 정도 모이면 그 정보들을 바탕으로 주식에 작게 투자하며 소기의 성과도 거두었습니다. 다만 자신만의 투자 신념이나 전략은 딱히 세우지 않고 있었습니다.

그런데 신년 초에 열린 CFO 조찬 포럼에 참석한 그는 몇몇 젊은 후배들이 어느 한 종목에 대해 소곤거리는 소리를 들었습니다. "후배님들, 무슨 이야기인지 나도 좀 알면 안 될까요?" 하며 A 씨는 그들의 이야기에 귀를 기울였지요. 후배들이 얘기하고 있던 회사는 증권거래소에서 거래 중인, 바이오 분야에서 꽤 오래된 중견기업이었습니다.

해당 분야에 대해 별로 아는 바가 없었던 A 씨는 즉각 포털 뉴스 기사를 검색해 봤습니다. 해당 업체는 최근 몇 주 동안 주가가 급등했고 좋은 뉴스들도 꽤 있었습니다. 다만 근래 며칠 동안엔 주가가 일부 하락해 전고점 대비 낮은 가격에 주식이 거래되고 있었습니다. 이튿날 그는 자신의 여유 자금 모두를 쏟아부어 그 기업의 주식을 샀습니다. 매입 후 며칠간 주가가 소폭 상승했음을 확인한 그는 이후 별 관심을 기울이지 않았습니다.

그로부터 며칠이 더 지난 뒤 A 씨는 해당 기업의 주가가 40퍼센트 이상 하락했음을 알게 되었습니다. 진행 중이던 신약 개발 프로젝트가 잘못되었고, 그 소식이 시장에 알려짐에 따라 며칠 사이에 주가도 폭락한 것이었습니다. 이후로도 주가는 회복되지 않아 그는 지난 수년간 얻었던 수익을 고스란히 날리는 황당한 상황에 처했습니다.

• A 씨의 패착: 주식 투자에서 볼 수 있는 가장 흔한 실패 유형입니다. 리서치 보고서 검토, 애널리스트들의 인터뷰 확인, 기업 재무제표 분석, 업계 뉴스 및 산업 동향의 확인 등 투자의 기본에 해당하는 일은 하지 않은 채 타인의 이야기만을 근거로 덜커덕 주식을 매입했으니 엄밀히 보자면 투자가 아닌 투기에 해당하지요.

사실 이는 거의 모든 투자자가 한 번 이상은 경험했을 정도로 흔한 실패 사례입니다. 하지만 통과의례라 하기엔 너무나 어처구니없는 실수입니다.

인터넷 뉴스를 읽고 투자한 테마주

20대 후반 대학원생 B 씨는 소액의 자금을 주식에 투자했다가 손실을 보면서 상당히 어려운 상황에 처해 있었습니다. 원금 회복을 걱정하던 B 씨는 인터넷에서 '대선 수혜주'라 일컬어지는 주식에 대한 기사를 읽었습니다. 해당 회사와 관련된 인물이 대선 후보로 나섰고, 그로 인해 향후 사업 실적이 매우 좋아져 큰 수익을 거둘 것으로 예상된다는 내용이었습니다.

뉴스에 등장한 업체가 실질적 기반을 갖추지 못한 회사임은 B 씨도 알고 있었습니다. 그러나 과거의 주식 투자에서 입은 손실을 짧은 시간 내에 만회해야 했기에 그는 위험한 줄 알면서도 남은 자금 중 절반으로 그 회사의 주식을 매입했습니다. 그리고 그 결과는 참담했습니다. 매입 시점에 최고가를 기록했던 그 주식은 이후 줄곧 하락을 거듭했고, 그에 따라 B 씨는 또다시 손실을 입고 말았습니다.

• B 씨의 패착: 주식 시장에서 사용되는 표현 중 '잡주'라는 것이 있습니다. 우량주가 아니고 시장 흐름에 따라 변동폭도 심하며 기업의 기초도 약한 주식을 일컫는 말입니다. 이런 주식은 장기적 성장 기반이 없는 데다 '좀비 기업'이라고 해도 될 만큼 사업 전망이 불투명하다 보니 흔히 말하는 주가 조작 세력들이 자주 붙습니다. 말도 안 되는 뉴스를 퍼뜨리며 일반 투자자들을 현혹해 주식을 매수하게 만들고, 그렇게 수요가 증가해 주가가 어느 정도 오르고 나면 자신들이 보유하고 있던 주식을 매도하고 유유히 사라지는 세력 말입니다.

매스미디어의 뉴스라 해서 무조건 신뢰해선 안 되며, 투자자라면 특히나 더욱 더 그래야 합니다. 소규모 인터넷 매체까지 합하면 최소 400개 이상의 인터넷 매체가 뉴스를 쏟아내는 세상인데, 그 모든 기사들이 객관적 근거와 사실에 기반하여 작성된 것일 수는 없겠지요. 클릭수에 따라 보상을 받는 매체들도 존재하는 것이 현실이니 일부 정론 매체들을 제외한 대부분의 언론 기사들은 반드시 검증해야 합니다.

B 씨가 접했다는 대선 후보 관련주 기사도 마찬가지입니다. 관련 인물이 대선 후보로 나섰다는 이유만으로 회사의 실적이 개선된다는 것이 말

이 되는 이야기일까요? 그럼에도 이런 뉴스가 나오면 주가가 오르는 일이 일어나곤 합니다. 심지어 언론에서 이런 주식들을 목록화하여 독자들을 호도하는 경우도 있습니다.

냉철하게 생각하면 '과연 누가 이런 투자를 할까?' 싶지만, 불나방처럼 달려드는 사람들은 의외로 많습니다. 흔히 말하는 테마주의 탈을 쓰고 그럴듯하게 포장된 이런 주식은 대부분 반짝 상승하다가 결국 하락해 기존 가격으로 되돌아옵니다. 이런 점을 모르고 투자에 나선 귀 얇은 사람들은 당연히 큰 손해를 입습니다.

테마주에 관심이 갈 경우 해야 할 일은 해당 테마를 철저히 검증하는 것입니다. 테마의 신뢰성과 지속 가능성, 현실성 등은 물론 테마주로 언급된 기업이 내놓은 사업 계획의 실현 가능성, 그리고 그 계획에 대한 기업의 시행 의지를 확인하는 것은 기본입니다. 아울러 해당 테마 및 기업에 대해 주식 투자 관련 사이트에 올라온 의견들을 꼼꼼히 읽고, 전문가의 솔직한 의견도 구해야 하지요. 이런 과정을 거치지 않은 테마주 투자는 백전백패할 수밖에 없습니다.

인연에 기초한 비상장주식 투자

C 씨는 대형 회계법인에서 회계감사 업무를 담당하다 독립하여 회계사무소를 시작한 40대 초반 회계사입니다. 수도권에 있는 제조업 기반의 중소기업에 자문을 제공하며 그 업체와 함께 성장하겠다는 것이 C 씨의 목표였습니다. 회계 및 세무 자문 업무를 좋아하긴 하지만 마음 한구석엔 항상 '자산소득이 있다면 일도 더 즐겁게 할 수 있을 텐데……' 하는 아쉬움이 있어서이기도 했습니다.

하루는 고등학교 동창이 C 씨의 사무실을 방문했습니다. 공대 졸업 뒤 프로그래밍 관련 업체에 근무하는 친구인데 졸업 후 자주 만나온 관계는 아니었습니다.

갑자기 나타난 친구는 새로운 아이디어로 사업을 시작했다며 C 씨에게 투자를 청했습니다. 사회생활 초반에는 직장에 다니다가 이후 IT 관련 업종으로 몇 번 창업을 했으나 별 성과를 거두진 못했는데, 교육 관련 앱을 개발해 재기하려 한다는 것이 친구의 이야기였습니다. C 씨는 친구가 십수 년간 고생했다는 게 안돼 보이기도 했고, IT 관련 역량을 갖춘 듯하니 이번에는 성공할 것 같아 여유 자금 중 일부를 투자했습니다.

그로부터 1년 후 친구는 자금이 부족하다며 추가 투자를 요청했습니다. C 씨가 진행 상황을 확인해 보니 자신이 투자했을 당시 친구가 이야기했던 개발 계획은 그동안 제대로 진척되지 않고 있었을 뿐 아니라 그 사이에 경쟁 앱들도 출시되어 있었습니다.

C 씨는 진퇴양난에 빠졌습니다. 성실하고 솔직한 친구라서 믿고 투자한 것이었지만 다시금 추가 투자를 해주긴 곤란한데, 지금 투자를 끊으면 친구의 회사는 망할 것 같아서였습니다. 결국 몇 년 뒤 친구의 회사는 폐업 수순을 밟았고 C 씨는 투자 자금 전액을 손실 처리하는 고통을 감내해야 했습니다.

• C 씨의 패착: 성공적인 투자와 개인적인 인연 사이에는 그 어떤 연관성도 없습니다. 또한 인성 좋고 성실한 사람이라 해서 사업에 성공하는 것은 아닙니다. 여러 번 창업했으나 계속 실패한 사람이라면 비즈니스 모델을 검증하지 않고 무모하게 사업을 감행하는 등의 문제가 있을 수 있습니다.

투자자라면 실제 투자에 앞서 여러 체크포인트를 염두에 두어야 하지만 C 씨는 그렇게 하지 않았습니다. 비즈니스 모델의 타당성, 현금흐름, 창업주의 경영 능력, 해당 산업 분야의 동향, 경쟁사의 개발 상황 등을 확인했어야 한다는 뜻입니다. 흔히 '독사 같은 사람이 사업에 성공한다'고들 하는데 C 씨는 그저 친구만 지나치게 믿은 것입니다.

특히 과거 회계법인에 다녔을 당시의 동료 회계사들 중 상당수가 벤처캐피털에 있음에도 자신의 투자에 대한 의견을 구하는 전화 한 통조차 걸지 않았습니다. 결과적으로 C 씨는 자신의 치명적인 실수를 자책하며 손실을 감내해야 하는 상황에 처하고 말았습니다.

허황된 꿈을 불어넣는 기획부동산

나이는 30대에 접어들었으나 제대로 된 직장이 없었던 D 씨는 우연한 계기로 기획부동산 사업자를 알게 됐습니다. 부동산 공부를 하고 싶어 참여했던 모임이었는데 알고 보니 기획부동산 측이 구성한 모임이었습니다.

부동산을 공부해 보겠다며 D 씨는 서울 근교에서 큰 치과를 운영하는 아버지로부터 자금을 지원받아 부동산을 매입했습니다. 그리고 그 과정에서 기획부동산이 폭리를 취하는 구조와 방법을 알게 되었습니다. 문제는 정작 D 씨 자신도 그에 휘말려 토지를 매입한 것이었음을 뒤늦게 깨달았다는 점입니다. 그는 자신이 입은 손실을 만회하기 위해 스스로 기획부동산 사업에 뛰어들었습니다.

지인들에게 연락해 서울 남쪽의 신도시 개발 예정 지역을 소개하면서 D 씨는 여러 명으로부터 투자를 이끌어냈습니다. 그러던 중 넓은 면적의 토지에 투자할 기회를 접했지요. 그러나 자신의 네트워크만으로 해당 토지를 매입하기엔 어렵다는 생각에 그는 아버지 및 친인척들에게 접근해 부동산 투자를 권했습니다. 탐욕이 무서운 행동을 불러일으키기 시작한 것입니다. D 씨의 친인척 다수는 그와 그의 아버지를 믿고 투자를 결정했습니다.

그로부터 얼마 지나지 않아 D 씨와 그 친인척들은 전형적인 기획부동산 구조에 크게 당했음을 깨달았습니다. 친인척들은 D 씨와 그의 아버지를 원망하며 손해액을 물어내라고 요구했고, 집안은 풍비박산이 났습니다. 아들의 철없는 행동을 책임지기 위해 치과를 매각해 사람들의 손실을 메꿔준 D 씨 아버지는 한 후배의 치과에 취직해 월급 의사로 일해야 했습니다.

• D 씨의 패착: 서울 근교 신도시나 지방의 개발 지역 근처에 가면 매우 작게 토지들이 분할되어 있는 임야나 전답이 있습니다. 기획부동산 업자들은 이런 곳들을 향후 크게 개발될 곳이라 선전하고, 지금 사놓으면 아주 큰 수익을 거둘 수 있다며 투자자들을 모읍니다.

그러나 나중에 알고 보면 그런 지역은 보전산지나 환경평가 1급지 등 개발 허가가 내려질 리 없는 곳, 혹은 단독 등기가 아닌 공유지분 등기가 되어 있어 여러 권리 관계가 복잡하게 얽힌 곳인 경우가 많습니다. 때문에 기획부동산을 매입한 투자자는 재매각이나 건축 등을 하고자 할 때 문제 상황에 처하지만, 워낙 여러 사안이 걸려 있어 개인 차원에서 문제를 해결하기란 거의 불가능합니다.

또한 기획부동산은 대개 시세보다 몇 배나 높은 가격에 토지를 내놓기 때문에, 그것을 매입한 투자자들은 후에 재매각을 한다 해도 큰 손실을 볼 수밖에 없습니다. 기껏 매입한 토지가 애물단지로 전락해 버리는 것입니다.

기획부동산 업자들은 사람들을 끌어들이기 위해 작정하고 달려듭니다. 화려한 언변으로 허황된 일확천금의 꿈을 사람들에게 불어넣지요. 그렇기에 냉철하게 상황을 파악하고 판단하지 않으면 누구든 한순간에 이성을 잃어 실수를 저지르고 맙니다. 법인 등기부 등본, 토지 등기부 등본, 지적도, 토지 이용 계획안 등을 반드시 확인하고 주변의 부동산 투자 전문가나 유경험자에게 조언을 구한다면 기획부동산의 사기 행각에 걸려들지 않을 수 있습니다.

건축허가가 나지 않는 전원주택 토지

한국을 떠난 지 30년 가까이 되는 E 목사는 미국에서 평생 목회활동을 했으나 이젠 고국으로 돌아와 여생을 보내고 싶었습니다. 조용하고 한적한 마을에 전원주택을 짓고 봉사활동을 하는 것이 E 씨의 꿈이었습니다. 형제들을 만나러 잠시 한국에 들어온 E 씨는 바쁜 일정 가운데에도 여러 번 짬을 내서 평소 관심을 두었던 지역의 토지를 보러 다녔고, 마음에 드는 토지가 있어 매입을 했습니다.

몇 년 뒤 은퇴를 한 E 씨는 한국으로 돌아와 집을 지을 준비에 착수했습니다. 그러나 설계 의뢰를 위해 건축사무소를 찾은 E 씨는 수년 전 자신이 매입했던 토지가 실은 건축이 불가능한 맹지란 사실을 알게 되었습니다. 짧은 시간 내에 토지를 매입해야 한다는 생각에 지나치게 집착한 나머지 정작 확인해야 할 중요한 부분들은 놓친 채 매도자의 말만 믿고 잘못 구입했던 것입니다.

E 씨는 해당 토지를 되팔기 위해 내놓았지만 매입가보다 현저히 낮은 가격이어야만 거래가 되는 상황에 크게 낙심했고, 결국 전원생활에 대한 꿈을 접은 채 다시 미국으로 돌아가고 말았습니다.

• E 씨의 패착: 이러한 투자 실패 사례는 사회경제적으로 어느 정도 안정되어 있고, 은퇴 뒤엔 고즈넉한 전원생활을 하고 싶어 하는 50~60대 사이에서 빈번하게 발생합니다. 현장에 직접 가서 주변을 둘러보면 풍광이 좋아 자신이 꿈꿨던 생활에 적격인 곳이란 생각이 듭니다. 그에 크게 만족한 나머지 투자자로서 반드시 확인해야 할 부분들을 소홀히 취급하는 것입니다.

내려다보이는 주변 경치가 멋져 토지를 샀는데 뒤늦게 알고 보니 지대가 그만큼 높아서 겨울엔 눈이 녹지 않아 차가 올라오지 못해 고립되곤 한다거나, 들려오는 물소리가 좋아 매입한 곳인데 물과 너무 가까운 나머지 여름이면 지나치게 습도가 높아져 집 안에 끼는 곰팡이를 감당하지 못한다는 등 문제의 유형도 다양합니다.

그런가 하면 토지의 경사도가 너무 심해 건축 허가가 나지 않는 임야, 개발 제한 구역, 또는 맹지라는 사실을 알지 못한 채 매입하는 경우도 허다합니다. 매입을 결정하기 전에 관할 지자체나 토목 또는 건축 관련 사무소에 문의만 해도 알 수 있는 사항들은 투자자 자신이 누구보다 나서서 꼼꼼히 확인해야 실패를 방지할 수 있습니다. 꿈꿔왔던 생활을 드디어 실현할 수 있다는 설렘과 흥분은 잠시 뒤로 미뤄두고서 말입니다.

눈뜨고 당한 묻지 마 펀드 투자

30대 후반의 F 씨는 직장생활 10년차였습니다. 내 집 마련을 위한 목돈을 모으기 위해 고심하던 F 씨는 원금이 보장되고 일반 예적금 이율보다는 많은 수익을 올릴 수 있는 금융 상품에 투자하기로 마음먹고 은행을 찾았습니다.

방문 목적을 이야기하자 직원은 F 씨에게 펀드 상품을 소개하고 자세히 설명했습니다. 그러나 F 씨는 그 내용이 너무 어려워 이해할 수 없었고, 함께 제시된 약관은 글씨가 깨알처럼 작아 읽기가 불편했습니다. 핵심만 간단히 설명해 달라는 F 씨에게 직원은 "이 펀드는 원금을 안전히 보장해 주고, 장기간에 걸쳐 꾸준히 투자하면 수익률도 매우 우수할 것"이라 이야기했습니다.

그런데 펀드에 가입하고 얼마 지나지 않아 미국에서 리먼 사태가 발생하더니 글로벌 금융위기로 번졌습니다. F 씨는 펀드가 걱정스럽긴 했으나 원금이 보장된다는 이야기를 가입 시 들었으니 괜찮을 것이라 생각했지요. 그러나 펀드 운용 현황을 살펴보니 큰 손실을 입은 상태였습니다.

전문가들에게 문의하니 해당 펀드의 수익 구조에는 옵션 구조가 포함되어 있는데, 그 옵션과 연결된 주식이 상하이 주가지수와 연동되어 있는 것이 원인이었습니다. 즉, 상하이 주가지수가 기준 가격 이하로 떨어지면 원금 손실이 크게 발생하는 구조였던 것입니다. 가입 당시 "상하이 주가지수는 워낙 높아서 원금 손실이 발생할 정도로 하락할 가능성이 거의 없을 것"이라던 직원의 이야기가 미국발 글로벌 금융위기로 현실화된 예입니다.

• F 씨의 패착: 펀드는 무조건 안전하다고 생각하면 오산입니다. 일반

적인 채권형 펀드는 안전하다고 볼 수 있으나 주식 혹은 파생 상품에 연계된 구조의 펀드는 그렇지 않기 때문입니다.

한국의 IMF 위기 당시 큰 문제가 되었던 외국계 은행들의 신용 파생 상품(credit default swap)과 리먼 사태 시의 KIKO(knock-in knock-out) 상품, 독일의 마이너스 금리 진입으로 인해 문제가 발생한 파생 결합 펀드(DLF: Derivative Linked Fund) 구조 등은 사실 특정 상황이 발생하면 투자자의 원금이 손실될 수 있습니다. 물론 그런 상황의 발생 가능성이 낮다는 가정하에 상품이 설계되고 판매되긴 하지만 말입니다.

때문에 펀드 투자 시에는 이런 파생 상품 구조가 포함되어 있는지 확인해야 합니다. 만일 포함되어 있다면 이런 구조의 핵심은 펀드의 설계 시 주로 기관투자자로 구성되는 거래 상대에게 펀드 가입자가 일종의 보험이 되어주는 것일 수 있습니다. 예를 들어 상하이 주가지수가 일정 수준 이하로 떨어져 펀드 가입자의 원금에 손실이 발생한 경우를 살펴봅시다. 이는 펀드를 만든 기관투자가인 거래 상대가 상하이 주가지수의 하락을 우려해 보험을 들고자 했던 것, 그리고 펀드 가입자가 그 역할을 해준 것으로 해석할 수 있습니다.

펀드 가입 시의 유의점이 한 가지 더 있습니다. 판매보수, 운용보수, 성과보수 등 펀드 운용사나 판매사가 수취하는 여러 형태의 보수들이 그것입니다. 판매보수는 펀드에 가입할 때 지불하는 경우가 많은데, 투자자 입장에서 이는 원금이 줄어들어 투자가 되는 셈이나 마찬가지기에 초기에는 원래 수준의 원금으로 회복하는 데만 일정 시간이 걸리기도 합니다. 요즘은 각 펀드들의 수수료를 비교 분석하는 앱이 있다고 하니, 관심 있는 펀드가 있다면 가입 전에 활용해 볼 수도 있습니다.

무제한 손실 구조의 파생 상품에 투자

G 씨는 30대 중반이고 금융권에서 근무한 지 10년이 되어갑니다. 그간의 업무를 통해 금융의 속성을 어느 정도 알게 되었다고 생각한 G 씨는 일하는 틈틈이 취미로 파생 상품 중 하나인 옵션 투자를 시작했습니다.

한두 해가 지나자 파생 상품 투자에 자신감이 붙었고, 그저 용돈벌이 정도만 기대하고 소소히 했던 투자의 금액도 조금씩 더 늘렸습니다. 그 과정에서 꽤 많은 수익이 발생했고, 그에 따라 G 씨의 투자 금액도 점점 늘어났습니다.

그러다 어느 날 옵션 투자에서 손실이 발생해 마진콜*의 압박을 받기 시작했는데 자신의 여유 자금으로는 해결할 수 없는 상황에 이르렀습니다. G 씨는 할 수 없이 주변 친구들에게 "좋은 투자처가 있는데 자금을 빌려주면 10퍼센트의 이자를 주겠다"라며 돈을 빌려 마진콜을 막기 시작했습니다. 친구들은 G 씨가 명문대 경영학과 출신에 유명 금융사에서 근무하고 있으니 믿을 수 있다고 생각했지요.

그러나 그는 이미 큰 손실을 입은 옵션 계좌를 돌려 막기 수준으로 유지 중이었고, 만회를 위해 감행했던 무리한 투자에서도 실패해 손실 규모가 그야말로 눈덩이처럼 불어난 상태였습니다. 형제들과 부모에게 손을 벌리기 시작한 G 씨는 결국 어머니와 형님의 집까지 잃게 했고 자신

마진콜(margin call)

선물 투자 시 선물 가격의 상승이나 하락으로 인해 손실이 발생하는 경우, 예치 증거금이 부족하여 추가 증거금을 내야 하는 것을 말한다. 증거금이 모자랄 경우 증거금의 부족분을 보전하라는 전화(call)를 받는 것에서 유래한 표현이다.

은 사기죄로 고소되어 형사처벌을 받았습니다.

• G 씨의 패착: 파생 상품에 투자할 시에는 위험관리의 기준을 엄격히 적용해야 합니다. 세계적 증권사였던 베어링스(Barings)도 트레이더가 무리한 선물 거래에서 비롯된 손실을 메우기 위해 내부 자금을 불법으로 전용하여 투자한 것이 원인이 되어 파산하고 말았지요.

이처럼 파생 상품은 100년 전통의 증권사도 하루아침에 망하게 만들 정도로 위험도가 높습니다. 그렇기에 투자 기관들은 내부적으로 엄격한 위험 및 투자 한도액 등의 가이드라인을 만들어 파생 상품 투자를 통제하고 있습니다. 이러한 통제 기준은 G 씨 같은 개인투자자에게도 마찬가지로, 아니 오히려 더 엄격히 적용되어야 합니다. 기관과 달리 개인은 투자에 관한 판단을 독단적으로 내릴 소지가 다분하기 때문입니다.

옵션 등 파생 상품의 투자에 따르는 위험은 평소 자본 시장이 안정적일 때는 잘 드러나지 않습니다. 그러나 외부적 변수 및 내부적 사고로 인해 자본 시장의 변동성이 갑자기 커지면 옵션 투자자는 큰 수익을 거두거나 아니면 쪽박을 차는 극단적 상황에 내몰립니다. 그리고 대부분의 개인투자자는 전자보다 후자의 결과를 얻습니다. 거래 상대는 대개 대형 금융 기관이고, 그들은 모든 정보 면에서 우위에 있기 때문입니다. 기관 투자자들과의 싸움은 계란으로 바위를 치는 격입니다.

알지도 못하는 개도국의 사업에 투자

2000년대 초반이 인터넷으로 세계가 연결되는 시대였다면, 중반은 중국과 인도의 산업 발전으로 세계가 원자재 슈퍼사이클을 겪은 시대이며,

후반은 리먼 사태로 촉발된 글로벌 금융위기의 시대였다고 할 수 있습니다. 이 세 가지 흐름은 서로 연결되어 있는데 H 씨의 실패 사례는 2005년부터 시작된 원자재 슈퍼사이클 시대에 나타난 예입니다.

한국에서 중견기업을 운영하던 H 씨는 2005년 어느 날 지인으로부터 카자흐스탄의 자원에 투자할 기회를 소개받았습니다. 기존 사업이 한계에 봉착해 새로운 돌파구를 모색 중이었던 그에겐 매력적인 기회로 여겨졌지요. H 씨는 카자흐스탄의 알마티라는 곳에 상황 조사를 위한 신사업 개발팀을 파견하고 자신도 직접 찾아갔습니다.

당시는 원유 가격이 배럴당 100달러 이상으로 고공행진을 거듭했고, 그에 따라 전 세계의 유전 투자자들이 유전 개발에 매달리고 있었습니다. 투자 기회를 소개해 준 컨설팅 회사는 자신들이 카자흐스탄 정부와 관계를 맺고 있으며 지금 광구 개발권을 획득하면 향후 수년 내에 시추가 성공할 것으로 예상된다고 이야기했습니다. 옛 소련 시절에 원유 매장량을 조사, 표시하여 제작된 자원지도도 보여주며 사업성이 엄청나다고 강조했지요.

H 씨는 지지부진한 기존 사업을 타개하고 새로운 성장 동력을 얻을 수 있다는 기대감에 팀들에게 최대한 빨리 움직여 광구 개발권을 매입할 것을 지시했습니다. 조사 절차는 일사천리로 진행되었고 현지 자문사의 도움을 받아 광구 개발권도 손에 넣었습니다. 한동안 사업은 순조롭게 진행되었고, 실제로 원유가 매장되어 있을 가능성이 높다는 여러 시추 결과들도 도출되자 H 씨는 그야말로 하늘을 둥둥 떠다니는 듯한 행복감에 빠졌습니다.

그런데 어느 날 카자흐스탄 정부는 광구 개발권 무효 소송을 법원에 제기하고 나섰습니다. 초기의 광구 개발권 거래 시 문제가 있었다는 게 이유였습니다. 마른하늘에 날벼락을 맞은 것과도 같았던 H 씨는 법적 싸움을 벌였지만 결국 소송에서 허무하게 패배했고, 공들여 매입한 광구 개발권을 빼앗겼습니다. 물론 그간 투자했던 자금도 돌려받지 못하는 상황에 처했습니다.

• H 씨의 패착: 이는 빈번하게 발생하는 개도국 대상 투자의 실패 사례 중 하나입니다. 개발도상국의 사업에 대한 투자는 선진국의 사업에 투자할 때보다 훨씬 다양하고 복잡한 사항들을 확인해야 합니다. 가장 기본적인 것은 정치적 상황에 대한 위험 확인입니다. 현재의 집권 여당이 언제 어떤 계기로 실각을 하거나 무너질 가능성을 사전에 파악해 보는 것입니다. 미얀마의 경우와 같이 민주적 절차가 아닌 군사 쿠데타를 통해 정권이 바뀔 수도 있기 때문입니다.

현지의 사업파트너에 대한 검증도 철저히 이뤄져야 합니다. 실체가 존재하는 회사인지, 주요 주주는 어떤 사람들인지, 정치 권력과 연결되어 있는 회사는 아닌지, 다른 사업파트너와의 성공적인 사업 경험은 있는지 등을 상세히 살펴봐야 하는 것입니다. 그 과정에서 현지 법률 및 정부 정책이나 규제도 면밀히 파악하고, 어느 날 갑자기 정책이 바뀔 경우에 대비해 다양한 가능성을 열어놓고 투자 기회를 분석해야 합니다. 투자금 송금 및 환수 절차에도 문제가 없는지 확인해야 함은 물론입니다.

정확하고 세밀한 분석과 철저한 검증을 통해 믿을 만한 현지 파트너와 계약을 맺은 뒤 견고한 관계를 다져나간다면 개도국 사업에 대한 투자는 황금알을 낳는 거위가 될 수도 있습니다. H 씨도 들뜬 마음을 가라앉히고 매 과정을 꼼꼼히 확인하며 일을 진행했다면 지금쯤 튼실한 씨암탉을 키우고 있었을지 모릅니다.

인간의 욕심을 이용한 다단계 투자의 망령

동대문에서 작은 상점을 운영하는 I 씨는 시장 내 상인들에게 인기 많은 젊은 자영업자였습니다. 새벽에 나와서 밤늦게까지 일하며 알뜰하게 저축도 하는 모범적인 사람이었지요.

어느 날 I 씨는 같은 시장에서 상점을 운영하는 선배로부터 가상화폐에 투자해 보라는 제안을 받았습니다. 그게 뭔지 궁금해 몇몇 설명회에 참석해 본 그는 마치 신세계를 구경하듯 얼떨떨해졌습니다. 너무나 큰 돈이 오가는 데다 하루아침에 큰 수익을 얻었다는 가상화폐 투자자들의 발표를 들으면서 혼란에 빠진 것입니다.

I 씨는 그동안 계좌에 모아놓았던 자금을 모두 인출해 가상화폐 투자(정확히 말하자면 투기)를 시작했습니다. 그런데 수익은 초기에 잠시 동안에만 났을 뿐 이후로는 점차 줄어들었습니다. 이유를 알아보니 수익을 얻으려면 자신이 또다른 투자자를 소개해야만 하는 다단계 방식이었던 것입니다.

이에 그는 주변의 시장 상인 및 오랜 친구 들까지 끌어들였지만 결국 모두가 큰 손해를 보고 손을 떼야 했습니다. I 씨는 자신의 판단 착오로 좋은 사람들을 잃은 것이 너무나 후회스럽습니다.

• I 씨의 패착: 다단계는 특별한 이윤 창출 수단이 없이 계속해서 신규 회원을 모집, 그들이 내는 돈으로 이윤을 만들어내는 방식입니다. 다단계 사업에 손을 댔다가 I 씨처럼 손실을 입는 사람들은 예전부터 많았습니

다. 그럼에도 여전히 이 방식이 기승을 부리고 있는 이유는 쉽게 돈을 벌고자 하는 인간의 욕망을 교묘히 이용하기 때문입니다.

1920년 미국에서는 금융 피라미드 사기 사건이 발생했는데 이것이 다단계의 효시입니다. 2008년 금융위기 당시엔 미국 나스닥 증권거래소 회장을 지낸 버나드 메이도프(Bernard Madoff)가 자선기금 단체나 유명배우를 상대로 650억 달러라는 천문학적 다단계 사기를 벌이기도 했지요(그는 재판에서 150년형을 선고받고 현재 복역 중입니다).

이처럼 다단계 사기는 인간의 욕망이라는 덫을 이용하는 구조이기에 사회 고위층이든 유명인이든 누구나 대상이 될 수 있고, 또 우리가 사는 사회에서는 수시로 일어날 수 있는 현상입니다. 때문에 다단계 투기에 걸리지 않는 가장 좋은 방법은 정직하고 건실한 투자만 하겠다는 주관을 강하게 갖고 그 기준에 맞는 대상에만 투자하는 것입니다.

유형별 성공 사례로 충분히 투자 경험하기

투자의 실패 사례가 있다면 성공한 사례들도 많습니다. 앞서 언급했듯 투자의 성공과 실패는 종이 한 장 차이입니다. 동일한 테마와 대상에 투자해도 누구는 큰 성공을 거두고, 누구는 실패하는 것을 보면 결국 중요한 것은 '나'라는 투자 주체임을 알게 됩니다.

자산 가격의 메가 사이클을 이용한 투자

리먼 사태 당시 대기업에 근무하던 J 씨는 해외수출 업무를 담당하고 있었습니다. 미국과 유럽의 기업들과 거래를 하면서 현지 경제 상황 등을 예의주시하던 J 씨에게 당시 리먼 사태는 좋은 투자 기회로 판단했습니다. 한국의 IMF 위기를 경험했던 그는 자본 시장이 크게 하락할 때 오히려 우량기업의 주식이나 채권을 사면 큰 수익을 낸다는 확신을 갖고 있었던 것입니다.

미국의 자동차 산업은 미국을 대표하는 산업이자 기간 산업이기에 절대 망하지 않을 것이라 생각한 J 씨는 미국 자동차 기업들의 주식을 사들였습니다. 그리고 그의 예상대로 수년의 투자 후에 기업들이 회복함에 따라 J 씨는 큰 수익을 거두었습니다.

• J 씨의 성공 요인: 투자론의 핵심 중 하나는 자산은 원래 가지는 본질가치가 있는데 사람들은 여러 변수의 영향으로 자산의 가격을 올리거나 내려서 평가하고 거래한다는 것입니다. 따라서 본질적인 자산 가격을 아는 투자자는 현재 시장에서 거래되는 가격이 높은지 낮은지 판단할 수 있고, 이성적인 투자자는 비싼 자산은 매도를 하고 싼 자산은 매수를 합니다. 이러한 투자는 큰 사이클을 타고 움직이는 자산 가격에 적용하여 수익을 낼 수 있는 가장 기본적인 방식입니다.

돌이켜보면 자산 가격은 지난 30년간 길게는 10년 주기, 짧게는 3~5년 주기로 메가 사이클을 경험했습니다. 변덕스럽기 짝이 없는 마음 때문에 투자자들은 바보 같은 행동들을 하곤 합니다. 욕심이 과해지면 이미 고평가되어 있는 대상도 더 비싸게 만들고, 공포가 지나치게 심해지면 이미 충분히 저평가되어 있는 대상도 더 싸게 만들어버리지요. 그에 더해 환율이 급락하거나, 기업 부도율이 급증하거나, 금융 기관의 부실이 급격히 현실화하는 등의 변수가 나타나면 자산의 가격들도 곤두박질쳤습니다.

물론 이런 양상은 그에 앞서 발생한 자산 가격의 버블 현상 때문이기도 합니다. 버블은 마치 의자들이 원의 형태로 놓여 있는 주변을 모든 사람들이 음악에 맞춰 손에 손을 잡은 채 돌고 있는 상태와도 같습니다. 음악이 멈추면 자신의 의자를 차지해야 하기 때문에 이 상태의 사람들은 불안감을 느끼지요. 그러다 음악이 멈춰 모두가 의자를 확보하기 위해 이리 뛰고 저리 뛰며 아우성칠 때처럼, 시장도 한순간에 갑자기 폭락해 버립니다.

이런 패턴을 일컬어 이론에서는 자산 가격이 발산(divergence)과 수렴(convergence)을 반복한다고 합니다. 발산은 자산이 고평가 혹은 저평가되어 있는 상황을, 수렴은 자산이 그 본질적 가격에 근접하는 상황을 뜻합니다.

투자자들은 이런 가운데 정말 좋은 투자 기회를 잡을 수 있습니다. 남들은 공포에 떨며 매도 행렬에 나설 때 이성적인 투자자들은 그 상황을 냉철히 관찰합니다. 매도된 자산들 중 본질적인 가치에 비해 저평가되어 있는 것들을 찾아 손에 넣기 위해서입니다.

이런 기회는 10년 주기로 한두 번 정도 나타날 만큼 흔하지 않습니다. 그리고 인간의 욕심과 공포가 변하지 않는 한 앞으로도 지속적으로 반복해서 찾아올 것입니다. 다만 버블을 터뜨리는 바늘이 무엇이 될지는 누구도 모르기에, 항상 객관적으로 경계에 서서 큰 흐름을 바라보아야 합니다.

산업 판도를 바꾸는 기업에 장기 투자

뉴질랜드에 사는 한국계 교포 K 씨는 청소년 시절부터 소액으로 주식 투자를 해왔습니다. 친구들이 나이키 운동화에 열광하는 것을 본 K 씨는 잔디 깎는 아르바이트를 통해 번 돈으로 나이키의 주식을 사서 높은 수익률을 거두었습니다.

그것이 계기가 되어 K 씨는 산업의 리더가 되는 기업들을 공부하기 시작했습니다. 그러다가 페이스북 등 인터넷 기반의 혁신 기업들에 매료되었고, 여유 자금이 생길 때마다 FAANG 주식으로 대변되는 인터넷 플랫폼 기반 기업들의 주식에 10년 이상 지속적으로 투자해 왔습니다. K 씨가 기록한 수익률은 수십 배에서 수백 배에 달할 만큼 높았습니다. 그는 여전히 산업의 리더가 되거나 사업을 바꾸는 기업들을 찾아 투자하고 있습니다.

• K 씨의 성공 요인: 지난 30년간의 글로벌 또는 국내 산업의 변화는 선형으로 발전하지 않았습니다. 일종의 계단식 발전이라고 해야 할까요? 새로운 게임의 규칙을 만드는 기업들이 등장해 급격히 산업 판도를 변화시켜 나갔고, 그 과정에서 경쟁력을 가지지 못하거나 변화를 따라잡지 못한 기업들은 도태되었습니다.

최근 30년간 있었던 산업 변화의 핵심 요소는 기술 혁신이었습니다. 개인용 컴퓨터의 등장, 인터넷의 사용, 모바일 환경의 형성, 빅데이터 혁신 등의 기술 혁신은 IT 산업을 포함한 여러 산업의 가치사슬과 경쟁 우위를 가지는 기업군을 급격히 바꾸었습니다.

메모리 반도체 산업의 경우 예전에는 미국이 반도체 강국이었으나 이후에는 일본이, 그다음에는 한국이 그 자리를 넘겨받았지요. 투자자로서 우리가 눈여겨봐야 하는 것은 반도체 산업의 경우 한 기업이 시장을 장악하고 설비 및 연구개발에 선제적 투자를 집행하면서 앞서나가기 시작하면 후발주자들은 그 기업을 따라잡기가 어려운 구조라는 점입니다.

그렇기에 전통적 제조업 분야라 해도 장기적 산업 사이클 내에서 보자면 삼성과 같은 거대기업이 나타납니다. 이런 기업들은 수년 혹은 수십 년에 걸쳐 시가총액도 지속적으로 상승하지요. 2020년대의 삼성전자 주가가 IMF 위기 이전보다 100배 이상 올랐다는 사실에서도 이 점을 알 수 있습니다.

컨버전스가 일어나는 산업에 투자

제약회사에 근무하는 L 씨는 평소 헬스케어 산업의 미래가 어떻게 변화할지에 관심이 많았습니다. 특히 IT와 통신기술의 발전이 의료 산업에 큰 영향을 미칠 수 있겠다는 생각을 하고 관련 산업과 기업의 동향을 살펴왔습니다.

그러던 중 2016년경 미국에서의 원격의료 트렌드를 주의 깊게 관찰하다가 나스닥에 상장된 지 얼마되지 않은 '텔라닥'이라는 원격의료 기업을 알게 되었습니다. 회사의 내용을 살펴보니 향후 큰 성장을 할 것이라는 확신이 들어 L 씨는 우리사주 주식을 매각하고 그 전액으로 텔라닥 주식을 매입하였습니다.

수년이 지나 코로나19 사태로 원격의료가 가속화되면서 회사의 주가는 열 배 이상 상승했습니다. L 씨는 자신의 신념이 맞았다는 기쁨에 헬스케어 시장의 새로운 혁신을 가져올 기업을 찾아서 열심히 공부하고 있습니다.

• L 씨의 성공 요인: 인터넷 혁명이 일어나기 전의 자동차 기업은 차만 잘 만들면 되었고, 은행은 지점을 통한 은행 고유의 업무만 잘하면 되었습니다. 어떤 기업이나 산업이 다른 영역으로 침범하는 경우는 거의 없었습니다. 하지만 지난 20년간의 상황을 보면 산업 간 장벽이 허물어지면서 산업 영역들이 합쳐지는 컨버전스가 일어났고, 앞으로도 그러한 현상은 더욱 많아질 것으로 예상됩니다.

한 예로 디지털과 헬스케어의 컨버전스를 들 수 있습니다. 과거의 의료 서비스는 병원이나 약국을 통해서 이루어졌으며 그 밑바탕은 제약업과 의료기기 및 진단업이었습니다. 대부분의 업이 오프라인 형태로 이루어졌으며 산업 내 전문성이 중요했기에 다른 영역의 전문가나 기업이 경쟁할 수 없는 상황이었습니다. 하지만 앞으로는 원격의료의 도입으로 전혀 다른 상황이 전개될 것이 명확합니다.

신약 개발 분야에서도 신약 후보 물질의 설계 및 발굴 과정에 인공지능이 활용됨에 따라 개발 기간이 획기적으로 단축될 것으로 보입니다. 또한 기존의 난치성 질환을 치료할 수 있는 약의 개발도 가속화되고, 각 병원이나 클리닉이 독립적으로 관리했던 환자의 의료 데이터는 통합 시스템 안에서 관리될 것으로 보입니다. 이렇듯 기존의 헬스케어 산업에 여러 과학 기술이 접목되어 비효율적 면이 개선되고 의료 서비스의 질이 높아지면 건강보험 재정도 개선될 것이라 예상됩니다.

금융권에서도 IT 기술의 도입으로 혁신이 나타나고 있습니다. 빅데이터 모델은 은행권에서의 여신관리 업무 효율성을 높이고, 고객 맞춤형 금융 서비스를 개발 및 제공함으로써 고객 만족도를 향상시킵니다. 오프라인 지점에서의 서비스는 점차 사라지고 인터넷 기반의 서비스가 확대됨에 따라 업종의 정체성이 금융업인지 기술업인지 헷갈릴 정도에 이르렀습니다. 그 과정에서 투자자가 부여하는 가치는 급격히 변했습니다. 기존 은행들의 가치가 주당순자산비율로 평가되었다면, 근래에 새로 등장한 인터넷 기반의 은행들은 인터넷 플랫폼 기반 업체들과 비슷한 방식을 통해 평가받고 있습니다.

이처럼 현 산업들의 판도는 각 영역이 융합 발전함에 따라 달라지고 있습니다. 투자자라면 이런 컨버전스 양상이 어떤 산업들의 경계에서 일어나고 있는지를 항상 주지하며 투자 대상을 찾아야 합니다.

신규 성장 산업에 직접·간접 투자

M 씨는 10년 전부터 비상장 스타트업 투자에 관심을 기울이고 지속적으로 투자를 해왔습니다. 현재 포트폴리오 관점에서의 위험 분산과 수익률 측면에서의 성과를 생각해 보면 매우 만족스러운 상황입니다.

M 씨뿐만 아니라 주변에 초기부터 스타트업에 엔젤 단계에서부터 시리즈 A, B, C, 그리고 상장 전 투자 단계까지 투자를 했던 사람들은 좋은 성과를 거두었습니다. M 씨는 주변에 스타트업 투자에 관심 있는 사람들과 엔젤 클럽을 만들어 스타트업 기업을 방문하고 사업 모델도 공부하면서 지속적으로 스타트업 투자를 이어가고 있습니다.

• M 씨의 성공 요인: 스타트업의 시대가 시작된 지도 어느덧 20년이 넘어가고 있습니다. FAANG 등 현재 세상을 지배하고 있는 기업들의 상당수는 스타트업으로 시작했지요. 우리나라의 스타트업 생태계 역시 날이 갈수록 풍성해지고 있습니다.

저희 세대가 대학 졸업 후 많이 원했던 직업은 대개 공무원, 대기업이나 금융 기관의 직원, 교수, 그리고 의사나 변호사 등 흔히 말하는 '사'자 전문직이었습니다. 그러나 최근의 양상은 이와 정반대입니다. 안정적인 직장을 원하는 것이 큰 추세임은 맞으나 창의성과 도전 정신으로 무장한 청년들의 창업이 훨씬 많아졌기 때문입니다. 최근 미국에서 MBA 과정을 끝낸 학생들이 과거처럼 투자은행이나 컨설팅 업체가 아닌 실리콘밸리의 스타트업으로 향하는 것도 이와 같은 맥락일 것입니다.

이렇듯 스타트업의 생태계에 인재들이 대거 유입됨에 따라 스타트업들의 성공 가능성 또한 높아졌습니다. 더불어 벤처 캐피털처럼 위험을 기꺼이 감내하고자 하는 자본들의 규모가 커진 것, 인터넷 및 IT 기술에 바탕을 둔 사업 아이디어들이 실제 사업으로 구현되는 저변이 마련되었다는 것도 스타트업들의 성공에 큰 힘이 되었습니다.

신규 성장 산업들에 투자해 성공하려면 무엇을 어떻게 해야 할까요? 우선 창업에 성공한 이들의 네트워크에 들어가야 합니다. 그들의 주변에는 앞으로 성공할 이들이 몰려 있습니다. 따라서 그런 이들과 교류하며 깊은 관계를 형성, 유지해야 합니다. 또한 내가 투자할 사업에 대해 객관적 의견을 줄 수 있는 전문가들도 많이 알고 있어야 합니다. 혼자서 모든 것을 판단하겠다고 나서면 결국 무엇 하나 제대로 할 수 없기 때문입니다.

마지막으로 꾸준히 데모데이(demo day)에 참석하고 여러 형태의 실패 및 성공 사례를 공부하며 산업과 트렌드를 보는 눈을 키워야 합니다. 투자는 미래를 보고 하는 것이기에 내가 투자하려는 기업의 산업 분야가 향후 어떻게 변할 것인지, 또 그 기업은 그런 변화에 어떻게 대응하며 성장할지를 날카로운 눈으로 판단하는 능력을 기르십시오.

부채를 활용한 임대용 부동산 투자

사회 초년생이었던 2000년대 초반, N 씨는 로버트 기요사키가 쓴 『부자 아빠 가난한 아빠』를 읽었습니다. 기요사키는 노동소득만으로 부자가 될 수 없으니 자산소득을 추구하라며 가장 좋은 방법 중 하나가 부동산 투자라고 추천했습니다. 책을 읽으며 N 씨는 대도시의 역세권에 위치한 오피스텔에 투자해 보겠다고 결심했습니다.

얼마 후 N 씨는 송파구에 있는 한 오피스텔을 매입하며 첫 투자를 실행했습니다. 보증금과 은행 대출을 활용하니 초기 투자금의 규모가 그리 클 필요가 없어 그간 저축해 두었던 자금으로 대체할 수 있었습니다.

첫 번째 투자로 오피스텔 투자의 묘미를 알게 된 N 씨는 이후 일정 자금이 모이면 다른 오피스텔을 매입하는 과정을 반복했습니다. 15년이 지난 지금은 오피스텔 열 채를 보유한 안정적인 임대 사업자가 되었습니다. 금융권의 부채를 잘 활용하여 자산가가 된 N 씨는 이제 새로운 임대 사업 모델을 연구하며 기회를 찾는 중입니다.

• N 씨의 성공 요인: 부채를 조달하여 임대용 부동산에 장기적으로 투자하는 것은 자본 시장에서 개인이 가장 안정적으로 투자하면서 자산을 증식시킬 수 있는 방법 중 하나입니다. 특히 이 방법의 특징은 성과가 시간과의 함수 관계에 있다는 점입니다. 초기 투자를 해놓고 나면 이후에는 자산이 스스로 돌아가면서 몸집을 불리는 투자 구조이기 때문입니다.

사실 이 구조의 원리는 간단합니다. 임대 가능한 부동산을 찾아 초기 자본금, 그리고 금융 기관을 통한 저금리 장기 대출로 그것을 구입하고, 이후엔 월세 같은 임대 수익으로 이자와 일부 원금을 갚아나가면 됩니다.

공실률을 최소화하며 임대 사업을 오랫동안 지속해 나가다 보면 결국 일정 기간 후 해당 부동산은 온전히 내 것이 됩니다.

이런 투자를 하기에 좋은 대상은 임대용 빌라, 오피스텔, 사무실 등입니다. 또 나의 투자 자본이 부족하면 여러 명이 동업 형태로 함께 투자하는 것도 좋은 방법이 됩니다. 동남아시아의 성공한 화교 사업가들은 대부분 이런 방법을 통해 장기간에 걸쳐 부를 축적했습니다.

부채를 진다는 점의 장점도 추가로 강조하고 싶습니다. 좋은 부채는 나의 노동소득이나 자본소득으로 갚아나갈 수 있는 부채로, 어찌 보면 내자산이라고도 할 수 있습니다. 그것을 갚기 위해 내가 열심히 일하고 검소하게 살며, 그렇게 갚아나간 것이 결과적으로는 내 부동산 자산으로 남아 자산 축적 속도를 높여주기 때문입니다.

그래서 저는 좋은 부채를 항상 일정 비율로 활용하며 재무 효율을 높이는 전략을 고객들에게 추천합니다. 이런 투자 방법에 대해선 뒤의 6장에서 좀더 자세히 살펴보겠습니다.

토지와 같은 부동산에 장기 투자

O 씨의 취미는 주말마다 전국을 차로 누비며 부동산을 탐방하는 것입니다. 한국 경제가 고속으로 성장하는 동안 토지 가격 역시 상상을 뛰어넘는 수준으로 치솟았습니다. 어렸을 때부터 부모님에게서 "땅은 거짓말을 하지 않는다"라는 말을 들어 그런지 O 씨는 토지에 장기적으로 투자하면 높은 수익을 거둘 수 있다는 확신을 갖고 있습니다.

처음에 O 씨가 투자한 곳은 경기도의 신도시 개발 지역에 있는 상가용 토지였습니다. 혼자 투자하기엔 자금이 부족해 부모님으로부터 일부를 지원받은 그는 친한 친구 두 명과 함께 해당 토지를 매입했고, 3년 후 토지 가격이 두 배로 상승하자 그는 해당 토지를 매도했습니다.

사두었던 토지의 가격이 오르면 그것을 매도하고 다른 지역의 토지에 투자하는 방식을 반복한 O 씨는 어느덧 상당 면적의 토지를 소유한 자본가가 되었습니다. 그에게 있어 큰 행복은 높은 수익을 얻은 것뿐 아니라 그간 쌓인 경험과 지식 덕분에 더 많은 투자 기회가 눈에 보인다는 것입니다.

• O 씨의 성공 요인: 독일의 명재상 비스마르크는 현대 독일의 기반을 다진 인물로서 지금까지도 존경을 받고 있습니다. 그러나 그가 훌륭한 부동산 투자가였다는 점은 그리 널리 알려져 있지 않은 듯합니다. 그는 독일 및 오스트리아의 임야와 토지를 많이 소유하고 있었습니다. 그리고 그것들을 고스란히 물려준 덕에 그의 후손들은 지금도 상당한 산림 지대를 갖고 있다고 합니다.

그렇다면 비스마르크는 왜 현금이나 기타 형태의 재산이 아닌 부동산을 물려주었을까요? 아마 그는 부동산을 오랜 기간 동안 보유하면 자산 가격 상승률이 엄청나게 높다는 점을 알고 있었을 것입니다.

우리나라에서도 토지는 좋은 투자 대상이 됩니다. 국토의 많은 부분이 산지라서 건축 가능 토지가 전반적으로 부족하고, 지속적인 도시화의 결과 대도시 근방의 토지들은 지속적으로 가격이 상승해 왔으며 앞으로도 그럴 것이기 때문입니다.

이때의 투자는 '해당 토지를 장기간 보유하며 다양한 목적으로 개발하는 것'을 지칭합니다. 그리고 이런 투자에는 상상력이 필요합니다. '앞으로 어떤 형태의 건물이나 시설, 조경이 들어서야 이곳의 가치가 올라갈까?'라는 질문에 창의적인 답을 내놓을 수 있어야 한다는 뜻입니다.

토지 투자의 또다른 장점 중 하나는 훗날 내가 경제적 독립을 이뤘을 때 실제로 구현하고 싶은 공간의 바탕을 마련해 둘 수 있다는 것입니다. 매각을 통해서 실현되는 것만이 수익은 아닙니다. 나중보다 낮은 가격으로 미리 매입한다면 그 또한 경제적 수익인 것이고, 나의 미래를 지금 만들어가고 있다는 설렘과 뿌듯함은 돈으로도 살 수 없는 큰 수익이기 때문입니다.

주식연계형 채권에 투자

증권사에 근무하는 P 씨는 평소 투자에 관심이 많았습니다. 그래서 고객들 중 고액 자산가인 사람들은 어떤 투자에 관심을 갖는지를 주의 깊게 관찰했습니다. 대개 주식일 거라 예상했던 것과 달리 그들은 상장 기업들이 발행하는 전환 사채나 신주인수권부 사채의 청약에 큰 자금을 투자한다는 점을 알게 됐습니다. 채권의 성격이라 기본적으로 안전하면서도, 주가가 오르면 전환권이나 신주인수권을 행사하여 시세 차익을 얻는 것이었습니다.

이러한 투자 방법을 이해한 P 씨는 기회가 될 때마다 주식연계형 채권에 계속 투자해 왔습니다. 특히 그는 주식 시장의 변동성이 클수록 주식연계형 채권의 수익이 더욱 커진다는 점을 확인했습니다. 따라서 시장의 사이클을 보면서 계속해서 투자를 지속하고, 안정적으로 고수익을 올리는 자신만의 노하우를 갖게 되었습니다.

• P 씨의 성공 요인: 전환 사채는 투자자인 내가 원할 때 전환권을 행사

하여 주식으로 바꿀 수 있는 채권, 신주인수권부 사채는 역시 내가 원할 때 신주인수권을 행사해 주식을 매입할 수 있는 권리를 지칭합니다. 일종의 콜옵션*인 셈이지요.

따라서 만약 주가가 전환 가격 또는 신주인수권 가격보다 높게 거래된다면 콜옵션을 행사함으로써 시가보다 낮은 가격에 주식을 인수해 시세 차익을 얻을 수 있습니다. 만약 보유 기간 중에 주가가 전환 가격 또는 신주인수권 행사 가격에 미치지 못한다면 그저 보유하고 있다가 만기에 채권을 상환받으면 됩니다. 말하자면 이 두 가지는 콜옵션이 붙어 있는 채권, 즉 안전 자산과 위험 자산이 결합된 구조라 생각하시면 됩니다.

투자 고수들이 이런 투자를 선호하는 것은 주가 변동성이 높을 땐 위험 대비 수익률이 꽤 높은 성과를 보이곤 하기 때문입니다. 전환 사채나 신주인수권부 사채에 투자할 만한 기회는 경기가 불황으로 진입하거나 불황을 벗어날 무렵에 나타납니다. 자본 시장 상황이 어려워져 사업 자금을 조달하기가 어려워질 때 기업들이 이 두 가지를 발행하기 때문이지요. 따라서 평소 상장사들이 발행하는 이 두 사채들의 동향을 주의 깊게 살펴볼 필요가 있습니다.

물론 이러한 주식연계형 채권도 발행사의 신용 위험은 존재합니다. 또

콜옵션

특정 기초 자산을 정해진 행사 가격으로 일정 기간 내에 매수할 수 있는 권리. 반대 개념인 풋옵션은 특정 기초 자산을 매도할 수 있는 권리를 지칭한다. 만일 정해진 행사 가격보다 자산의 가격이 높게 거래된다면 콜옵션 소지자는 이를 행사, 시가보다 낮은 가격에 해당 자산을 매입하는 것이 유리하다.

한 주식전환권을 행사한 뒤 주식이 증권 계좌에 입고되기 전까지는 가격 하락의 위험이 있다는 것, 또 발행사의 주가 변동성이 낮아 전환권 옵션을 행사하지 못할 수도 있다는 점도 사전에 인지하고 있어야 합니다.

부실 자산 및 경매를 통한 투자

고등학생 때 Q 씨는 IMF 위기로 인해 주변 아파트의 가격이 폭락하고 많은 부동산이 경매로 넘어가는 상황을 목격한 바 있습니다. 그때 경매에 나온 아파트를 매수한 친척 한 분이 5년 뒤 높은 수익을 얻었다는 소식도 들었지요. 그때부터 재테크에 관심을 가진 Q 씨는 틈만 나면 부동산 경매 실무 등의 강의를 들으며 공부했습니다.

어느 정도 자신감이 붙자 그는 작은 경매 물건들에 투자하기 시작했습니다. 여러 번의 시행착오 끝에 자신만의 노하우를 축적한 Q 씨는 10년 이상 경매 부동산에 투자해 높은 수익을 거두었고, 자신의 주거지 역시 경매 물건을 낙찰받아 마련했습니다.

• Q 씨의 성공 요인: 부실 여신은 금융 기관이 실행한 대출이 부실화되어 이자 혹은 원금의 연체가 3개월 이상 발생한 경우를 지칭합니다. 이런 경우 은행은 그러한 대출 자산을 제3자에게 매각하는 절차를 밟습니다. 이때 투자자들이 실제 회수 가치보다 낮게 대출 자산을 매수하면 차후에 수익을 실현할 수 있습니다. 특히 부동산으로 담보가 잡혀 있는 대출 자산일 때는 그것을 처분하여 수익을 얻는 것도 가능합니다.

경매는 부실 자산에 투자하는 또다른 방법입니다. 법원 경매를 통해 인수하는 대부분의 부실 자산은 부동산이지요. 따라서 절차와 방법 등을 사전에 충분히 공부하고 여러 경험을 쌓은 뒤엔 좋은 부동산을 상대적으로 낮은 가격에 매입할 수 있습니다.

부실 자산에 투자하는 데는 사실 위험이 많이 따릅니다. 경매로 취득한 부동산에는 복잡한 권리관계가 얽혀 있어 이를 해결해야 하고, 세입자가 있는 경우에는 명도 절차를 밟아야 할 수도 있기 때문입니다. 또한 인수한 뒤부터 재매각하는 시점까지 예상보다 오랜 시간이 걸릴 가능성도 있습니다. 따라서 이런 모든 상황들을 잘 풀어내고 남들이 보지 못하는 본질 가치를 파악하는 눈을 가질 때에만 부실 자산 투자로 수익을 얻는다는 점을 인지해야 합니다.

신흥 시장에 투자

중소기업에서 일하는 R 씨는 베트남에서 의류를 수입해 국내에 유통하는 업무를 담당하고 있습니다. 그런 중 베트남의 경제가 빠르게 성장하고, 중국에 있던 세계 여러 기업의 하청 공장들이 베트남으로 이전하는 것을 보며 베트남 대표 기업들의 주식에 투자해야겠다는 생각을 하게 되었습니다.

R 씨는 개별 기업들의 주식뿐 아니라 베트남의 종합주가지수와 연동된 ETF에도 투자를 해나갔습니다. 그의 예상대로 베트남의 성장 덕에 투자 수익률은 높아졌고, 이제 그는 베트남 외의 다른 신흥 시장도 공부하며 새로운 투자 대상을 찾고 있습니다.

• R 씨의 성공 요인: 매년 초 세계 유수의 금융 기관 또는 연구 기관은 각국의 연평균 GDP 성장률 등 거시경제 지표들의 예상치를 발표합니다.

대개의 경우 북미와 유럽연합의 선진국들은 통상 1퍼센트 안팎, 신흥국은 6퍼센트 안팎, 그리고 그 사이에 자리하는 국가들은 3퍼센트 안팎의 성장률을 보일 것으로 전망됩니다. 이처럼 신흥국들은 가장 높은 성장률을 기록할 것이라 예상됩니다.

사실 10년 전만 해도 브릭스(BRICs), 즉 브라질과 러시아, 인도 및 중국은 10퍼센트 대의 엄청난 성장률을 보였으나 최근엔 전 세계적인 저성장 국면 탓에 신흥국의 성장세도 상당히 감소했습니다. 그럼에도 여타 국가들에 비해 높은 성장률임을 간과해선 안 됩니다. 특히 미국과 유럽 등의 선진국들이 만들어나가는 글로벌 가치사슬에 자리하여 수혜를 입는 국가들의 성장세는 두드러집니다.

신흥국들은 크게 두 부류로 나눕니다. 하나는 선진국에 제조원을 공급하는 부류이고, 다른 하나는 선진국에 원자재를 공급하는 부류입니다. 중국과 인도는 전자, 브라질과 러시아는 후자에 해당했지요. 제품을 생산하는 중국, 소프트한 인적 노동력을 제공하는 인도는 결과적으로 미국에서 소비되는 제품과 서비스의 가격을 안정시키는 데 큰 역할을 담당했습니다. 그 과정에서 중국과 인도는 높은 성장률을 보였고, 이들 국가에 투자하는 인덱스 펀드도 마찬가지로 좋은 성과를 거두었습니다.

이와 비슷한 현상이 1990년대에는 한국과 대만, 싱가포르, 홍콩에서 나타났습니다. 미국이 소비재와 경공업 위주의 제품 생산 기지로 활용하면서 이들 국가는 두 자릿수의 GDP 성장률을 보였고, 이 나라 주식들에 투자한 글로벌 투자자들 또한 높은 수익을 얻을 수 있었습니다.

그렇다면 신흥국 투자 시의 위험은 어떤 수준일까요? 사실 높은 것이 현실입니다. 정치적 안정성과 지배구조의 투명성이 낮고 부정부패가 심하다는 것은 신흥국들의 트레이드마크와도 같습니다. 환위험을 피하게 해주는 금융 상품도 없고, 선진국들 사이에서 무역 분쟁이라도 크게 발생하면 고래 싸움에 새우등 터지는 격으로 불똥을 맞을 수도 있지요. 신흥국 투자에선 이 모든 위험 요소들을 살펴야 합니다.

⑤ 한쪽으로 치우치지 않고 경계선에 서야 투자가 보인다

여러 실패 및 성공 사례들을 분석하다 보면 재미있는 점을 발견할 수 있습니다. 동일한 대상에게 투자함에도 어떤 이는 성공적인 결과를 거두는 데 반해 어떤 이는 실패합니다.

똑같은 신흥국에 투자해도 정치적 위험을 간과하거나 여러 외적 변수를 고려하지 못해 손실을 보는 사람이 있는가 하면, 글로벌 자산운용 회사의 인덱스 펀드 중 신흥국의 주가지수에 기초한 것에 투자하여 높은 수익을 거두는 사람이 있습니다. 주식 투자에 있어서도 누군가는 주식연계형 채권에 투자해 주가의 하방 압력은 피하면서 상승에 따른 수익 기회를 즐기는 데 반해 그렇지 못한 사람도 있고요.

부동산에 투자하는 경우에도 마찬가지입니다. 투자 가치가 없다는 점을 알아채지 못하고 이상한 곳에 투자하는 바람에 손해를 입는 사람이 있는 반면 적절한 개발을 통해 토지의 가치를 올려 수익을 창출하는 사람이 있으니 말입니다. 그런가 하면 사업성 대신 인연에 주목해 투자 손실을 보는 이가 있고, 산업 내의 효율성과 합리성을 키우는 혁신적 사업 모델에 주목해 스타트업에 투자함으로써 성과를 거두는 이도 있습니다.

결국 투자의 성공과 실패는 내가 어떤 자세로 어떻게 투자 대상을 대하고 판단하는가에 달려 있습니다. 어느 한쪽으로 치우치지 않고 경계선에 서서 위와 아래, 왼쪽과 오른쪽, 앞과 뒤, 가까운 곳과 먼 곳을 모두 바라보고 생각하는 혜안을 가져야 합니다. 그래야만 올바른 투자 판단을 내리고 제대로 된 장기투자를 통해 원하는 수익을 얻을 수 있기 때문입니다. 혜안을 가지는 왕도는 무엇일까요? 너무 간단해 말하기 쑥스럽지만 바로 학습과 경험입니다.

2부

재정독립과 경제적 자유를 위해
어떻게 투자할 것인가

2부에서는 주식, 부동산 및 기타 다양한 실제 투자 대상들에 대해 자세히 다뤄보겠습니다. 하지만 어떤 투자 대상이 유망하다는 식의 이야기를 하려는 것이 아니라 각 투자 대상이 갖는 특성과 위험치는 어떠한지, 또 각 대상에 맞는 투자 판단을 올바르게 내리려면 어떻게 해야 하는지를 알아보려 합니다. 어느 낚시터에서든 물고기를 잘 잡는 사람은 낚싯대 사용법, 낚시하기에 좋은 시간대, 장소별로 다른 서식 물고기 종류 등에 대한 지식이 풍부한 사람일 테니까요.

5장

주식_ 제국 기업을 찾아라

현대인은 자본과 함께 살아갑니다. 대부분의 사람들은 자본을 축적하여 자본가가 되려 하고, 자본주의 사회와 국가를 구성합니다.

자본주의 사회가 성장 및 발전하려면 자본의 거래가 이루어지는 시장이 필수적입니다. 그리고 그 시장에서 거래되는 대표적 상품으로는 주식과 채권이 있지요.

채권 시장의 경우 주된 거래참여자는 기관투자자나 금융 기관이기 때문에 개인투자자에게는 익숙한 자본 시장이 아닙니다. 뭐니 뭐니 해도 우리가 친숙함을 느끼는 데다 관심도 많이 쏟는 자본 시장은 주식이 거래되는 한국증권거래소겠지요. 개인투자자들은 그곳에서의 투자를 통해 수익을 거두는가 하면 손실도 보면서 투자자로서의 경험을 쌓아갑니다.

이번 장에서는 주식 투자와 관련된 핵심 사항들을 정리해 보려 합니다. 첫 번째는 자본 시장과 주식회사의 본질이고 두 번째는 주식을 발행하는 기업의 성장에 가장 큰 영향을 미치는 산업과 전략, 세 번째는 주식의 가치를 평가하는 기초입니다. 이어 네 번째로는 주식 투자 시 벤치마킹을 해볼 만한 사례와 이야기를, 마지막 다섯 번째로는 산업을 만들어나가는 기업을 찾아가는 제국 기업 이야기를 다뤄보겠습니다.

⑤ 주식회사와 주식

주식회사와 주식이 무엇인지 알아보기 전에 우선은 그것들이 오르는 자본 시장이라는 무대에 대해 생각해 보겠습니다.

자본 시장과 주식 시장

자본 시장(capital market)은 금융 시장(financial market)의 일부분입니다. 금융 시장은 크게 자본 시장과 화폐 시장(money market)으로 구성되는데, 자본 시장에서는 장기적 성격의 금융 거래가, 화폐 시장에서는 단기적인 성격의 금융 거래가 이루어집니다. 통상 장기와 단기는 1년을 기준으로 구분됩니다. 1년 이상이면 장기, 1년 미만이면 단기인 것이지요.

단기 금융 시장인 화폐 시장은 콜머니,[◆] 기업 및 상업 어음, 양도성예금증서,[◆] 환매조건부채권 등과 같은 금융 상품이 거래되는 곳입니다. 이 시장의 참여자는 주로 은행 등의 대형 기관이라 개인 입장에선 참여할 기회나 이유가 딱히 없는 시장입니다.

장기 금융 시장인 자본 시장은 크게 주식 시장과 채권 시장으로 나뉩니다. 채권 시장은 주로 기관투자가나 금융 기관이 참여하기에 개인투자자와는 거리가 멀지만, 그렇다 해서 개인이 채권에 투자를 할 수 없다는 뜻은 아닙니다. 우리가 가입하는 시중 은행의 예금 및 적금, 펀드, 보험 등이 채권 시장에 투자하는 상품이기 때문입니다. 즉, 개인은 이런 상품들을 통해 간접 투자를 하는 셈입니다.

주식 시장은 개인들이 적극적으로 참여하는 시장입니다. 사람들이 북적대는 실제 시장 같은 느낌 때문인지 주식 시장은 금융 시장의 꽃으로 이해되기도 합니다.

종로의 광장시장 같은 재래 시장에는 그곳에서만 느낄 수 있는 특별한 분위기들이 있습니다. 열심히 일하는 사람들의 치열한 모습, 웃음과 슬픔, 즐거움과 기대, 그러면서도 수익과 비용을 계산하는 치밀함이 그것이죠.

그런 면에서 주식 시장은 재래 시장과 닮아 있습니다. 전 세계의 수많은 사람들이 시장에 참여해 치열하게 경쟁하고, 그 과정에서 큰 수익을 얻는 사람이 있는가 하면 누구는 큰 손실을 경험하는 등 희로애락이 가득하기 때문입니다.

콜머니(call money)

금융 기관들 사이에서 단기 자금의 수지를 맞추기 위해 서로 빌려주고 빌리는 자금의 형태. 은행과 같은 금융 기관 입장에서는 자금을 안전하게 단기 운용할 수 있는 방법이 된다.

양도성예금증서(CD: certificate of deposit)

은행 등의 금융 기관이 정기예금자에게 발행하는 무기명 예금증서로, 소유자는 이 증서를 금융 시장에서 제3자에게 자유로이 매매할 수 있다. 금융 시장에서 단기 자금을 안정적으로 운용하고자 하는 이들이 투자하는 상품이다.

재래 시장에서 여러 먹거리나 생활용품이 거래되듯 주식 시장에선 갖가지 주식이 거래됩니다. 정확히 말하자면 주식 거래란 주식회사, 즉 주식을 발행한 회사에 투자를 하거나 기존에 했던 투자를 정리하는 행위입니다. 『상법』상의 회사는 설립 및 사업 목적에 따라 여러 가지로 구분되는데 우리가 투자를 위해 접하는 회사는 대개 주식회사입니다. 주식회사의 주식을 매입하는 방식으로 우리는 그 회사에 투자를 하는 것이지요.

주식회사의 역사와 특징

주식 투자라는 것은 엄밀히 말해 '주식' 자체가 아니라 그것을 발행하는 '주식회사'에 투자하는 것입니다. 그렇기에 주식 투자자라면 주식회사의 역사와 대표적인 특징 정도는 상식으로 알아두는 편이 좋습니다. 이런 기본적인 지식들이 쌓여 투자의 수준을 높여주기 때문이지요.

주식회사는 주주들이 제공하는 자본금으로 세워진 회사입니다. 주식은 자본금 제공의 대가로 주주들이 보유하는 증표이고, 그러므로 회사에 대한 주주의 권리 및 의무의 단위라 할 수 있습니다.

회사는 주주의 개인관심사와 상관없이 영리를 추구하는 사업을 하고, 그것을 잘 수행하는 데 필요한 여러 장치와 제도를 마련하여 운영합니다. 상호 견제와 균형을 위해 국가 권력이 입법권, 사법권, 행정권으로 나누어 운영되듯 회사에는 주주총회라는 최고의 의결 기관, 주주총회가 경영을 위임한 이사회와 대표이사, 회사의 경영을 감시하는 감사가 존재합니다. 주주총회는 입법부, 이사회는 행정부, 감사는 사법부와 유사한 기능을 담당하지요. 그리고 주식회사의 형태와 제도는 『상법』에 의해 규정됩니다.

주식회사의 큰 특징 중 하나는 '주주의 유한책임'입니다. 주주는 자신이 투자한 자본금만큼의 책임을 질 뿐, 해당 회사가 사업을 하는 과정에서 지게 된 채무에 대한 책임은 없다는 개념입니다. 즉, 망해버린 회사에 대해 투자자가 지는 책임은 그가 투자했던 금액을 잃는 것이 전부일 뿐이라는 것이지요.

이러한 유한책임의 유래는 지금으로부터 1,000년을 거슬러 올라갑니다. 당시 이탈리아 베니스 공국의 상인들은 지중해 건너 비잔틴 제국의 수도인 콘스탄티노플(현 터키의 이스탄불)과 무역을 하는 과정에서 자금이 필요했습니다. 배를 띄우고, 선원을 고용하고, 동방으로 가서 그곳의 진귀한 상품을 사오는 일이 자신들의 자금만으로는 할 수 없는 일이었던 것입니다.

그래서 상인들은 투자자들을 모집, 자금을 끌어모아 무역에 활용했습니다. 이때 상인들과 투자자들 사이에서 맺은 계약의 내용을 유한책임의 효시라 할 수 있습니다.

'코멘다(commenda)'라는 이름으로 불린 계약 중 한 예를 살펴보면 투자자가 사업 자금 전액을 투자했을 경우 수익이 발생하면 그중 75퍼센트는 투자자가, 25퍼센트는 사업 주체인 상인이 나누어 갖게 되어 있습니다. 그리고 손실이 발생할 경우 투자자는 자신이 투자한 금액만큼 손실을 부담하기로 규정되어 있었습니다. 투자자와 사업가 사이에서 형성된 이러한 협업 체계는 지금의 유한책임 구조로 자리잡았습니다.

그렇다면 최초의 주식회사는 언제 생겼을까요? 지리상의 발견 이후 식민지 경영이 본격화된 1600년대에 영국이나 네덜란드가 식민지의 사업권을 수행하는 과정에서 설립한 회사가 주식회사의 시초입니다. 영국이 인도에 세운 영국동인도회사(English East India Company)나 북미 대륙 동부 연안의 제임스타운(Jamestown)에 설립한 버지니아컴퍼니(Virginia Company)가 그 예입니다.

왕실로부터 받은 식민지 사업권을 수행하기엔 프로젝트 규모가 컸기에 사업가들은 투자자들을 모아 자금을 받았고, 그것으로 회사를 설립하는 과정에서 주식회사 제도가 자리잡은 것입니다. 조인트 주식회사(joint stock company)라 불렸던 당시 주식회사들은 요즘 흔히 보는 보통주와 우선주를 발행하기도 했으니, 여러모로 현대 자본주의의 총아가 태동한 셈입니다.

이렇게 시작된 주식회사는 수백 년의 세월을 거쳐 현재까지 이어져오고 있습니다. 또한 지금의 주식 투자자들은 국내는 물론 해외의 증권거래소˚를 넘나들며 진정한 글로벌 자본 시장을 형성하고 있지요. 코로나19 사태 이후 한국 주식 시장에 나타난 동학개미운동이나 서학개미 현상을 보면 이제 주식은 진정으로 글로벌화된 데다 모든 투자자에게 보편화된 투자 대상이란 생각을 하게 됩니다. 한국 주식 시장이 본격적으로 성장한 지 30여 년이 흐른 지금, 앞으로의 30년이 기대되는 이유이기도 합니다.

증권거래소

자본 시장이 발달한 국가에는 그 나라를 대표하는 거래소들이 존재한다. 미국의 뉴욕증권거래소(NYSE: New York Securities Exchange)와 나스닥증권시장(NASDAQ: National Association of Securities Dealers Automated Quotations), 영국의 런던증권거래소(LSE: London Stock Exchange) 등이 주식 시장의 대표적 예다. 한국 주식 시장의 공식 명칭은 한국거래소(KRX: Korea Exchange)로, 기존에 있던 한국증권거래소와 한국선물거래소 및 코스닥증권시장이 2005년에 단일조직으로 통합되었다.

주식 시장에서 주식이 거래된다는 것은 회사 입장에서 여러모로 좋습니다. 가장 큰 장점은 투자자인 주주에게 원할 때에 주식을 팔아서 현금으로 전환할 수 있는 환금성을 줄 수 있다는 것입니다. 더불어 회사가 자본 시장으로부터 인정받고 명성과 신뢰를 유지할 수 있다는 것, 그래서 추가 자본을 모으거나 채권을 발행하는 등을 통해 자본을 조달하기가 쉬워지고 그를 위한 비용이 저렴해진다는 것입니다. 또한 인지도가 높아져 좋은 인재들을 보다 수월하게 채용할 수 있다는 것도 장점이 됩니다.

이런 장점들을 취하기 위해 기업들은 적정 시점이 되면 주식 시장에 상장해 또다른 성장을 이어나가려 합니다. 이 과정에서 투자자는 좋은 기회를 얻어 투자를 실행하고 회사의 성장에 따른 과실을 공유합니다. 이것이 바로 자본주의의 핵심이고, 주식이 자본주의의 꽃이라 이야기되는 이유입니다.

그렇다 해서 주식이 만병통치약처럼 언제나 수익을 제공하는 것은 아닙니다. 주식 투자에는 장점과 단점이 있는데 투자자로서는 이를 충분히 숙지해 둘 필요가 있습니다.

주식 투자의 가장 큰 장점은 아마도 다른 자산에 투자하는 것보다 수익성이 높고 선택의 폭이 다양하다는 점입니다. 전 세계 증권거래소에 등록되어 있는 주식 종목만 해도 그 수가 수만에 이르고, 그중 어떤 주식은 수천 퍼센트의 수익을 올려주기도 합니다.

또한 소액 투자가 가능해 목돈이 없어도 비교적 쉽게 시작해 볼 수 있다는 것, 사고파는 것을 내가 원할 때 할 수 있을 뿐 아니라 온라인 거래 시에는 거래 비용도 다른 투자에 비해 매우 낮다는 것도 주식 투자의 장점입니다. 게다가 과거와 달리 요즘엔 해외 시장의 주식도 쉽게 매매할 수 있으니 글자 그대로 글로벌한 투자자가 될 수 있습니다.

반면 단점도 적지 않습니다. 가장 유의해야 할 것은 높은 수익을 거둘 수도 있지만 위험이 높아 원금의 손실이 발생할 수도 있다는 점입니다. 매입 당시보다 주가가 많이 하락하면 손절매를 하거나, 하락폭을 회복할 때까지 오랫동안 기다려야 할 수도 있습니다. 어떤 주식은 가격의 변동성이 지나치게 높아 투자가 아닌 투기의 성격을 띠기도 하기에, 실제 투자에 앞서 충분한 조사와 고민이 이루어지지 않으면 낭패에 빠질 가능성이 있습니다.

아무 준비도 갖추지 않은 채로 섣불리 주식 투자에 나섰다가 큰 손실과 더불어 마음에 큰 상처까지 입은 개인투자자들은 정말 많습니다. 주식은 가장 쉽게 접근할 수 있는 투자 대상이지만 결코 만만하게 봐서는 안 된다는 점을 명심해야 합니다.

개별 기업보다 산업에 대해 이해하기

주식 시장을 이해하려면 그곳에서 거래되는 주식이란 것이 무엇인지 이해해야 하고, 주식을 이해하려면 주식을 발행한 주식회사를 이해해야 합니다. 더불어 동종 회사들끼리 경쟁을 하는 산업에 대한 이해가 이어져야 하는데, 이를 위해선 거시경제 및 경기순환에 대한 이해가 필요합니다. 즉, 전체적으로 보자면 '주식 → 주식 시장 → 산업 → 거시경제 및 경기순환'이라는 연결고리를 파악해야 하는 것입니다.

주식할 때 산업 분석이 필요한 이유

주식을 분석하는 데는 두 가지 방법이 알려져 있습니다. 첫 번째 방식은 하향식, 혹은 톱-다운 접근법(top-down approach)이라 불리는 것입니다. 거시경제를 분석한 뒤 유망 산업을 선정하고, 그 산업 분야에서 시장을 리드하고 있거나 향후 앞서 나갈 수 있는 기업들을 추립니다. 그 다음 그 기업들의 주식을 분석해 투자 가치가 가장 높은 기업을 찾아내는 방식이지요.

두 번째는 이와 반대되는 방식으로 상향식, 또는 보텀-업 접근법(bottom-up approach)이라 불립니다. 이 방식에선 저평가된 기업이 있는지를 먼저 분석한 뒤 그를 기반으로 해당 기업이 속한 산업의 매력도를 파악한 후 기업과 산업에 영향을 미치는 거시경제 환경을 고려하는 수순을 밟습니다. 개별 기업을 찾아 분석하고 투자하는 방법이다 보니 어떤 경우에는 시장 상황과 무관할 수도 있습니다. 즉, 대세 상승장일 때 오히려 저조한 수익을 보일 수도 있는 것이 이 접근법의 단점입니다.

주식을 제대로 분석하려면 이 두 가지 방식을 적절히 사용하며 장단점을 보완하는 것이 현명합니다. 그러나 상향식과 하향식 중 무엇을 선택할지 고민하는 것보다 중요한 것은 따로 있습니다. 주식 투자에 필요한 경기순환 사이클 분석, 산업 분석, 기업 선택이라는 세 가지 요소 중 가장 중요한 것은 산업 분석임을 알고 있어야 한다는 점입니다. 산업 분석에 대한 이야기는 뒤에서 자세히 할 텐데, 그에 앞서 우리가 경기순환 사이클을 주시해야 하는 이유를 간략히 설명하겠습니다.

태풍은 대양을 항해하는 선박에게 매우 큰 영향을 미치는 요소입니다. 항해 전이든 중이든 선장은 태풍이 다가오고 있는지, 그렇다면 그 진로는 어떻게 될지에 촉각을 곤두세우지요. 투자가 자본 시장이라는 바다를 항해하는 선박과 같다면 그 바다를 뒤엎는 태풍은 금융위기라 할 수 있습니다. 그리고 그 태풍을 일으키는 것이 바로 경기순환 사이클입니다.

코로나19 사태로 인해 각국 정부는 양적완화라는 정책을 통해 천문학적인 자금을 그야말로 미친 듯이 자본 시장에 풀면서 경기부양을 위해 노력했습니다. 그 결과 코로나19로 급격히 위축되었던 자본 시장은 몇 개월 지나지 않아 회복되었고, 시장에 넘쳐나는 유동성은 각종 자산 가격이 코로나19 이전보다 높아지게 만들었습니다.

투자자들은 이렇게 넘쳐나는 유동성이 향후 경기순환 사이클에 어떤 영향을 미칠지, 미국 연준이 시장에 공급한 자금을 회수하는 테이퍼링을 언제쯤 실시할 것이고 그에 따른 영향으론 어떤 것이 있을지, 향후 인플레이션 압박으로 인한 이자율 상승은 어느 정도나 될지를 예의 주시해야 합니다. 경기순환 사이클은 산업에 큰 영향을 미치고, 그렇기에 적절한 투자 타이밍을 판단하는 데 있어 중요한 근거가 되어주기 때문입니다.

많은 투자자들은 투자 대상 기업의 선정에 시간과 노력을 들입니다. 경기순환 사이클에 관심을 갖는 이들도 과거보다 늘어났지요. 그에 반해 글로벌한 관점 및 산업 구조 개편 관점에서의 산업을 중장기적으로 분석하려는 투자자는 별로 없습니다.

그러나 투자는 미래를 바라보며 하는 것이고, 기업은 그것이 속해 있는 산업의 흐름과 별개로 존재할 수 없습니다. 그러므로 향후 10~20년을 이끌어갈 산업이 무엇일지 파악하는 것은 주식 투자의 성공 확률을 높이는 가장 중요한 요소입니다.

산업을 보는 눈

주식 투자자들에게 "주식에 투자하실 때 산업 분석과 기업 분석 중 어느 쪽에 더 신경을 쓰시나요?"라고 물으면 대부분은 후자라고 답합니다. 하지만 저는 주식 투자자가 갖춰야 할 가장 중요한 능력 중 하나가 산업을 보는 눈, 즉 산업분석 능력이라고 생각합니다.

지난 30년간 글로벌 산업에 일어났던 변화를 되돌아봄과 동시에 일반 주식 시장의 인덱스 수익률을 상회하는 성과를 거둔 종목들을 보면 한 가지 공통점이 있습니다. 산업의 변동과 성장 속에서 리더 역할을 했거나 기존 업종을 버리고 새롭게 변신하는 데 성공한 기업, 가치사슬이나 공급망 사슬에서 중요한 길목을 잡고 자사의 수익률을 높이는 제품이나 기술을 보유한 기업들이라는 게 그것입니다. 페이스북, 아마존, 애플, 넷플릭스, 구글만 떠올려도 이 점을 잘 알 수 있습니다.

금융 문맹보다 더 무서운 산업 문맹

구글이 나스닥에 상장했던 2004년 여름, 외국에서 한국으로 유학 온 대학원생들을 가르칠 목적으로 구글의 상장용 유가증권신고서(S-1 Filing)을 구해 읽어본 적이 있습니다. 신흥성장국 출신의 외국인 학생들이 금융 문맹에서 조금이라도 깨어나길 바라는 마음으로 100여 페이지에 이르는 그 신고서의 내용을 확인하고 여러 정보들을 정리 및 분류한 뒤 금융 시장의 원리, IPO 과정, 인수주간사의 역할 등을 학생들에게 강의했지요. 그로부터 10여 년 동안 구글은 상장 당시의 100배가 넘는 주가 상승을 보이며 인터넷 플랫폼 제국이 되었습니다. 그러나 그간 저는 구글의 주식을 단 한 주도 사지 않았습니다. 2004년의 저는 구글의 상장 신청서류를 보면서 '금융 문맹을 벗어나자'고 이야기했으나 그들의 사업 전략과 미래 산업의 방향성에 대해서는 파악도 예측도 못했던 것입니다. 돌이켜보면 당시 저는 자신을 금융전문가라 칭했으나 실은 산업 문맹이었음을 인정하지 않을 수 없습니다.

그렇다면 지금으로부터 20년 전, 혹은 10년 전 그 주식들의 미래를 정확히 예견한 이들은 우리 중 몇 명이나 될까요? 아마 대부분의 사람들은 별 관심을 두지 않았거나, 잠시 보유하긴 했지만 일시적 주가 변동에 마음이 흔들려 단기적 수익을 실현하는 데 그쳤을 것입니다. 그리고 한참의 시간이 흐른 뒤 다시 그 주식을 봤을 땐 주가가 이미 어마어마하게 올라 있었겠지요.

이는 자본 시장이 변화해 온 지난 100년 동안 끊임없이 일어난 현상입니다. 그 세월 동안 새로운 산업을 만들어내고, 변화시키고, 이끌며 큰 성과를 보인 기업들은 상당히 많았습니다. 그런데 그 성과는 그 기업들 자체가 보유한 능력에서 기인한 면도 있으나 실은 해당 산업의 성장과 발전에 더 크게 힘입었다는 점을 우리는 알아야 합니다.

이와 비슷한 맥락의 예가 하나 더 있습니다. 투자자 입장에서 향후 성장할 것이라 예상되는 산업이 있어 관련 기업에 투자하고자 할 경우, 구체적인 기업 분석을 통해 투자 대상 기업을 정하기보다는 해당 산업의 대표 격인 기업을 몇 개 골라 투자할 때의 성과가 더 좋다는 것입니다. 산업을 보는 눈을 기르는 일이 얼마나 중요한지에 대해선 더 이상 설명할 필요가 없을 것입니다.

산업의 분류

산업은 어떤 기준에 따라 어떻게 나눌 수 있을까요? 학창 시절 사회 수업 시간에 들었던 1차·2차·3차 산업이나 제조업·서비스업 등은 주식 투자에서 의미 없는 구분입니다. 주식 투자와 관련된 몇 가지 산업 분류로는 다음과 같습니다.

- 경기민감 산업과 경기방어 산업: 자동차나 건설 등은 경기민감 산업에 해당합니다. 경기가 좋으면 소비나 수요가 늘어나는 등 경기에 따라 민감하게 움직이기 때문입니다. 경기가 상승 국면에 접어든 시기엔 경기민감 산업에 속한 기업에 투자하면 좋은 수익률을 얻을 수 있습니다.

  반면 식음료 산업, 혹은 가스나 전력 같은 유틸리티 산업은 경기방어 산업에 속합니다. 과거 IMF 위기로 한국이 급속한 경제하락에 따른 어려움을 겪었을 때에도 식음료 분야에선 일정 소비가 지속적으로 이루어져 경기방어적 성격을 띠었습니다.

  이런 점을 파악한 외국계 사모펀드 투자자들은 진로나 크라운 제과, 해태제과 등 식음료 관련 기업들의 가치가 하락해 있을 때 투자를 했고, 시간이 흘러 한국 경제가 정상화되면서 높은 수익을 기록했습니다.

- 경기선행 산업과 경기후행 산업: 경기선행 산업은 투자와 연관성이 큰 산업을 뜻합니다. 가령 조선 산업의 경우, 향후 세계 무역량이 증가할 것으로 예상되면 선박 건조와 관련 주문이 늘어나고 이는 조선 산업을 호황기에 접어들게 합니다. 경기성장 시기보다 한 발 앞서 투자가 진행되는 산업인 것입니다.

  이와 반대로 경기후행 산업은 대개 소비와의 관련이 큰 산업입니다. 경기가 어려워지면 사람들은 가처분 소득이 감소하는 등의 원인에 따라 소비를 줄이고, 경기가 좋아진다면 소비를 늘리지요. 이처럼 경기가 변화한 후에 그 영향을 받는 산업이 경기후행 산업입니다.

투자자는 이상과 같은 두 가지 분류를 동시에 감안해야 합니다. 예를 들어 향후 경기가 하락할 것으로 예상되어 경기방어 산업인 내수 산업에 투자하려 하는데, 만일 선택한 주식 종목이 경기후행 산업에 해당된다는 점을 미처 생각하지 못하면 어떤 결과로 이어질까요? 경기하락으로 인해 소비가 줄어들어 경기방어 효과를 저해할 것입니다.

이상의 것들이 산업을 크게 나누는 대략적 기준이라면, 개별 산업의 분석을 위해 알아두어야 할 프레임들도 있습니다. 다음으로는 그것들에 대해 살펴보겠습니다.

💲 산업을 분석하는 세 가지 방식

산업 분석을 위한 프레임으로 하버드대학교 경영대학원 마이클 포터(Michael Porter) 교수가 제안하는 방식을 몇 가지 소개하고자 합니다. '현대 전략 분야의 아버지'라 불리는 그는 경영학과 경제학을 넘나들며 기업, 산업, 국가를 아우르는 연구를 전개해 오고 있습니다.

첫 번째 방식: 다섯 가지 힘 모델에 따른 분석

마이클 포터 교수가 제안한 '다섯 가지 힘 모델(Five Forces Model)'은 산업 내의 경쟁 구도를 측정, 해당 산업의 현황과 미래를 분석하는 데 사용되는 가장 고전적인 이론입니다. 1979년에 발표되었으니 무척 오래되긴 했으나 지금도 산업 기초 분석 시 가장 많이 사용될 정도로 훌륭한 모델인 만큼 소개하고자 합니다.

이 모델의 이름인 '다섯 가지 힘'은 '특정 산업의 경쟁 강도에 영향을 미치는 다섯 가지 요인'을 뜻합니다. 그 각각은 다음과 같습니다.

- 산업 내 경쟁: 경쟁자의 수가 많으면 산업 내 경쟁 수준은 높아지고 기업들의 수익성은 악화됩니다. 반대로 경쟁자의 수가 적다면 기업들은 고객에게 높은 가격을 요구할 수 있고 수익성도 높아집니다.

  가령 콜라 산업은 코카콜라와 펩시 외엔 별다른 경쟁사가 없기에 경쟁 수준이 높지 않고 기업들의 수익성이 비교적 좋은 편일 수 있습니다. 반면 여행 산업의 경우엔 중소형 여행사가 우후죽순처럼 난립해 있는 상황이라 산업 내 경쟁 수준이 높고 각 기업의 수익성도 그리 좋지 않을 것이라 예상할 수 있습니다.

- 대체재의 위협: 제품 제조사나 서비스 제공사의 경우, 외부에 자사의 것을 대체할 제품 혹은 서비스가 존재한다면 이는 큰 위협이 됩니다. 고객의 입장에서 대체재를 선택한다면 회사 입장에서는 이익이 줄어들기 때문입니다.

  일례로 에너지 음료는 당분도 낮으면서 운동 후 갈증해소 효과, 카페인으로 인한 피로회복 효과가 크기에 콜라를 대체할 수 있는 매력적인 상품이 될 수 있지요. 또 건강을 중시하는 트렌드로 인해 콜라 대신 유기농 음료를 찾는 이들도 늘어나고 있기 때문에 콜라 제조사의 입장에선 대체재들로부터의 위협이 높다고 할 수 있습니다.

- 신규 진입자의 위협: 진입 장벽이 낮은 시장이라면, 즉 신규 진입자들이 시장에 들어오는 데 필요한 시간과 비용이 많지 않다면 이들로부터의 위협이 높다고 할 수 있습니다.

  그러나 신약이 특허로 보호받는 제약 산업의 경우에는 일정 기간 동안 신규 진입자가 해당 신약을 두고 경쟁을 벌일 수 없기에 이러한 위협이 낮은 편에 해당합니다.

- 공급자의 교섭력: 제품이나 서비스의 공급자가 가격을 쉽게 올리거나 통제할 수 있다면 공급자의 교섭력이 커지고, 이는 기존 산업 내에 속한 기업들에게 큰 위협이 됩니다.

  공급자의 교섭력은 제품의 고유성 또는 공급자의 교체 비용(switching cost) 등에 의해 영향을 받습니다. 예를 들어 콜라 산업의 경우 코카콜라에 원액을 공급하는 업체를 코카콜라 측이 쉽게 바꿀 수 있다면 공급자의 교섭력은 낮은 수준이라 하겠지요.

  그러나 제약 산업의 경우, 원료 의약품을 공급하는 업체가 자사 특유의 설비와 공정 기술을 보유하고 있어 다른 업체들은 만들 수 없는 원료 의약품을 유일하게 합성할 수 있다면 이 공급자의 교섭력은 강화될 것입니다.

- 구매자의 교섭력: 제품이나 서비스를 구매하는 구매자(소비자)의 수와 구매 수량 등은 구매자의 교섭력을 결정하는 요소입니다. 만일 소수의 구매자가 상품을 대량구매하는 구조의 산업에서는 구매자로부터의 위협, 즉 구매자의 교섭력이 높습니다.

  반대로 다수의 구매자들이 소량구매를 하는 구조라면 구매자의 교섭력은 낮다고 할 수 있는데, 코카콜라가 그 예에 해당합니다. 콜라를 원하는 소비자들은 코카콜라 외에 선택할 수 있는 타 상품이 많기 때문입니다.

  이에 반해 군수 산업의 경우 몇 안 되는 국가 정부가 구매자라면 구매자의 교섭력이 강하기에 기업 입장에선 높은 위협에 직면하게 됩니다.

콜라 산업의 코카콜라라는 기업의 예로 이 다섯 가지를 다시 정리해

볼까요? 우선 펩시를 제외하면 코카콜라와 경쟁할 만한 제조사가 없으므로 경쟁자로부터의 위협은 강하지 않습니다. 또한 '코카콜라와 펩시의 양강 구도가 굳건한 콜라 시장에 선뜻 들어가려 하는 회사가 과연 있을까?'라는 생각을 해보면 신규 진입자들의 위협은 낮다는 걸 알 수 있지요. 하지만 최근의 트렌드를 타고 유기농 음료, 이온 및 에너지 드링크 등이 시장점유율을 키워 나가고 있음을 고려하면 대체제로부터의 위협은 강한 편이라 하겠습니다.

코카콜라의 경우 공급업자의 교섭력, 구매자의 교섭력은 그리 강하지 않습니다. 코카콜라는 시장에서 갖는 입지가 워낙 굳건하기에 원액이나 캔, 또는 유리병을 공급하는 업체가 이 기업을 상대로 교섭력을 행사하기란 쉽지 않은 일입니다. 또한 구매자의 교섭력이 강하지 않음은 앞서 살펴봤고요.

이상의 이야기를 종합적으로 판단해 보면, 산업 내에서의 경쟁이 약하고 소비자 및 공급자에 대한 통제력이 강한 상태에서 신규 진입자나 대체재에 적절히 대응할 수 있다면 콜라 산업은 장기적·지속적으로 성장할 산업이라 보입니다.

투자의 귀재인 워런 버핏이 일찍부터 코카콜라에 꾸준히 투자하고 회사와 함께 성장하며 그 과실을 공유한 것도 이와 같은 분석과 판단을 내렸기 때문일 듯합니다. 여러분께서도 투자를 위해 산업을 분석할 시엔 앞서 말한 다섯 가지의 힘이 해당 산업 내에서 어떻게 작용하는지 유심히 관찰하길 권합니다.

두 번째 방식: 경쟁 전략 분석

투자자로서 환경에 해당하는 산업의 경쟁 구도를 분석한 후 다음 단계를 산업의 환경에 대응하는 기업의 행동, 즉 경쟁 전략을 분석하면 좋습니다. 비가 오는 환경에서 우산을 쓸지, 우비를 입을지를 보는 것과 유사합니다.

마이클 포터 교수에 따르면 기업은 산업의 환경에 대응하여 기업이 생존하고 경영하기 위해 세 가지 경쟁 전략 중 하나를 명확히 설정해야 하는데, 그렇지 않을 경우엔 이러지도 저러지도 못하는(stuck in the middle) 궁지에 몰릴 것이라고 말합니다. 그가 이야기한 세 가지 경쟁 전략은 다음과 같습니다.

- 원가우위 전략(cost leadership strategy): 비용 면에서 경쟁사보다 상대적으로 유리한 위치를 점하는 전략입니다. 연구개발로 제품의 제조 원가를 줄이거나 규모의 경제를 통해 제품단위당 원가를 줄여 경쟁사보다 낮은 원가를 유지하는 기업에는 대체재나 새로운 경쟁자들이 쉽게 도전장을 내밀 수 없습니다.

  그 대표적인 예가 월마트(Walmart)입니다. 월마트 매장에 가면 여기저기에서 'Everyday Low Price!'라는 문구를 볼 수 있습니다. 언제나, 다른 어느 매장보다 저렴한 가격의 상품을 판매한다는 뜻이지요. 이를 위해 실제로 월마트는 구매 및 재고를 IT 시스템으로 관리하는 등의 방법을 통해 제품 원가를 최소화하는 구조를 갖추고 있습니다. 규모의 경제를 일굼으로써 원가를 더욱 하락시키는 대표적인 원가우위 전략을 취하는 것입니다.

- 차별화 전략(differentiation strategy): 제품이나 서비스가 이미지, 품질, 디자인 등에서 다른 경쟁 제품과 뚜렷이 다른 차별점을 고객에게 제공하는 전략입니다. 차별화에 성공한 제품이나 서비스라면 고객들은 더 많은 돈을 지불해서라도 구매하려 합니다. 해당 제품이나 서비스가 제공하는 경험은 다른 어느 곳에서도 할 수 없기 때문입니다.

    명품 브랜드들은 바로 이러한 차별화 전략을 무기로 삼습니다. 특정 디자이너의 명성을 활용하거나 특정 로고 혹은 상징을 통해 자사 이미지를 고급스럽게 각인시킴으로써 소비자로 하여금 비싼 가격을 지불하게 하지요. 고객은 상품을 구매하는 것이 아니라 가치를 구매한다는 점을 명심해야 합니다.

- 집중화 전략(focus strategy): 특정 소비자 집단 혹은 시장만을 집중 공략하는 전략입니다. 모든 고객층이나 모든 하위 시장을 만족시키려다 보면 오히려 사업이 방만해지고 성과가 떨어질 때가 많은데, 이런 상황을 방지하기 위해 취하는 것이 집중화 전략입니다.

    미국의 항공사 사우스웨스트에어라인(Southwest Airline)의 경우 거대 항공사와 중장거리 노선에서 경쟁하는 쪽보다는 단거리 노선에만 집중하여 사업을 전개하는 쪽을 택해 원가 절감과 서비스 개선이라는 두 마리 토끼를 모두 잡았습니다. 그 결과 현재 미국에서 가장 수익성이 뛰어난 항공사로 자리잡았습니다.

    다른 예로는 마우스와 키보드 등의 컴퓨터 주변기기를 만드는 로지텍(Logitech)이 있습니다. 주변기기 시장은 제품 가격이 낮고 수익성도 높지 않았지만 로지텍은 경쟁이 심한 컴퓨터 시장보다는 키보드, 마우스, 스피커 등의 주변기기를 거래하는 틈새시장을 파고드는 전략을 선택했습니다. 지속적으로 시장에 제품을 출시하고 집중화 전략을 편 것입니다. 그 결과 컴퓨터 주변기기 시장에서 독보적 기업으로 자리를 잡았습니다.

세 번째 방식: 글로벌 가치사슬 분석

마이클 포터 교수가 이야기한 산업 분석의 세 번째 방식은 가치사슬 분석입니다. 최근에는 세계화 덕분에 글로벌이라는 단어가 더해진 '글로벌 가치사슬(global value chain)'이라는 표현이 더 많이 사용됩니다.

기업이 제품과 서비스 제공을 위해 원재료, 노동력, 자본 등을 투입하는 과정에서 부가가치가 각기 다른 규모로 창출됩니다. 그 과정을 부가가치가 창출되는 순서에 따라 '연구 및 개발→원재료 조달→완제품 생산→마케팅 및 판매→고객관리'와 같이 선형적으로 정리한 것이 가치사슬입니다. 그리고 이러한 활동이 여러 국가에서 일어나는 것을 글로벌 가치사슬이라 칭하지요.

글로벌 가치사슬의 한 예로 디자인 작업은 이탈리아에서 진행하고 원부자재는 인도에서 공급받으며 완성품은 한국에서 제작한 뒤 실제 매출은 미국에서 발생하는 제품의 경우를 들 수 있습니다. 운송 시스템과 IT 기술이 발달한 최근에는 조금이라도 원가 경쟁력이 있거나 원부자재의 품질이 우수하다면 세계 어느 국가로든 찾아가는 것이 일반화되었습니다. 그만큼 가치사슬에서 창출되는 부가가치가 커짐에 따라 회사의 주주 가치도 상승하고 있습니다.

지금까지 주식 투자를 위한 산업 분석을 마이클 포터 교수가 제안한 '다섯 가지 힘, 경쟁 전략 분석, 글로벌 가치사슬 분석'이라는 세 가지 프레임에서 살펴봤습니다.

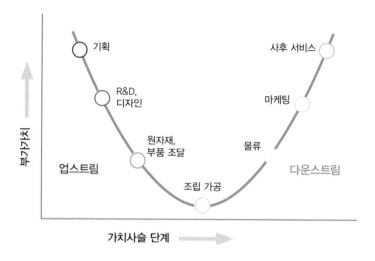

가치사슬과 부가가치의 관계

뛰어난 사냥꾼은 효과적인 사냥을 위해 활, 사냥총, 산탄총을 비롯한 여러 장비를 구비해 두고, 원하는 사냥감이 무엇인가에 따라 선택합니다. 마찬가지로 투자자 역시 원하는 사냥감을 잡으려면 그에 맞는 장비를 사용해야 하지요.

마이클 포터 교수가 산업 분석을 위해 제시한 세 가지 방식은 투자자가 투자 대상을 찾기 위해 제일 먼저 사용하는 장비와도 같습니다. 좋은 장비에 대해 아무리 알고 있는 것이 많아도 올바르고 현명하게 사용하지 못하면 무용지물입니다. 꾸준히 연습을 반복하며 산업을 분석하는 노하우 및 경험을 지속적으로 쌓아나가야 합니다.

⑤ 주식의 적정가치를 측정하는 방법

실제 투자에 앞서 투자자로서 반드시 알아야 하는 것은 주식의 적정가치를 측정하는 방법입니다. 이것이 가능해야만 현재 시장에서 거래되는 주식의 가격이 적정한지 아닌지를 판단할 수 있기 때문입니다. 물론 적정가치를 정확히 맞추기란 불가능한 일이니 '적정가치와 최대한 가까운 가치를 추정해 낸다'고 표현하는 것이 적절할 것입니다.

실제로 주식의 가치를 평가하려면 복잡한 산식에 여러 가정을 더해서 추정을 해야 합니다. 그러나 이 과정을 자세히 설명하기엔 지면의 한계가 있으므로 여기에서는 기본적인 개념을 중심으로 설명하겠습니다. 가치평가와 관련된 내용을 보다 자세히 알고 싶은 분께는 『가치평가론(Investment Valuation)』이란 책을 권합니다. 가치평가의 대가라 불리는 뉴욕대학교 경영대학의 애스워스 다모다란(Aswath Damodaran) 교수가

투자할 주식, 제대로 알고 선택하자

주식 시장이 활황일 때 간혹 주변 사람들의 이야기만 듣고 매수한 주식으로 수익을 얻는 이들이 있습니다. 그들은 그것이 자기 능력의 결과라 착각하고 투자를 지속하지만 결국은 횡보장이나 하락장에서 큰 손실을 입습니다.

특정 종목을 선택할 때는 합리적 근거가 있어야 하고, 수익이 났다면 그 이유를 알고 있어야 합니다. 그렇지 않은 수익은 진정한 내 것이 아니며 언젠가는 나를 떠날 것이기 때문입니다.

그런 점에서 투자 대상 주식의 가치를 올바르게 평가하는 것은 진정한 수익을 얻는 데 필요한 필수 작업입니다. 제대로 알고 선택한 주식만이 제대로 된 수익을 가져다준다는 점을 기억해야 합니다.

쓴 이 책은 가치평가 분야의 고전과도 같은 책입니다.

투자 시에는 '이 정도 가격이라면 적절하다'고 판단할 수 있는 기준점을 어느 정도 마련해야 합니다. 기준점을 찾아가는 방식에는 여러 가지가 있지만 크게 두 가지 방법으로 나뉩니다. 하나는 본질가치 평가법, 다른 하나는 상대가치 평가법입니다. 두 방법 모두 이론적으로는 동일한 가치를 도출해 내지만 그 답에 도달하는 방식이 다르고, 또 실제로 동일한 가치가 산출되는 경우도 드뭅니다. 그렇기에 이 둘 모두를 사용하여 실제 적정가치에 최대한 근접하려는 노력을 해야 합니다.

본질가치 평가법

이론적으로 이야기하자면 주식의 본질가치는 '기업이 주주에게 줄 미래의 현금흐름을 주주가 요구하는 적절한 수익률로 할인한(즉, 나눈) 현재가치'에 해당됩니다. 이 말을 이해하려면 '미래의 현금흐름' '주주가 요구하는 수익률'이 무엇을 의미하는지부터 알아야 합니다.

기업의 목표는 이윤 추구이며, 제품이나 서비스를 만들어 고객에게 제공하면 고객은 그에 대한 대가를 지불합니다. 기업의 입장에서 이때의 대가는 매출로, 제품 혹은 서비스 제공을 위해 사용된 여러 비용은 원가로 기록됩니다. 이 매출과 원가의 차이가 곧 이윤에 해당하지요.

기업은 이 이윤을 회사의 주인인 주주들에게 그들이 보유하고 있는 주식수에 비례하게끔 계산해서 돌려주는데, 이를 두고 우리는 '주주에게 줄 미래의 현금흐름'이라 이야기합니다. 그리고 미래의 현금흐름을 측정하는 데는 잉여현금흐름◆ 또는 배당금◆ 등과 같은 도구가 사용됩니다.

또한 주주는 회사의 사업 내용 및 성격에 따라 위험의 정도를 판단하고 그것을 반영한 수익률을 회사 측에 요구하는데 이를 '요구수익률'이라 합니다. 요구수익률은 국채와 같은 안전자산에서 나오는 수익률에 회사의 위험 프리미엄을 반영하여 산출됩니다.

예를 들어 현재 국채 수익률이 2퍼센트이고 회사가 갖는 위험 프리미엄이 8퍼센트라면 해당 회사에 대한 요구수익률은 2퍼센트와 8퍼센트를 합친 10퍼센트가 됩니다. 우량하고 안정된 사업을 영위하는 대기업이라면 위험 프리미엄도 낮겠지만 사업의 미래 전망이 불투명하고 매출 규모도 작은 기업이라면 투자자가 느끼는 위험 프리미엄은 상대적으로 높겠지요. 따라서 이런 기업의 경우엔 요구수익률도 높게 책정됩니다.

앞서 이야기했듯 주식의 본질가치는 '미래의 현금흐름을 주주가 요구하는 적절한 수익률로 할인한 현재가치'의 식으로 구합니다. 즉, 이 식에서 '미래의 현금흐름'은 분자의 자리에, '요구수익률'은 분모의 자리에 있지요. 따라서 '미래의 현금흐름'이라는 분자의 값이 커지면 결과로 산출되는 본질가치의 값도 커질 테고, 분모인 '요구수익률'의 값이 커지면 본질

잉여현금흐름(free cash flow)

기업의 영업현금흐름에서 재무적 지출을 차감한 금액. 잉여현금흐름은 기업이 신규 투자나 인수·합병 등을 시행하는 데 활용되기 때문에 추후 주주의 가치를 증대시킬 수 있는 자본으로 인식된다.

배당금(dividend)

기업은 사업을 통해 벌어들인 수익을 사내에 유보하거나 투자자인 주주에게 분배할 수 있는데 후자의 금액을 배당금이라 한다. 대개는 현금으로 지급하지만 간혹 주식으로 지급하는 경우도 있다.

$$\text{주식의 본질가치} = \frac{\text{미래의 현금흐름}}{\text{요구수익률}}$$

가치의 값은 작아질 것입니다.

사업을 성공적으로 전개해 돈을 잘 버는 기업의 주식은 시장에서 높이 평가받는데, 이는 본질가치를 평가하는 식에서 분자 값이 커지기 때문입니다. 중앙은행이 시장의 이자율을 올릴 때 기업들의 주가가 하락하는 이유 역시 식에서의 분모 값, 즉 투자자가 기업에 요구하는 요구수익률이 높아지기 때문입니다.

상대가치 평가법

상대가치 평가법은 투자 대상으로 고려하고 있는 기업을 그와 동일하거나 유사한 업종에 있는 기업과 비교하는 방법입니다. 반도체 산업에 속해 있는 SK하이닉스라는 기업의 가치를 평가하고 싶다면 그와 유사한 회사인 삼성전자, AMD(Advance Micro Device), 인텔(Intel) 등 동종 산업 내의 기업들과 비교해 보는 것입니다.

그렇다면 여기에서 중요한 것은 '무엇을 기준으로 비교할 것인가'가 되겠지요. 이때 가장 많이 사용되는 것이 주가를 주당순이익으로 나눈 지표인 PER, 즉 주가수익비율(price earnings ratio)입니다.

앞의 예를 다시 들자면 SK하이닉스와 삼성전자, AMD, 인텔은 동일 산업에 속해 있으니 PER도 어느 정도 비슷한 수준일 것이란 가정하에 SK

하이닉스의 PER을 그 기업들의 평균 PER과 비교해 보는 방식입니다. 만약 그 평균치보다 SK하이닉스의 PER이 높다면(혹은 낮다면) '이 회사는 현재 상대적으로 고평가된(혹은 저평가된) 것이 아닐까?'라 생각해 보는 것이 상대가치 평가의 기본 태도입니다.

그러나 이는 항상 옳은 것이 아니기에 절대적 기준으로 삼기엔 위험합니다. PER이 높은 것은 고평가 외의 다른 원인 때문일 수도 있습니다. 가령 투자자들이 현재 비싼 가격에 거래하는 주식이라면 해당 회사의 성장 전망이 좋기 때문에 현재 주가에 선반영되어 있을 가능성이 있습니다.

마찬가지로, PER이 낮은 것은 저평가 때문일 수 있지만 성장 전망이 불투명하기 때문에 투자자들이 가격을 낮춰 거래하고 있다는 증거일 수 있습니다. 따라서 단순히 PER 수치만을 비교하기보다는 본질가치 평가로 도출된 주가를 놓고 함께 비교하며 판단하는 것이 바람직합니다.

주가수익비율 외에도 주가순자산비율(PBR: Price Book Value Ratio), 주가매출액비율(PSR: Price Sales Ratio), EV/EBITDA 비율 등 다양한 개념이 상대가치 평가의 기준점으로 활용됩니다. 예를 들어 은행처럼 자산이 많은 기업의 경우에는 대개 주가순자산비율을, 초기에 이익이 발생하지 않는 스타트업의 경우엔 매출에 대한 가격비율인 주가매출액비율을, 그리고 M&A 등의 진행 시엔 EV/EBITDA 비율을 활용하는 식입니다. 다음은 이들 비율에 대한 간략한 설명입니다.

- 주가수익비율(PER): 현재 주가를 주당순이익으로 나눈 값. 주식 시장에서 가장 보편적으로 사용되는 비율로, PER이 상대적으로 높은 기업은 성장성이 높다고 판단됩니다. 그러나 기업의 사업구조가 성장성이

크지 않음에도 PER이 높다면 기업이 과대평가되었다고 판단할 수도 있습니다. PER의 높고 낮음에 대한 해석은 고평가·저평가로 볼 수도 있으며 동시에 기업의 성장성에 대한 프리미엄(PER이 높은 경우) 또는 할인(PER이 낮은 경우)이 반영되었다고 볼 수도 있습니다.

- 주가순자산비율(PBR): 현재 주가를 주당순자산가치로 나눈 값으로 기업의 안정성과 수익성에 비례합니다. 순자산가치는 기업이 부도가 날 경우 부채를 모두 변제하고 남는 자산(총자산 − 총부채)으로 이것이 높을수록 재무구조가 안정적이라는 뜻입니다.

- 주가매출액비율(PSR): 현재 주가를 주당매출액으로 나눈 값입니다. 현재 주가의 수준을 매출액 성장여력의 배수로 판단하는 지표로, 이 비율이 높을수록 매출액의 성장 가능성이 높다고 판단합니다. 미국의 나스닥 시장에서 기술기업을 평가할 때 사용됩니다.

- EV/EBITDA 비율: 기업가치(EV: Enterprise Value)를 세전영업이익(EBITDA: Earnings Before Interest, Taxes, Depreciation and Amortization)으로 나눈 값입니다. 해당 기업의 가치가 순수 영업활동을 통한 현금흐름의 몇 배인지를 보여주는 지표로, 이 비율이 상대적으로 낮으면 그 기업이 상대적으로 저평가되어 있다고 판단합니다.

그 외 진정한 가치평가를 위해 갖춰야 할 능력

이상과 같이 주식가치를 평가하는 데 많이 사용되는 두 가지 방식에 대해 알아봤습니다. 이 방식들로 특정 기업의 본질가치나 상대가치를 도출했다면 동일 기업에 대해 여러 증권사 애널리스트들은 어떤 의견을 내놓았는지 비교해 보는 것도 좋습니다. 그들이 제시하는 '적정가격'이란 것을 합리적인 본질가치라고 생각하면 큰 무리가 없을 것입니다.

가치평가의 결과는 결국 해당 주식에 대한 매입(혹은 매도) 판단의 근거로 사용됩니다. 앞서 '투자는 어떤 대상이 현재 거래되는 가치, 즉 인식가치와 그것이 원래 갖고 있는 본연의 가치, 즉 본질가치를 끊임없이 비교하고 평가하는 과정'이라고 한 바 있는데, 이와 동일한 맥락의 이야기입니다. 어떤 주식이 갖는 이 두 가치를 비교하여 본질가치보다 인식가치가 높으면 현재 고평가되어 있으니 매도하겠다는, 또 반대라면 저평가되어 있으니 매수하겠다는 판단을 내리는 것입니다.

투자의 고수 워런 버핏은 투자하고자 하는 기업의 현재 주가가 자신이 생각하는 본질가치보다 높으면 주가가 제 가치에 가까운 수준으로 낮아질 때까지 현금을 보유하고 기다린다고 합니다. 이것이 가치투자에 근거한 전형적인 자세입니다.

어떤 방식으로 가치를 평가하든 투자자로서 알아야 하는 것은 기업의 재무제표를 읽고 분석하는 방법입니다. 대차대조표나 손익계산서, 현금흐름표 등 중요 재무제표의 내용을 알고 계정과목을 이해하며 숫자가 의미하는 바를 해석함은 물론 영업현금흐름, 잉여현금흐름, 주당순이익 등 가치평가에 필요한 수치들을 계산해 낼 수 있어야 합니다.

이를 위해 저는 회계원리, 재무관리와 투자론을 기본 지식으로 공부하여 갖출 것을 강하게 권합니다. 사냥도구의 사용법을 제대로 알려면 각 도구들의 작동 원리부터 학습한 뒤 실제로 사용해 보며 미묘하게 다른 도구별 장점과 필요성을 감각으로 쌓아야 합니다.

마찬가지로 투자에서도 우선은 재무제표의 원리를 먼저 파악하고, 관련 지표를 도출하여 사냥도구인 가치평가 방식에 넣어본 뒤, 그 결과값에 따라 내가 염두에 두고 있는 사냥감을 포획할 시점을 판단합니다. 어떤 일을 하든 실력 향상의 정석은 이론으로 기초를 단단히 다지고 그 위에 실전 경험을 쌓아가는 것입니다. 이는 투자에서도 예외가 아닙니다.

재무제표를 읽을 때는 사업계획을 설명하는 부분에 특히 주의를 기울여야 합니다. 회사는 몇 페이지 안 되는 사업계획서를 통해 사업의 핵심 내용 및 전략을 보여주려 노력합니다. 그만큼 사업계획서는 해당 사업의 핵심만 추려냈으며 과장되거나 근거 없는 표현도 사용하지 않은 문서입니다. 회계감사인이 내용의 적절성을 검토하기도 하고 상장회사인 경우엔 규제상으로도 조심스러운 부분이 많기 때문입니다.

그렇기에 정량적인 자료와 정성적 자료를 바탕으로 사업계획을 파악하는 것은 균형 잡힌 식단의 다이어트를 하는 것과 같습니다. 특히나 분석 과정에서 중요한 부분은 '재무제표에 숨어 있는 행간'을 파악하는 것입니다. 퍼져 있는 숫자와 지표들을 모아 자신만의 논리로 행간을 읽어내는 것이야말로 진정한 주식가치 평가 능력이라 하겠습니다.

💰 성공적인 주식 투자를 위한 습관

실제 주식 투자의 과정에서 사람들은 여러 가지 실수를 저지르곤 합니다. 그리고 그 실수들은 대개 '해야 할 것'과 '하지 말아야 할 것'이 습관으로 자리잡히지 않은 탓에 발생하는 경우가 많지요.

미국의 경영대학원에서 공부했던 1993년의 추수감사절 무렵, 도서관에서 혼자 책을 보고 있던 저는 당시 경영학 박사과정에 있던 선배와 만나 잠시 커피를 마셨습니다. 그때 선배는 제게 이렇게 말했습니다. "매일 《월스트리트저널》이나 《비즈니스위크》의 기사를 하나씩 읽는 습관을 들이면 어떨까? 그렇게 10년 이상을 하면 상당히 내공이 쌓일 거야."

그날부터 저는 선배가 말한 습관을 갖기 위해 노력했습니다. 글로벌 경제 이슈를 다루는 인터넷 뉴스나 잡지, 방송을 구독해 매일 20분~1시간 동안 읽거나 보았고, 그날 알게 된 내용 중 중요한 것들은 노트에 한두 문단으로 정리했습니다. 같은 매체를 계속 접하면 지루해질 수도 있어서 월요일은 경제신문, 화요일은 글로벌 경제 관련 유튜브, 수요일은 경제 관련 TV 영상, 목요일은 투자 및 산업 관련 잡지 읽기 등으로 구성을 달리하기도 했지요.

또한 하루도 빠짐없이 하겠다는 목표는 부담이 클 수 있으니 초반에는 '매주 최소 사흘은 해보자' 그리고 좀더 시간이 지나면 '한 달에 20일 이상은 해보자' 하는 식으로 실행 일수를 점진적으로 늘렸습니다.

처음 3개월은 힘들었습니다. 하지만 그 기간을 버티고 나니 1년간 해나갈 수 있었고, 그 1년이 지난 뒤 3~5년 동안엔 제게 맞는 루틴을 만들고 개선시킬 수 있었습니다. 여러분도 매일 생기게 마련인 자투리 시간을 이렇게 국내외 경제 관련 이슈들을 파악하는 데 꾸준히 반복적으로 할애한다면 그 어떤 방식의 경제 공부보다 뛰어난 효과를 거둘 수 있을 것입니다.

주식 투자를 위해 꼭 해야 할 일

꾸준히 뉴스를 접하는 것 외에도 성공적인 주식 투자를 위해 습관처럼 반드시 갖춰야 할 일들이 있습니다. 다음은 그것들에 대해 제가 정리해본 내용입니다.

- 전문가 의견 듣기: 주식 투자 전문가들은 많지만 모든 전문가의 말을 들을 필요는 없습니다. 단기 매매의 기술을 말하는 고수들보다는 장기적 관점에서 전문성을 가진 이들의 의견과 경험, 사례, 이론에 대한 이야기를 많이 들으시기 바랍니다. 그런 사람들의 이야기를 듣다 보면 그들의 건강한 투자 철학이 내게도 내재화되기 시작합니다.

- 재무제표와 관련된 공부하기: 누누이 말하지만 재무제표의 행간을 읽고 숫자를 분석하고 사업계획서를 파악할 수 있는 능력은 주식 투자자가 갖춰야 할 제1의 덕목입니다. 자신이 투자하려는 종목의 지난 3년간 재무제표를 보고 향후 재무 상황까지 예측하는 방법은 무조건 공부하여 자신의 것으로 만들어야 합니다.

- 경제신문 꾸준히 읽기: 국내 경제일간지부터 글로벌한 경제 및 금융 이슈를 다루는 언론의 기사를 꾸준히 읽어야 합니다. 바쁜 날엔 헤드라인만 읽는 한이 있어도 매주 최소 나흘 이상은 이 습관을 갖기 위해 애써야 합니다. 이렇게 5년이든 10년이든 해나가다 보면 연대기적 관점에서 경제 현상과 산업 동향을 바라보는 나만의 시각이 자연스럽게 형성됩니다.

  다만 기업이나 경제와 관련된 심도 있는 주제의 기사를 읽어야 한다는 점에 유의하시기 바랍니다. 매일의 주식 시장 시황을 다루는 기사는 별 도움이 되지 않습니다.

- 좋은 투자 클럽 가입: 자본 시장 내에나 개인투자자들 사이에는 양질의 투자스터디 그룹 혹은 클럽들이 많습니다. 그중 내게 좋은 영향력을 주는 한두 개에 참여해서 경제와 금융을 바라보는 객관적 시각을 함양하고 정보나 지식을 습득하는 일을 게을리하지 말아야 합니다.

자신의 시각이 편향되거나 잘못되었을 가능성은 누구에게든 항상 존재하는데, 좋은 그룹이나 클럽의 사람들은 그 점을 발견하고 내게 이야기해줄 수 있는 든든한 안전망이 되어줄 것입니다.

주식 투자를 위해 절대 하지 말아야 할 일

주식 투자는 한두 번의 투자로 결판이 나는 것이 아닌, 장기적으로 진행되는 경기입니다. 이런 경기에서의 승리는 대개 운이 아닌 평소의 습관 혹은 노력이 좌우하지요. 성공적인 주식 투자를 위해선 앞서 살펴본 좋은 습관들을 갖기 위해 노력함과 동시에 나쁜 습관이 들지 않도록 애쓰는 일도 필요합니다. 다음의 것들이 나쁜 습관의 예입니다.

- 시황에 일희일비하기: 우리는 아침에 눈을 떴을 때부터 밤에 잠자리에 들기 전까지 자본 시장의 여러 시황에 노출되어 있습니다. 어제는 나스닥 시장이 폭락을 했고, 오늘은 코스피 장이 소폭 반등을 하고 있으며, 내일은 상하이 주식 시장이 하락할 것으로 예상되고, 선물 시장은 과열 상태라는 식의 소식들이 그것이죠.

  우리에게 필요한 것은 시장의 분위기나 전반적인 동향이지 매일 매 시간별 시장 상황이 아닙니다. 하루하루의 시황에 촉각을 곤두세우고 그에 따라 감정이 휘둘리는 것은 장기적 투자 자세를 유지하는 데 방해만 될 뿐이니 지양하는 것이 좋습니다.

- 차트에 의존하기: 처음 주식 투자를 시작하는 투자자들이 가장 쉽게 배우는 것은 차트 분석입니다. 이유는 간단합니다. 이해하기 쉽기 때문이죠. 그러나 차트에 의존한 투자는 시장수익률을 초과하는 성과를 내지

못한다는 것이 여러 연구결과에 따른 정설입니다.

물론 기가 막힌 감각으로 차트의 정보에 의존하여 단타 매매를 함으로써 큰 수익을 내는 이들도 간혹 있습니다. 그러나 그런 사람들은 극히 소수인 데다 전업투자자일 가능성이 높기에 롤모델로 삼아선 안 됩니다. 또한 차트에 의존하다 보면 올바른 투자 정보를 제대로 분석한 후 본질가치에 기반을 두는 중장기적 투자를 하기가 어려워진다는 점도 기억해 두시기 바랍니다.

• 빚으로 투자하기: 부동산 투자는 대개 부채를 활용하여 이뤄지는 것이 일반적입니다. 그러나 주식 투자에선 전문가나 헤지펀드가 일정 투자 포지션이나 전략을 구현하기 위한 경우가 아닌 한, 즉 개인투자자라면 절대 빚으로 투자해선 안 됩니다.

대세 상승장에선 부채가 지렛대 효과를 일으켜 수익률을 높일 수 있지만, 하락장에 들어서면 미처 손을 쓸 틈도 없이 손실이 커져 흔히 말하는 '깡통계좌'가 속출합니다. 그만큼 주식 시장은 변동성이 심하

20 대 80의 원칙

정보의 홍수 시대를 사는 우리는 자신에게 가치 있는 정보와 그렇지 않은 정보를 구분할 수 있어야 합니다. 그리고 그 둘을 구분하는 능력은 자신에게 달려 있습니다.

처음에는 그저 많은 정보를 알고 있는 것만이 좋은 줄 알고 온갖 정보를 쫓아다니지만, 그렇게 해서 얻는 잡다한 정보들은 내게 수익을 가져다주기는커녕 판단을 흐리게 만들어 손실을 보게 할 수도 있습니다.

우리가 접하는 정보 중 도움이 되는 것은 20퍼센트 정도에 불과합니다. 나의 판단력 함양에 도움이 되는 20퍼센트와 무용지물인 80퍼센트의 정보를 구분할 수 있는 힘을 길러야 합니다. 탄탄한 투자 실력은 그 20퍼센트에서 나오기 때문입니다.

므로 부채를 사용해 투자하는 일은 피해야 합니다.

- 허황된 꿈을 찾기: 주식 투자를 하다 보면, 아니 주식 투자를 하지 않는 사람이라도 '누구는 주식으로 몇 배, 몇 십 배의 수익을 올려 벼락부자가 되었다더라' 하는 이야기를 가끔 듣곤 합니다. 그러나 실제로 그런 사람은 극히 일부일 뿐 아니라, 그렇게 큰 수익을 거뒀다 해도 한두 종목에 국한된 것일 가능성이 높습니다.

역사적으로 살펴보면 주식 투자 수익률은 연 10퍼센트 안팎에서 움직여왔습니다. 때문에 전체 포트폴리오를 통해 연 수익률을 두 자리수로만 유지한다고만 해도 뛰어난 투자를 한 셈입니다. 그에 만족하지 않고 주식 투자로 팔자를 고치겠다거나, 집을 살 돈을 마련하겠다거나, 곧장 은퇴해도 될 만큼 큰 돈을 벌겠다고 마음먹는 것은 곧 '나는 내 투자 자금의 대부분을 머지않은 미래에 모두 날리겠다'고 결심하는 셈이나 마찬가지임을 기억해야 합니다.

💰 제국을 알아야 주식이 보인다

페이스북, 아마존, 애플, 넷플릭스, 구글 등 소위 FAANG은 현재 인터넷을 기반으로 하는 자신들의 세상을 만들어 전 세계를 장악하고 있습니다. 앞으로도 그 세상을 더욱 견고히 다지며 확대해 나갈 것이라 예상되지요. 그런 의미에서 그들이 만든 세상을 '제국'으로, 또 그 기업들을 '제국 기업'으로 일컬어도 그리 어색한 표현은 아닐 것입니다.

본디 제국은 밑에 봉토를 관리하는 제후국들을 거느리고 그들과 조공

관계를 맺는다는 특징을 갖습니다. 온라인서점이라는 제후국을 필두로 하여 형성되기 시작한 아마존 제국은 클라우드 컴퓨팅 제후국을 통합해 영토를 넓혔지요. 뿐만 아니라 제프 베조스(Jeff Bezos)라는 황제의 지휘 하에 우주 식민지 개척을 위한 블루 오리진(Blue Origin)이라는 군대를 양성, 우주에도 제후국을 건설하려는 야심찬 프로젝트를 진행 중입니다.

그런가 하면 구글 제국은 서치엔진이라는 주력 제후국을 중심으로 기존의 오프라인 광고를 대체하는 온라인 광고, 동영상을 스트리밍하는 유튜브, 심지어 자율주행 자동차 사업까지 확장하는 새로운 제국을 만들어나가고 있습니다.

이러한 제국은 태평양 건너 대한민국에서도 점차 형성되고 있습니다. 네이버 제국은 비록 시작은 작았으나 지금은 한반도를 벗어나 아시아로 뻗어나가고 있지요. 또한 카카오톡이라는 중소군현으로 시작한 카카오 제국은 그런 네이버를 강하게 견제하는 새로운 세력으로 발돋움하는 상황입니다.

이쯤에서 역사학자들이 이야기하는 제국의 특징을 간략히 살펴보겠습니다. 예일대학교 역사학과 교수인 폴 케네디(Paul Kennedy)는 강대국의 조건으로 많은 인구, 넓은 영토, 고도의 경제 및 기술력, 그리고 강력한 부와 군사력을 들었습니다. 하버드대학교 석좌교수인 조지프 나이(Joseph Nye)는 '강대국은 중요한 전쟁에서 승리하는 국가'라고 하면서, 현대적 상황에 맞는 조건을 하나 추가한다면 '강력한 소프트 파워를 갖춘 국가'라고 이야기했습니다.

뉴욕대학교 역사학과 교수인 제인 버뱅크(Jane Burbank)에 따르면 이런 강대국이자 제국은 방대한 영토와 다양한 사람들을 어떻게 통치해야 할지에 대한 문제에 직면한다고 합니다. 결국은 단순히 힘으로만 해결하기 어려우니 사람들의 마음을 사야 한다는 것, 즉 제국의 일원이 되고 싶다는 생각이 자발적으로 들게끔 해야 한다는 것을 깨닫게 됩니다.

강대국 혹은 제국이 갖는 몇몇 특징을 현 시대의 제국 기업이라 할 수 있는 FAANG에 적용하여 한번 생각해 볼까요?

- 제국의 확장: 알렉산더 대왕은 마케도니아에서 시작해 그리스 반도의 도시국가들을 점령한 데 이어 페르시아 제국, 인도는 물론 아프리카 북부의 이집트까지 차례로 정복함으로써 영토를 넓혔습니다. 마찬가지로 FAANG 역시 성장하는 기술 기업, 스타트업, 유사한 플랫폼 기업들을 지속적인 M&A를 통해 내부로 편입시킵니다.

- 제국의 원가경쟁력: 로마 제국은 이집트의 밀 곡창지대를 확보, 양질의 밀을 수확하여 로마 시민들에게 빵을 공급했습니다. 또 정복 전쟁 시에는 필요하면 속주에서 군대를 동원해 대리전을 펼치기도 했지요. FAANG 기업들도 공급망 가치사슬을 활용하여 외주 제작, 데이터 센터의 활용 등의 방식으로 비용을 최소화하는 전략을 구사합니다.

- 희소성의 유지: 로마인에게는 로마의 시민이 된다는 것 자체가 큰 가치였습니다. 그들은 식민지의 구성원이 아닌 제국의 시민이라는 것만으로도 자부심을 가질 수 있었는데, 그 이유는 로마의 시민이라는 희소성 때문이었습니다.

애플의 신제품이 나올 때면 애플 마니아들은 출시 전날부터 매장 앞에 몰려들어 대기줄을 만들곤 합니다. 누구보다 먼저 해당 제품을 소유하려는, 즉 그 제품의 희소성이 높을 때 손에 넣음으로써 자신이 애플 제국의 일원임에 자부심을 느끼려는 것입니다. 포장을 뜯지 않은 상태의 제품을 수집하는 애플 마니아들의 심리도 이와 동일할 것입니다.

- 알짜배기 식민지 소유: 강대국이었을 때의 네덜란드와 영국에겐 각각 인도네시아, 그리고 인도와 북미 대륙이란 알짜배기 식민지가 있었습니다. 네덜란드는 향신료의 무역을 통해서, 영국은 면화의 무역을 통해서 식민지로부터 엄청난 부를 축적했기에 이들 제국은 강력한 군대를 유지하며 세계의 경찰 역할을 하고 정복과 방어 전쟁을 펼칠 수 있었지요.

  그리고 현대의 제국인 아마존은 아마존웹서비스(AWS: Amazon Web Service)라는 알짜배기 사업을 보유하고 있습니다. 설사 다른 사업에서 손실이 발생한다 해도 AWS라는 강력한 캐시카우(cash cow)가 큰 이익을 거둬주는 덕에 아마존은 어떤 분야에서 어떤 경쟁자와 대결해서 이길 수 있는 힘을 가집니다. 그리고 이 힘을 바탕으로 제국의 영토를 더욱 넓혀가지요.

그런데 주식 투자와 관련된 내용을 살펴보다가 왜 갑자기 제국 및 제국 기업에 대한 이야기가 나온 것인지 의아하지 않으셨나요? 이제 그 이유를 말씀드리겠습니다.

제국 기업은 하루 아침에 만들어지지 않는다

주식 투자와 이러한 제국 기업은 어떤 상관관계를 가질까요? 저는 현시대의 주식 투자자들에게 제국 기업을 찾아내는 눈이 반드시 필요하다고 생각합니다. 왜냐하면 결국 장기투자를 통한 수익률의 실현은 제국을 만드는 기업들의 투자를 통해서 가능하기 때문입니다.

미래를 보는 눈 즉, 하늘을 나는 매의 눈을 가진다면 향후 산업을 지배하는 제국 기업을 미리 알아볼 수 있습니다. 그러기 위해서는 꾸준히 메가 트렌드를 공부하고 통찰력을 가져야 합니다. 하루 아침에 이루어지지 않는 과정이고 이것을 견뎌낸 사람들이 장기 투자에 성공을 합니다.

투자의 귀재라고 일컬어지는 유명한 투자자들은 결국 이 과정을 거쳐서 본인만의 관점, 즉 눈을 가지게 된 것입니다. 제국 기업은 하루 아침에 만들어지지 않기에 투자가가 조기에 알아보고 투자할수록 수익률은 높게 마련입니다.

주식의 가치는 미래현금흐름을 할인한 현가의 합입니다. 제국의 가치는 미래 식민지에서 거두어 들이는 조공을 할인한 현가의 합이라고 볼 수 있습니다. 제국을 알면 제후국이 보이고 속국이 보이고 식민지가 보이듯이 제국 기업을 알면 섹터 대표 기업이 보이고, 가장 강력한 공급업체가 보이고, 초기 단계의 스타트업까지 보입니다.

높이 날수록 아래가 잘 보이고 멀리 날수록 더 멀리 보듯이, 투자자는 넓고 길게 투자 대상을 보는 눈을 가져야 합니다.

6장

부동산_ 공간과 사업을 연결하라

부동산, 특히 집에 대해 우리 한국인이 갖는 시각은 복잡해서 짧게 정의하기가 어렵습니다. 하지만 그럼에도 가장 잘 나타내는 한 단어를 꼽으라면 저는 '애증'이라 답하고 싶습니다. 이 장에서 앞으로 이야기할 부동산도 대개는 아파트나 주택 등 '주거용 부동산'을 의미한다는 점을 미리 밝혀둡니다.

2000년대 들어서는 주식이, 또 2010년대에 들어서는 펀드가 자산 증식의 수단으로 널리 인정받았지요. 그리고 2020년 이후부터는 비트코인이나 이더리움 등의 가상자산이 새로운 투자 대상으로 인식되고 있습니다. 그런데 이러한 투자들이 보편화되기 전부터 지금까지 부동산은 현대 한국에서 개인의 부를 증대시키는 주요 원천이었습니다.

1970년대부터 시작된 강남 개발과 1980년대의 분당 및 일산 신도시 건설 붐은 유례를 찾아볼 수 없는 부동산 투기 분위기를 조성했습니다.

부동산에 인생을 건 투자자들이 '강남복부인'이라는 명칭으로 활개를 쳤던 세상은 한국인에게 부동산의 이미지를 처음으로 시각화해주었습니다.

그렇게 몸값이 오르던 부동산은 1990년대 후반의 IMF 위기를 피하지 못한 채 폭락을 경험했고, 당시 '영끌'을 하며 발 빠르게 행동한 이들은 서울에 아파트를 장만하는 기회를 잡기도 했습니다. '영끌'이라는 단어 자체는 최근에 만들어진 것이지만 사실 그 행위 자체는 수십 년 전에도 존재했습니다. 금융 기관에서의 대출만으로 부동산을 구입하기엔 부족해 친가나 외가에 손을 벌려 자금을 끌어 모으곤 했으니까요.

'영끌'이란 표현의 핵심은 부채를 조달하여 투자한다는 데 있습니다. 앞서 저는 주식 투자 시 절대 하지 말아야 할 것 중 하나로 빚으로 투자하는 일을 들었습니다. 부채를 사용해 주식 투자를 하는 것은 전문가 수준의 투자자만이 할 수 있는 과감한 행동이기 때문이지요. 그러나 부동산 투자라면 이야기가 다릅니다.

많은 사람들이 부동산 투자를 할 때면 부동산 투자 금액의 일부를 부채로 조달해서 해결하고자 합니다. 이유는 간단합니다. 부동산은 빚을 내서 투자하기에 적합한, 즉 투자 가치가 어느 정도 보장되는 안전자산의 성격을 갖기 때문입니다.

손으로 벽을 만질 수 있고 거실이나 주방, 화장실 등을 눈으로 확인할 수 있는 자산을 우리는 유형자산, 영어로는 'real asset' 혹은 'tangible asset'이라 합니다. '진짜 자산' '만질 수 있는 자산'이라는 뜻이지요. 우리말로 '부동산(不動産)', 즉 '움직이지 않는' 이런 자산은 향후에도 그 가치가 어느 정도 지켜진다고 믿기에 사람들은 최대한의 빚을 내서라도 그것에 투자하고자 했습니다.

부동산에 대한 사람들의 욕망은 한국이 급격한 경제발전을 이뤘던 시기든 지금이든 똑같이 뜨겁습니다. 내 집 마련에 대한 갈망은 특히나 더하지요. 그래서 그 목표를 위해 죽도록 일하고 '이 정도면 가능하겠지'라고 생각될 쯤이면 부동산 가격은 다시금 상승해 저멀리 도망가버리곤 합니다. 실망에 빠지기도 하지만 한편으론 '좀더 열심히 일하고 저축해야지. 그럼 될 거야'라는 생각을 하게 만드는 그 자산, 바로 부동산입니다. 그러니 어찌 애증의 관계가 아니라고 할 수 있을까요.

하지만 부동산을 막연히 좇는 것이 아니라 그것이 투자 대상으로서 갖는 특성을 이해하고 그에 맞는 투자 방법을 연구한다면 '애증'을 '애정'으로 바꿀 수 있는 가능성도 높아질 것입니다. 사냥감의 뒤만을 따라서 힘들게 뛰어다닐 것이 아니라 어떤 도구를 사용하여 잡으면 좋을지, 지금부터 함께 생각해 보겠습니다.

💲 투자 전에 알아야 할 기초 지식

우선 부동산의 분류와 특징, 부동산 투자의 장단점 및 고려 사항 등 부동산 투자와 관련하여 알아두어야 할 기초 지식들부터 살펴보겠습니다.

부동산은 우선 사용 목적에 따라 분류할 수 있습니다. 다음은 일반적으로 사용되는 분류 방식인데 직관적이고 이해하기 쉬운 장점이 있습니다.

- 농업용 부동산: 농지, 임야, 목장 등
- 주거용 부동산: 단독주택, 다가구 주택 등

- 상업용 부동산: 아파트, 사무실, 창고, 상가, 호텔 등
- 산업용 부동산: 공장, 플랜트, 물류센터 등
- 특수목적용 부동산: 교회, 공원, 묘지, 학교, 관공서 등

사실 부동산의 분류를 세세히 아는 것이 부동산 투자의 결과를 크게 좌우하는 것은 아닙니다. 그래서 분류 카테고리명을 들었을 때 그것이 어떤 의미이고 대략적으로 어떤 형태의 부동산들이 해당되는지 정도만 파악할 수 있으면 되지요. 다가구, 다세대, 공동주택, 근린생활시설 등의 단어들이 갖는 정확한 의미는 그때그때 인터넷 검색을 통해 알아봐도 충분합니다.

부동산이라는 자산만의 특성

부동산 분류법과 달리 다음과 같은 부동산의 특성에 대해선 자세히 파악해 두어야 합니다. 투자 대상으로서 부동산이 갖는 특징을 제대로 알고 있는지의 여부가 곧 투자 수익률을 좌우한다 해도 과언이 아니기 때문입니다.

- 이질성: 모든 부동산 자산은 하나하나가 제각기 다른 특성을 갖습니다. 같은 단지 내 똑같은 평수의 아파트라 해도 층수, 방향 등이 다르고, 종각역에서 종로 3가 방향으로 늘어선 건물들도 완공 시기, 전철역에서부터의 거리, 층수 등이 저마다 다르다는 점을 떠올리면 이해하기 쉽습니다.
- 높은 단가: 주식의 경우엔 1주 단위로, 가상화폐는 1개 이하의 작은 단

위로도 투자가 가능합니다. 투자 자금이 작아도 얼마든지 투자할 수 있다는 뜻입니다. 하지만 부동산은 단위당 투자 단가가 높습니다. 아무리 작은 오피스텔이라도 몇 천만 원은 기본적으로 마련해야 하지요. 큰돈으로 하는 것인 만큼 부동산 투자 시엔 세심한 분석과 판단이 반드시 필요합니다.

- 적극적 관리의 필요성: 서울 서초역 근처의 어느 작은 건물에는 비가 오나 눈이 오나 건물 앞길을 무려 30년간 매일 새벽에 청소하는 노인이 있었습니다. 또 압구정동에 있는 어느 건물의 엘리베이터 앞에는 '99세 이하 금연'이라는 재치 있는 문구가 붙어 있었는데, 그 건물의 주인은 90대 노인이었습니다.

이런 건물들의 방문자들은 건물주가 얼마나 건물을 깔끔하게, 또 적극적으로 관리하는지 느낄 수 있습니다. 그리고 그런 건물들은 대개 주인이 방치한 건물보다 그 가치를 높이 인정받습니다. 적극적인 관리를 할수록 가치 하락을 방지할 수 있다는 것이 부동산의 특성입니다.

- 높은 거래 비용: 부동산과 관련된 거래 비용은 크게 중개수수료와 세금으로 나눌 수 있습니다. 중개수수료의 경우 주식 투자 시 증권사가 받는 거래수수료와는 비교가 되지 않을 정도로 그 액수가 큽니다. 주거용 부동산의 거래 시에는 거래금액의 0.5~0.9퍼센트 정도를 지불해야 하고, 상업용 건물이나 토지의 거래에선 이보다 더 높을 수 있습니다. 법적 거래수수료율이 정해져 있긴 하나 현장에서 실제로 지불되는 수수료는 간혹 더 많기도 하지요.

부동산의 거래와 관련된 세금에도 종류가 많습니다. 매입 시엔 취득세, 등록세, 주민세, 매도 시에는 양도소득세 등이 부과되는데, 자칫하면 수익의 대부분을 세금으로 납부해 실제 순수익은 몇 푼 안 될 수도 있으니 꼼꼼히 확인해야 합니다.

- 감가상각: 부동산은 탁자 위에 올려놓고 감상하는 작품이나 금·은처럼 희소성을 갖는 귀금속이 아닌, 사람이 거주하거나 사용하는 공간입니다. 세월의 흐름에 따라 사용자들의 손때가 묻고 바닥이 닳을수록 자산으로서의 가치도 감소되는데, 이를 뜻하는 재무용어가 '감가상각'입니다.

  대개의 부동산은 10~30년 사이에 가치가 줄어들어 잔존가치, 즉 최소한의 가치만 남습니다. 따라서 건물에 투자할 경우엔 건축 이후 몇 년이 지났는지, 그에 따라 감가상각은 얼마인지를 고려해야 합니다. 다만 토지는 그 위치가 과거와 현재, 미래에도 동일하므로 부동산 중 유일하게 가치가 감소하지 않는 대상이라는 점도 기억해 두면 좋습니다.

- 이자율과 자본 시장의 영향: 부동산은 시중 금리 상승에 큰 영향을 받습니다. 우선 금리 상승은 부동산의 가격 하락을 불러옵니다. 부동산 투자자들은 투자를 위해 부채를 조달하는 경우가 많은데, 금리가 상승하면 이자도 늘어날 것이기에 부동산 매입을 주저하거나 연기하게 마련이지요. 다시 말해 부동산 매입 수요가 감소해 가격이 낮아지는 것입니다. 반면 금리가 하락하면 부채 이자에 대한 부담이 줄어드니 매입 수요가 증가하고, 이는 부동산 가격의 상승과 연결됩니다.

- 유동성 부족: 유동성은 내가 원하는 시점에 자산을 사거나 팔 수 있고, 또 그때의 가격이 내가 원하는 금액과 가까운 정도를 뜻합니다. 그렇기에 내가 자산을 매각한다 해도 희망 시기보다 훨씬 늦게, 또는 희망 금액보다 턱없이 낮게 거래된다면 유동성 있는 자산이라 할 수 없습니다.

그런 자산의 예가 바로 부동산입니다. 주식은 하루에도 수십 혹은 수백 번 거래할 수 있지만 부동산은 일반적으로 수년 혹은 수십 년에 한 번 거래되니까요. 그만큼 거래가 쉽지 않기에 투자 시엔 더욱더 신중하게 생각하고 판단해야 합니다.

물론 대도시나 수도권의 30평대 아파트라면 대개 세대수가 많고 수요도 풍부하기에 그렇지 않은 지역의 주택이나 토지보다 상대적으로 거래가 쉽고, 유동성이 높은 편입니다. 거래가 쉬운 자산은 유동성이 풍부한 자산이란 뜻이기에 '유동성 할증(liquidity premium)'이라 일컫는 추가 금액이 더해져 거래됩니다.

그에 반해 지방 산골짜기에 위치한 별장의 경우라면 매수자를 찾기가 쉽지 않겠지요. 이는 유동성이 부족하다는 뜻이고, 그에 따라 유동성 할인(liquidity discount)이 반영된 다소 낮은 가격에 거래됩니다.

• 가치평가의 어려움: 부동산 가치를 평가하는 방식은 주식가치의 평가 방식과 다릅니다. 물론 '미래에 발생할 현금흐름을 투자자가 원하는 수익률로 할인한 현가로 가치를 평가한다'는 기본 원리는 동일하지만 구체적인 방법이 다르다는 뜻입니다.

부동산은 주식과 달리 비교 대상이 되는 물건의 거래가를 기준으로, 혹은 거래 대상인 건물을 다시 건축한다고 가정하여 건축원가와 토지대를 추정하는 방식으로 그 가치를 산정합니다. 또한 수익형 부동산의 경우엔 발생하는 임대료에서 여러 비용을 차감한 후 남는 영업수익을 수익환원율(capitalization rate)로 나눠 가치를 추정하기도 합니다. 부동산의 가치평가에 대해서는 뒤에서 상세히 다루겠습니다.

부동산 투자의 장점과 단점

여타의 투자 대상과 다른 특성이 많은 만큼 부동산 투자가 갖는 장단점도 다양합니다. 우선 장점부터 살펴볼까요?

- 자본이득과 안정적 수익: 부동산은 장기적인 관점에서 가격의 하락이 크지 않습니다. 주식 투자에서처럼 투자금이 반토막 난다거나 하는 일이 적기 때문입니다.

  반면 주식처럼 짧은 시간 내에 가격이 두 배로 상승하는 일도 없지만, 일정 시간이 지난 뒤엔 자본이득이 안정적으로 발생합니다. 또한 내가 사용하지 않는 경우 임대를 통해 일정한 임대료 수익을 얻을 수 있기에 가격 상승을 노리면서 주기적인 수익도 향유할 수 있는 장점이 있습니다.

- 투자 공간의 직접적 사용: 주거용 혹은 사무용 부동산을 매입하여 투자자 자신의 거주나 사무실, 매장으로 직접 활용할 수 있습니다.

- 투자 원금의 안정적 유지: 부동산 가격이 하락하는 경우는 그리 많지 않습니다. 시간이 지나도 가격이 오르지 않을 순 있으나 가치가 아예 없어지진 않지요. 따라서 투자자 입장에서는 원금 손실의 위험이 여타 투자에 비해 상대적으로 낮다는 장점이 있습니다.

- 부채 활용 가능: 부동산은 채권자에게 담보로 제공할 수 있기에 부채 조달을 가능케 하는 수단이 됩니다. 미국의 경우 주거용 주택은 매입가의 80퍼센트에 해당하는 금액까지를 은행으로부터 모기지 대출로 받을 수 있습니다. 비록 규제에 따라 대출 한도가 달라지긴 하지만 부동산을 담보로 대출을 일으켜 투자하는 것은 우리나라에서도 가능합니다.

- 인플레이션 헤지 기능: 임대료를 수취할 수 있는 수익형 부동산의 경우 인플레이션이 발생하면 해당 부동산 자체의 가격과 함께 임대료도 상승합니다. 때문에 소유자 입장에서 수익형 부동산은 인플레이션를 헤지할 수 있는 좋은 수단이 됩니다.
- 주식·채권과의 낮은 상관 관계(작은 가격 변동폭): 부동산은 전통 투자 대상으로 불리는 주식이나 채권과의 수익률 상관 관계가 상대적으로 낮습니다. 즉, 주식이나 채권의 가격이 심하게 변동하더라도 부동산 가격은 변동폭이 덜 할 수 있습니다. 또는 주식이 하락하더라도 부동산 가격은 상승할 수 있습니다.

  예를 들어 주식 시장이 1년에 평균 20퍼센트 상승 또는 하락하는 경우에 부동산 가격의 변동폭은 상대적으로 낮거나 아예 없을 수도 있습니다. 그렇기에 전체 투자 포트폴리오에 부동산을 포함시키면 투자자 입장에선 위험을 감소시키고 수익은 올릴 수 있다는 장점이 생깁니다.

이상과 같이 부동산 투자가 갖는 장점은 주식 투자의 경우와 확실히 구별됩니다. 그렇다면 단점 면에서는 어떤 뚜렷한 차이점이 있는지 살펴보겠습니다.

- 낮은 유동성: 부동산은 주식이나 채권처럼 매매가 쉽지 않기 때문에 매수자를 찾기까지 수개월 혹은 수년을 기다려야 할 수도 있습니다. 유동성이 낮다는 뜻이지요. 따라서 투자나 매수를 할 때는 자금이 어느 정도의 기간 동안 묶여 있을 가능성에 대해 미리 각오를 해두어야 합니다.

- 장기 투자: 부동산은 유동성이 낮은 자산입니다. 따라서 일단 매입을 했다면 내가 원하는 수준으로 가치가 상승하는 데는 오랜 시간이 걸릴 가능성이 높습니다. 주식으로 치면 인프라 사업을 하는 기업에 투자할 때처럼 어느 정도 장기 투자로 가야 하는 경우가 많다는 뜻이지요. 특히 단기간에 가치가 상승하는 일이 거의 없는 토지의 경우엔 더욱 그렇다는 점에 유념해야 합니다.

- 정보의 비대칭성: 양질의 정보를 많이 아는 투자자일수록 현명한 투자 판단을 할 수 있다는 것은 어느 투자에나 적용되는 사실입니다. 그런데 부동산 투자를 결정할 시엔 더더욱 해당 부동산 관련 정보의 중요성이 큽니다. 매도하는 측은 해당 부동산을 사용하거나 소유했던 바가 있기에 그에 대해 속속들이 알고 있습니다. 그래서 자신들에게 유리한 점은 밝히고 불리한 부분은 감출 가능성이 높기 때문이지요.

  다시 말해 매수자와 매도자 사이에는 정보의 비대칭성이 존재할 수밖에 없습니다. 따라서 매수인 입장에선 최대한 정보의 비대칭성을 줄이기 위해 노력해야만 잘못된 투자를 피할 수 있습니다.

- 의사결정의 어려움: 앞서 이야기했듯 부동산은 제각각 특성과 조건이 다릅니다. 때문에 어떤 부동산에 대한 투자를 고민할 때 그것과 비교하고 기준으로 삼을 만한 대상이 없을 수도 있습니다. 설사 비슷한 예가 있더라도 내가 고려하고 있는 대상에 맞게 상황을 변형하여 의사결정을 해야 하지요. 이런 점도 부동산 투자의 불확실성을 높이는 요인이 됩니다.

- 유지·관리의 필요성: 임대용 오피스텔을 소유한 투자자는 1년에 한 번씩 세입자가 바뀔 때면 도배도 새로 해야 하고, 이런저런 수리를 해야

합니다. 작은 오피스텔도 이러하니 임대 공간이 넓거나 임차인의 변동이 심한 경우는 1년 내내 신경을 써야 할 수도 있습니다. 만일 건물이 노후화되었다면 유지 관리는 더욱 필요해집니다.

- 수익형 부동산의 공실률: 수익형 부동산에 투자한 소유자 입장에서 가장 좋은 상황은 해당 부동산이 하루도 공실로 있지 않는 것입니다. 기존 임차인이 나가는 날 새로운 임차인이 들어오는 것처럼요.

  하지만 현실에선 새로운 임차인을 찾기 위해, 혹은 수리나 시설물 설치를 위해 짧게는 며칠부터 길게는 수개월을 비워두어야 하는 경우가 생기곤 합니다. 공실은 투자자에게 임대료 손실을 입히기 때문에 위험 요소가 됩니다.

부동산 투자 시 고려 사항

부동산은 투자 시 장기 보유를 하는 경우가 많기 때문에 투자를 하기 전에 특별히 고려해야 할 사항이 있습니다. 장기적인 트렌드를 알고 투자해야 하는 점과 거시경제의 영향이 크다는 점 등입니다.

- 경제 상황: 부동산은 기본적으로 거시경제의 성장과 밀접하게 관련됩니다. 그렇기에 부동산 투자 시엔 연평균 GDP 성장률, 실업률, 가계소득 증가율, 시장 이자율, 인플레이션 등 거시경제적 요소들을 반드시 고려해야 합니다. 그중 시장이자율은 부동산 가격과 특히 밀접한 관계에 있으므로 주의 깊게 살펴야 합니다.
- 신규 주택 공급 상황: 부동산 가격을 결정하는 요인 중 하나는 수급 상황입니다. 수요가 많은데 공급이 부족하면 가격은 오를 수밖에 없겠지

요. 특히 신규 주택의 경우는 건설 계획 시점부터 입주 시점까지의 시간이 수년으로 긴 편입니다.

따라서 향후 지역별 주택 공급 계획과 관련된 정보를 아는 것은 부동산 가격의 움직임을 예측하는 데 도움이 됩니다. 가령 소형 아파트의 경우 1인 가구의 증가로 수요가 급증하는데 향후 2~3년간 공급이 증가할 기미가 보이지 않는다면 단기적으로 가격 상승의 가능성이 높다고 예상해 볼 수 있습니다.

• 자본 시장 상황: 통상 부채를 조달하여 부동산 투자를 하는 점을 감안한다면 자본 시장의 자금 유동성 상황과 이자율 수준 등을 자세히 아는 것은 중요합니다. 자본 시장에 자금 경색이 발생하면 부채 조달도 어렵고 이자율도 상승하기에 부동산 투자가 어려워지거나 수익률이 기대 이하인 경우가 발생하기 때문입니다.

• 예상치 못한 인플레이션: 이미 부동산에 투자해 소유하고 있을 경우엔 예상치 못한 인플레이션으로 난관에 처할 수 있음을 사전에 인지한 상태에서 투자를 결정하는 것이 좋습니다. 물가상승 예측치에 준하는 인플레이션은 별 문제가 되지 않습니다. 그러나 갑작스런 인플레이션이 발생하면 중앙은행은 그것을 억제하기 위해 이자율을 급격히 올립니다. 그리고 시장이 그에 대응하지 못함에 따라 부동산 가격이 급락할 가능성도 높아집니다.

• 인구 구성의 변화: 지역 인구의 변화, 결혼 및 출산율, 노령화, 도시화 정도 등도 부동산 투자 분석 시 반드시 파악해야 할 사항들입니다. 이러한 인구 구성과 연관된 변화는 향후 주택 수요층의 변화를 예측하는 데 꼭 필요하기 때문입니다. 가령 노령화가 급격히 진행 중이라면 노인

층을 대상으로 하는 주거 환경이 조성되고 실버타운이나 요양원 등의 사업이 각광받을 가능성을 점칠 수 있습니다.

마지막에 언급한 인구 구성의 변화와 관련된 기억 한 가지가 떠오릅니다. 2012년경 저는 중국 허난성에 출장을 간 적이 있었는데, 도시 전체가 공사장이라 해도 될 만큼 수많은 고층 아파트들이 지어지고 있었습니다. 그런 광경을 보며 '중국의 부동산 가격이 언젠간 폭락할 것'이라 생각했지요. 그로부터 7년이 흐른 2019년에 다시 중국을 방문한 저는 과거와는 비교할 수 없을 정도로 올라버린 부동산 가격에 놀랐습니다.

2012년에 제가 놓쳤던 것은 바로 '1가구 1자녀'라는 중국의 정책이었습니다. 가구당 한 명의 자녀를 둘 수 있으니, 아기가 태어나면 부모는 물론 조부모들까지도 힘을 모아 그 아기 앞으로 아파트를 장만해 주는 열풍이 불었던 것입니다. 그에 따라 수요가 비상식적으로 치솟으니 가격은 당연히 오를 수밖에 없었습니다.

그런데 저는 이런 현실을 모른 채 이론적으로만 바라봤기 때문에 부동산 가격을 반대 방향으로 예상했던 것이지요. 이는 부동산 투자 시 인구 구성과 관련된 정보를 끊임없이 업데이트해야 하는 이유입니다.

💲 부동산의 가치를 평가하는 방법

부동산의 가치평가 방식에는 크게 세 가지가 있습니다. 바로 거래 사례 비교법, 수익환원법, 원가법인데 지금부터 하나씩 살펴보겠습니다.

거래 사례 비교법

명칭으로 짐작할 수 있듯, 이는 투자를 고려 중인 대상 부동산과 비슷한 물건의 거래 사례를 분석함으로써 대상 부동산의 가치를 추정하는 방식입니다. 우리나라 아파트 단지의 경우엔 비슷한 거래가 많기 때문에 최근의 거래 사례를 찾아 내가 투자하고자 하는 대상에 적용시키면 간단하게 가치를 추정할 수 있습니다. 이 방식은 부동산 시장의 수급 동향을 반영하는 것이기에 현실성 있는 가치평가 방법이라 할 수 있습니다.

하지만 같은 평형의 아파트라 해도 앞서 언급했듯 저마다 다른 층수, 방향 등의 조건이나 거래 시점은 가격에 차이를 일으키는 요소일 수 있습니다. 그렇기 때문에 유사한 거래 데이터에 다양한 조정을 반영하여 가치를 추정합니다.

가령 120평짜리 물건의 매수를 고려 중인데 그와 가장 가까운 거래 사례가 6개월 전에 10억 원으로 거래된 100평짜리 물건이라면, 또 그때부터 지금까지 부동산 가격이 5퍼센트 상승했다면 어떻게 조정하여 참고할 수 있을까요?

우선 100평짜리가 10억 원이었으니 내가 현재 고려 중인 물건의 면적, 즉 120평이라는 규모에 맞게 액수를 조정하면 12억 원이 되겠지요. 그리고 6개월 사이의 가격상승률이 5퍼센트이므로, 앞서 규모 조정으로 산출한 12억 원에 0.05를 곱해 현재 시점에 맞게끔 조정합니다. 즉, 내가 고려 중인 물건의 가치는 12억 6,000만 원이 되는 것입니다.

수익환원법

수익환원법은 임대료를 받는 수익형 부동산의 가치평가에 적합한 것입니다. 대상 부동산이 만들어낼 미래의 순영업수익을 수익환원율로 할인해 현재가치를 추정하는 방법입니다. 수익형 부동산에서 매우 중요한 기준이 되는 수익환원율은 부동산에서 나오는 순영업수익의 1년 후 금액을 해당 부동산의 거래 가격으로 나누어 추정해 냅니다. 이론적으로는 투자자가 요구하는 수익률에서 임대료의 미래성장률을 차감하여 구할 수도 있습니다.

그런데 강남의 테헤란로처럼 사무용 건물이 밀집한 지역에 자리한 물건의 경우엔 주변 여러 건물의 수익환원율을 각각 구한 뒤 그 평균값을 해당 물건의 수익환원율로 삼기도 합니다. 기본적인 부동산의 속성에서 알 수 있듯 수익환원율은 시장의 이자율 변동에 많은 영향을 받는다는 점에 유의해야 합니다.

구체적인 사례를 한번 살펴보겠습니다. 투자를 고려하고 있는 대상 물건에서 받을 수 있는 임대료가 연간 1,200만 원, 관리비 및 제세공과금으로 지출되는 금액이 200만 원, 임대료 성장률이 연간 2퍼센트, 그리고 투자자가 기대하는 부동산 투자 수익률이 6퍼센트라면 수익환원법을 통해 이 대상 물건의 가치는 다음과 같이 구할 수 있습니다.

- 순영업수익: 1,000만 원 (=1,200만 원 − 200만 원)
- 1년 후 순영업수익: 1,020만 원 (=1,000만 원 × 102퍼센트)
- 수익환원율: 4퍼센트 (=6퍼센트 − 2퍼센트)
- 예측가치: 2억 5,500만 원 (=1,020만 원 ÷ 4퍼센트)

원가법

원가법은 대상 부동산의 가치를 평가하기 위해 그것이 자리하는 곳과 동일한 면적의 토지가 갖는 구매 시가, 그리고 동일 건물의 건축원가를 추정한 뒤 그것에서 대상 부동산의 나이에 적합한 감가상각액을 차감하는 방법입니다. 현실적으로는 응용성이 떨어지는 방식이라 자주 사용되진 않으니 다음 사례를 통해 대략적으로만 이해해 두면 좋겠습니다.

신축 후 10년이 지난 건물이 있는데 토지 면적은 100평이며 건평(건물의 면적)은 400평입니다. 원가법을 사용하여 건물의 가치를 추정하면 아래와 같습니다.

- 유사한 토지 구입 비용: 20억 원 (=100평 ×2,000만 원)

- 유사한 건물 건축비: 32억 원 (=400평 × 800만 원)

- 제반 경비, 공과금, 세금: 2억 원

- 감가상각: 10년간 10억 원

- 추정가치: 40억 원 (=20억 + 32억 – 2억 – 10억)

사용가치와 투자가치를 구분하기

지금까지 부동산의 가치를 추정하는 세 가지 방법에 대하여 알아보았습니다. 실제로 부동산 감정평가 보고서는 이 방법들을 활용한 가치평가를 기반으로 작성됩니다. 그러나 개인투자자라면 인터넷 검색이나 앱 등 부동산 가치를 손쉽게 추정할 수 있는 방법들이 많기 때문에 현실에서 직접 정밀히 계산해야 할 필요는 거의 없습니다.

앞서 살펴본 세 가지 방식과는 별개로, 부동산 가치평가와 관련하여 알아두면 좋을 기초 지식이 있습니다. 바로 부동산의 가치를 사용가치와 투자가치로 구분하는 것입니다.

사용가치는 부동산이 실제로 사용하기에 얼마나 좋은지와 관련된 개념인데 크게 입지적 가치와 실질가치로 나뉩니다. 입지적 가치는 해당 부동산이 편의시설, 학교, 녹지 환경 등과 얼마나 가까운지를 평가하는 것이고, 실질가치는 얼마나 최근에 완공되었는지를 기준으로 판단할 수 있습니다. 사용가치는 생활 편의성 및 실내 환경과 관련된 개념이므로 실제 거주나 사용 목적으로 부동산을 찾는 사람들에게 중요한 요소가 됩니다.

투자가치는 투자자가 부동산의 사용 유무과 관계없이 순수히 투자 대상으로서 보는 가치입니다. 즉, 미래에 상승할 가치를 추정하는 것입니다. 투자가치가 높다는 것은 향후 가격이 오를 것으로 예상한다는 뜻입니다.

예를 들어 재건축 아파트의 경우는 지금 거주하기에는 불편한 점이 많아 사용가치는 떨어질 수 있지만 향후 재건축이 결정된다면 새로운 신축 아파트가 들어설 것이기에 투자자가 느끼는 투자가치는 높다고 볼 수 있습니다. 이렇듯 부동산 투자를 하려면 기대가치와 재건축 가치와 같은 미래의 기대감이 가격이 반영된다는 점을 알고 접근해야 합니다.

쉽지 않은 부동산 환매, 단계별로 신중히 의사결정하기

지금부터는 수익형 부동산과 토지, 그리고 경매를 통해 투자 대상으로서의 부동산에 대해 좀더 세밀히 살펴보고자 합니다(주거용 부동산을 투자 대상으로 보는 것은 이 책의 집필 의도와 맞지 않아 제외하겠습니다).

재정독립을 이루기 위한 부동산 투자는 단계별로 차근차근 천천히 업그레이드해야 합니다. 뒤에서 다시 이야기하겠지만 초기에는 소규모 자본으로 부동산의 공간을 임대하여 사업을 하는 형식의 투자를 시작하고, 이후엔 수익형 부동산으로 단계를 높이며, 그다음엔 부동산 개발이라는 단계에 이르는 것이 바람직합니다.

여기에서는 우리에게 보다 익숙한 '수익형 부동산' 투자 방법에 대해 살펴보겠습니다.

수익형 부동산 투자

수익형 부동산의 종류는 다양해서 작게는 오피스텔부터 시작해 사무실, 상가, 고시원, 다세대 및 다가구 주택에까지 이릅니다.

수익형 부동산이 갖는 장점은 크게 두 가지입니다. 하나는 임대료 수익이라는 안정적인 현금흐름을 발생시킨다는 것이고, 다른 하나는 부채를 통해 지렛대 효과를 일으킬 수 있기에 비교적 소액으로도 투자를 할 수 있다는 것입니다.

임차인에게서 받는 임대료로 부채의 이자 및 일부 원금의 상환도 가능하도록 설계하면 부동산 자체가 알아서 빚을 갚아나가게 하는 셈이 됩니다. 선순환 구조, 혹은 로버트 기요사키가 『부자 아빠 가난한 아빠』에서 이야기한 '시스템이 벌어주는 소득'이 형성되는 것입니다. 다만 수익형 부동산은 가격 상승의 폭이 다른 부동산에 비해 높지 않아 자본이득, 즉 가치 변동에 따른 차익을 거둘 가능성은 그리 높지 않다는 점도 함께 기억해두어야 합니다.

오피스텔에 투자하는 경우를 생각해 보겠습니다. 보증금 1,000만 원에 월세 100만 원의 임대료를 받을 수 있는 오피스텔이 현재 2억 5,000만 원에 나와 있습니다. 은행에서 받을 수 있는 대출 한도는 거래액의 80퍼센트이므로 총 2억 원까지 가능한데, 현재 이자율이 3퍼센트라면 향후 매월 50만 원의 이자를 내야 할 것입니다. 따라서 매월 100만 원씩 월세를 받으면 그 이자를 내고도 50만 원의 수익을 남길 수 있습니다.

정리하자면 2억 5,000만 원의 오피스텔을 매입하기 위해 투입한 자기자본은 5,000만 원이고, 임대수익으로 대출금 2억 원에 대한 이자와 원금 일부를 갚아나갈 수 있는 것입니다. 지출을 좀더 줄이고 저축도 하면서 대출금을 빨리 갚으려 노력하다 보면 오피스텔이 순수한 내 임대용 자산이 되는 날은 더욱 빨리 다가올 것입니다. 핵심은 수익형 부동산에 투자하기 위한 빚을 해당 부동산의 세입자가 갚아주는 셈이라는 점, 그리고 이것이 수익형 부동산의 매력이라는 점입니다.

이런 선순환 구조를 만들려면 부동산의 매입가가 충분히 낮아야 한다는 전제조건이 충족되어야 합니다. 만일 시세보다 비싼 값에 구입한다면 임대수익률이 높지 않을 뿐 아니라 임대료로 대출금 이자를 지불하는 것조차 불가능해질 수 있습니다.

특히 매입하려는 시기에 초저금리 기조가 이어질 경우엔 조심해야 합니다. 금리가 낮아지면 부채 이자도 낮아지기 때문에 투자자는 임대 수익률이 다소 낮더라도 부동산을 매입하는 쪽을 택하기 쉽습니다. 이자 비용이 그리 크지 않으니 임대 수익률이 낮아도 금융 기관으로부터의 대출을 갚아나갈 수 있을 것이라 판단할 가능성이 있다는 뜻입니다.

하지만 이는 매우 큰 패착이 될 수 있습니다. 금융 시장의 환경이 변해서 시장 이자율이 상승하면 부채의 이자 비용 역시 같이 증가할 테고, 결국 임대 수익으로도 그것을 감당하지 못하는 최악의 상황에 직면할 수 있기 때문입니다. 그렇기에 초저금리 시기엔 수익형 부동산에 대한 투자를 피하고, 금리가 올라 부동산의 가격이 상대적으로 하락했을 때 투자하는 편이 유리할 수 있습니다.

'그럼 금리가 높을 땐 이자 비용이 높을 텐데 그걸 감당하면서까지 투자를 해야 하는 걸까?' 하는 의문이 드는 분들도 있을 수 있겠네요. 초기 매입 시의 이자율 자체는 물론 높을 것입니다. 그러나 고금리 시기엔 부동산 가격이 현실화 혹은 저평가되어 있게 마련이고, 그에 따라 투자자가 일으키고자 하는 대출 총액도 적어집니다. 그 결과 이자 비용의 절대금액 자체는 저금리 상황일 때와 별 차이가 없어집니다.

또한 부동산은 대개 장기로 보유하는 자산이라서, 시간이 흘러 시장의 금리가 다시 내려가는 시기에 이르면 투자자는 부채를 차환(refinance)할 수 있습니다. 즉, 다른 금융 기관으로부터 저금리 조건에 새로운 대출을 일으켜 그 돈으로 기존 부채를 갚고 신규 대출을 낮은 금리로 갚아나가는 것입니다.

이러한 금리 상황 외에도 수익형 부동산에 투자 시 고려해야 할 사항이 있습니다. 가장 중요한 것은 해당 부동산의 위치 조건입니다. 지하철 역세권인지, 역세권이라면 일반 역세권인지 더블역세권(두 개 이상의 지하철 노선이 교차하는 전철역 주변 지역)인지, 버스 정류장과는 가까운지 등 일반 세입자들의 선호 사항을 어느 정도나 갖춘 물건인지 살펴야 합니다.

분양 면적 대비 전용률도 꼼꼼히 확인해야 하는데, 특히 오피스텔의 경우는 전용률이 상대적으로 낮기 때문에 더욱 유의해야 합니다. 분양평수는 20평이지만 실제 전용평수는 10평 미만인 경우가 오피스텔에서는 허다합니다. 만약 복층식이거나 풀옵션인 오피스텔이라면 그렇지 않은 곳에 비해 상대적으로 투자 가치가 높을 수도 있습니다. 중요한 것은 '세입자 입장에서 선호하는 구조'가 무엇인지를 파악하는 것입니다.

토지 투자

어릴 때부터 저는 어른들이 "땅은 거짓말을 하지 않는다"라고 말씀하시는 것을 종종 들었습니다. 무슨 뜻인지 궁금했지만 어쩐지 어린아이가 하기엔 적절한 질문이 아닌 듯해 묻지 않았지요.

그러다 성인이 되어 경제를 공부하고 부동산을 알게 되면서 그 말의 의미도 점점 깨달았습니다. 토지의 가격은 거시경제의 성장률과 유사하게 상승하고, 단기적인 상승 폭은 대개 높지 않지만 장기간 보유 시엔 상승률이 상당히 큽니다. 그렇기에 "땅은 거짓말을 하지 않는다"라는 말은 장기적으로 봤을 때 토지는 믿을 만한 투자 대상이고, 실제로 그 믿음을 저버리지 않는다는 뜻입니다. 흔히들 "땅은 자식한테 물려줄 각오를 하고 투자하는 것"이라는 이야기도 같은 의미일 것입니다.

토지 투자는 최소 필요 금액도 적지 않은 데다 장기 보유의 필요성도 있기에 젊은 투자자들에겐 적절치 않을 수 있습니다. 하지만 여럿이 공동으로 투자하거나 토지 가치를 높이는 아이디어를 현실화하는 것이 가능하다면 토지 투자도 자산을 늘리는 훌륭한 방법이 될 수 있습니다. 특히 우리나라처럼 도시가 지속적으로 팽창하는 환경에서는 수도권 주변의 토지 가격이 어느 순간 치솟는 경우도 있고, 사람들의 소득 증가와 더불어 전원주택이나 실버타운 등이 개발되면서 지방의 토지 역시 매력적인 투자 대상이 되곤 합니다.

가령 임야인 경우엔 통상 건축을 할 수 없는 경우가 많습니다. 이때 관할 관청에 용도변경을 신청하여 건축이 가능해지면 가격이 상승하고, 실제 개발을 통해 수익을 얻을 수도 있습니다. 논밭 같은 곳이라도 그린벨트와 달리 건축 행위가 가능한 계획관리지역에 속한다면 투자 대상으로 눈여겨볼 만합니다. 계획관리지역에서는 개발 행위가 가능하고 그 가치가 오르는 경우도 꽤 있기 때문입니다.

그럼에도 토지 투자 시에는 토지 이용에 대한 규제도 확인하고 해당 지역의 도시계획안도 상세히 검토해야 하는 등 확인해야 할 사항이 많습니다. 무엇보다 해당 지역과 토지를 오랜 기간 지켜보면서 관련 내용을 충분히, 또 속속들이 파악하고 있는 것이 토지 투자에서의 실수를 줄이는 가장 확실한 방법입니다.

가령 전원주택용 토지를 찾는 중이라면 사계절의 변화를 한두 번은 경험한 후에 의사결정을 하는 것이 좋습니다. 토지는 봄, 여름, 가을, 겨울에 따라 각각 다른 특성을 보입니다. 고지대라면 여름엔 풍광이 아름답겠지만 눈 오는 겨울날엔 걷거나 차가 올라가기 힘들 것입니다. 또한 북향의 토지라면 여름엔 그늘이 져서 시원한 느낌을 주지만 겨울엔 햇볕이 적게 들고 난방비가 많이 들 것입니다. 물가의 토지는 물소리가 들려 낭만적일 수 있으나 여름엔 곰팡이와 벌레로부터 자유롭지 못합니다. 때문에 투자자로서 토지를 바라볼 때는 각 계절별로 어떤 특성을 보이는지를 확인할 필요가 있습니다.

이와 함께 도로의 건설, 전입 인구 동향, 주거 단지 개발 등 해당 지역과 주변의 개발 동향이 어떠한지, 또 앞으로 어떤 방향으로 흘러갈지에 대해서도 투자를 결정하기 전에 철저히 조사해야 합니다. 또한 용적률*과 건폐율* 등의 여러 요건을 정확히 파악함은 물론 개발 행위의 제한에 대한 요건 등도 알아두어야 하지요. 잘못 매입했다 해서 곧장 팔 수 있는 자산이 아닌 만큼, 토지에 대한 투자는 그야말로 돌다리를 수십 번 두들기는 심정으로 신중을 기해야 합니다.

사실 제게는 토지 투자와 관련된 쓰디쓴 기억이 있습니다. 중국의 약진과 더불어 서해안 개발 시대가 열렸던 2004년, 저는 친구 및 선배와 함께 서해안의 개발 호재 지역으로 알려진 충남 유화단지 주변의 토지에 투자를 하기로 하고 현지 시장조사에 나섰습니다.

우연히 들른 한 부동산 중개업소에서 매물들을 추천받아 둘러보다가 조그마한 밭에 대한 이야기를 들었습니다. 중개업소 측은 '서해안이 본격적으로 개발될 경우 지가 상승이 예상되며 때가 되면 다세대주택 같은 건축도 가능할 것'이라며 그곳을 강력히 추천했고 우리 세 명은 특별한

용적률

대지면적에 대한 연면적(한 건축물에 있는 각 층의 바닥면적) 합계의 비율. 가령 대지면적이 100제곱미터이고 1층, 2층, 3층, 4층 면적의 합이 200제곱미터라면 용적률은 200퍼센트가 된다(단, 연면적 계산 시 지상 주차장이나 지하층의 면적은 제외한다). 용도지역 및 용도지구별 용적률의 한도는 '국토의 계획 및 이용에 관한 법률'에 따라 정해진다.

건폐율

대지면적에 대한 건축면적의 비율. 가령 대지면적이 100제곱미터이고 건축면적이 40제곱미터라면 건폐율은 40퍼센트다. 용적률과 마찬가지로 해당 지역의 개발 정도를 가늠할 수 있는 척도가 된다.

검증도 없이 그 밭을 매입했습니다.

그로부터 몇 년이 지나서야 우리는 기획부동산에게 당했다는 사실을 깨달았습니다. 당시 시가보다 세 배나 비싼 값에 매입한 것이었다는 사실도 현지 동네 사람들을 통해 알게 되었습니다. 매매계약서를 자세히 보니 중개업소의 주소지는 충남 서산이 아닌 경기도 분당 근처였고, 뒤늦게 연락을 취해봤지만 당연히 닿지 않았습니다.

우리는 그 땅에 호박 고구마를 심었고 가을엔 수확을 해서 지인들에게 선물했습니다. 덕분에 오랜 기간 좋은 관계를 맺는 사람들도 많아졌지요. 10여 년이 지나 매입가 이상의 가격으로 매도할 수 있었던 덕에 원금 손실은 면했지만 기회비용을 생각하면 명백한 손실에 해당하는 투자였습니다. 해당 지역에 대한 정확한 정보 수집과 철저한 조사가 중요하다는 점을 깊이 깨닫게 해주었습니다.

경매의 장점과 단점

최근 들어 경매를 통해 부동산에 투자하는 사람들이 지속적으로 증가하고 있습니다. 아무래도 경기불황 시기라서 사업이 어려워진 이들, 혹은 시중 금리가 상승해 이자 부담을 견디지 못하게 된 이들이 담보로 설정해뒀던 부동산을 채권자가 경매에 내놓는 경우가 많습니다. 사실 열심히 경매 사이트 등을 조사하는 손품과 현장에 가서 직접 물건을 조사하는 발품을 팔면 노력한 만큼의 성과를 거두는 것이 어려운 일은 아닙니다.

경매의 장점은 그 절차가 법원에 의해 진행되기에 공정한 데다 간단하다는 것입니다. 여러 번 유찰된 부동산이라면 시세보다 크게 저렴한 가격에 매입할 수도 있습니다. 관심이 있고 자본이 준비된 투자자라면 누구나 경매 물건을 검토한 후 입찰에 응할 수 있습니다.

다만 명도 소송* 과정에 시간과 비용이 소요되거나, 때로는 악성 세입자들을 만나 고초를 겪거나, 세입자 등이 경매 대상 부동산에 거주하는 상태라 그 내부를 제대로 파악하지 못한 채 판단해야 할 수 있다는 단점도 있습니다. 특히 경매 물건에 대한 권리분석*은 낙찰받는 투자자의 책임이기에 철저히 확인해야 합니다.

경매를 통해 부동산 투자를 하려면 관련 법규를 철저히 공부하고 성공 및 실패 사례를 다양하게 알아야 합니다. 최근에는 사설 경매 사이트의 분석 자료가 충실한 경우도 많습니다. 또한 경매를 위한 투자 클럽 등이 활성화되어 있어 전문가 의견이나 공동투자자들로부터 도움을 받을 기회가 많아졌습니다. 따라서 혼자 위험을 감내하고 투자를 결정하기보다는 이런 기회들을 적극 활용하는 것이 투자의 성공 확률을 높이는 방법입니다.

명도 소송

매수인이 부동산에 대한 대금을 지급했음에도 점유자가 부동산의 인도를 거절하는 경우 부동산을 비우고 넘겨달라는 의도로 제기하는 소송.

권리분석

법원 경매를 통해 경매 물건을 낙찰받기 전 낙찰자가 낙찰대금 이외에 추가로 인수해야되는 권리가 있는지 여부를 확인하기 위한 절차.

⑤ 핵심은 공간에 있다

이상과 같이 투자를 통해 부동산을 소유한 상태에서 수익을 추구하는 방식을 살펴봤습니다. 지금부터는 사고를 전환하여 '부동산이라는 대상의 공간을 활용한 사업'을 통해 투자 효과를 거두는 방법에 대해 알아보겠습니다. 부동산을 직접 소유하거나 투자하기에는 현재 보유한 자본이 부족하거나, 경험이 충분치 않아 부동산 투자가 부담스럽다면 이 방법을 먼저 공부하고 경험해 보길 권합니다.

부동산의 핵심은 공간입니다. 백화점을 이런 시각에서 살펴볼까요? 지하 1층은 식당들, 지상 1층은 화장품 및 명품 브랜드, 2층은 여성 의류와 같은 식으로 백화점은 각 층마다 특정 주제하에 여러 형태의 제품관이나 브랜드가 입점해 있는 구조입니다. 그런데 가만히 생각해 보면 백화점은 내부 입점 브랜드들을 적극 알리기 위해 나서는 경우가 많지 않음을 알 수 있습니다. 이미 유명한 명품 브랜드, 혹은 입점 사실이 널리 알려지면 백화점에게 유리할 거라 판단되는 브랜드의 경우엔 홍보에 적극적이지만 그렇지 않은 브랜드들에 대해선 별 관심조차 없어 보이지요.

바로 이 점에서 백화점이라는 사업의 본질은 공간 임대업에 가깝다는 사실을 알 수 있습니다. 우리가 백화점에서 어떤 제품을 구입하면 해당 매장은 그 가격의 일정 부분을 백화점 측에 공간 사용료로 지불합니다. 또 역세권의 오피스텔과 그렇지 않은 오피스텔의 가격이 다르듯 백화점에서도 에스컬레이터 주변의 매장과 구석에 위치한 매장의 공간 사용료, 또 층별 공간 사용료가 다릅니다.

또다른 예로 자판기에 대해 생각해 보겠습니다. 지하철역처럼 유동인구가 많은 공간에는 대개 음료 자판기가 있게 마련입니다. 한 평도 안 되는 곳에 작은 가게가 자리하는 셈이지요. 어떻게 보면 자판기 사업은 유동인구가 많은 곳을 필요로 한다고 생각하기 쉽지만 꼭 그렇지만도 않습니다. 작은 공장들이 모여 있는 서울 근교 지역인데 마트와는 다소 거리가 있는 곳에도 자판기들이 어김없이 자리하기 때문입니다. 근무하다가 목이 마르거나 간식이 필요한 사람들이 동네 구멍가게처럼 자판기를 이용하는 것이지요.

이렇듯 자판기 사업을 전문으로 하는 사람이나 기업은 공용 공간에서 사업의 기회를 잡아내는 뛰어난 능력이 있습니다. 크든 작든 공간은 사업과 연결될 때 가치를 만들어낼 수 있음을 그들은 알고 있는 것입니다.

요즘 인기가 높아지고 있는 캠핑장도 토지가가 높지 않은 지방의 공간을 사업에 연결시킴으로써 가치를 상승시킨 예입니다. 텐트를 설치하고 캠핑을 즐길 수 있는 열 평짜리 공간의 하룻밤 사용료가 4만 원이라면 한 달간 120만 원의 가치를 창출할 수 있다는 계산이 나옵니다. 120만 원은 서울에 있는 열 평짜리 오피스텔의 한 달치 월세에 해당하는 액수이지요. 만일 지방의 열 평짜리 토지가 캠핑장으로 사용되지 않았다면 얼마의 값어치로 평가되었을까요?

이런 예에서 우리는 공간의 임대 가격은 크기나 시간에 비례하지 않는다는 점을 알 수 있습니다. 열 평짜리 공간의 사용료는 100평짜리 공간 사용료의 10분의 1이 아니고, 오히려 공간을 작게 쪼개서 활용할수록 사용 단가는 상승합니다. 또한 애견 카페를 1시간 이용하는 가격이 2시간 이용 가격의 절반인 것도 아니지요. 이를 평소에 주지하고 있으면 공간을 새로운 시각으로 바라보고 그 안에서 사업의 기회를 찾을 수 있습니다.

말하자면 공간 소유자와 공간 사용 희망자를 연결해 주는 사업 아이디어로 새로운 가치를 구현해 수익을 얻을 수 있다는 뜻입니다. 상가를 소유하고 있지만 대로나 골목 상권과 떨어져 있어 높은 가치를 인정받지 못하고 임차인도 쉽게 찾을 수 없는 사람을, 공간을 필요로 하긴 하나 1년이 아닌 일정 기간만을 사용하고 싶어 하는 사람들과 연결해 주는 것이 그 예입니다.

이처럼 부동산을 영구히 소유하는 대상으로만 보는 시각에서 벗어나 '공유, 단기, 틈새시장, 무인'이라는 개념을 활용하면 부동산을 효율적으로 이용하는 새로운 사업을 할 수 있습니다. 이런 개념들은 특히 1인가구의 증가, 다양한 취미의 등장, 무언가에 얽매이지 않고 자신만의 스타일을 추구하는 삶의 방식, 공간의 효율적 사용을 선호하는 최근 젊은 세대의 성향과도 맞아떨어지기에 사업 효과를 증폭시킬 수 있습니다.

실제로 이러한 개념 덕에 부동산 활용도가 개선되고 있습니다. 공유 오피스, 스터디 카페, 독서실, 고시원 등의 사업에선 공간을 분절해서 사용할 수 있으며 임대 시간도 비교적 자유롭습니다. 독서실은 과거의 개념과 달리 카페와 회의 공간이 결합된 구조로 사용자의 폭이 학생에서 넓어지고 있습니다. 고시원의 경우는 숙박도 해결할 수 있게 제도적으로 지원이 있어 도시에서 저소득 1인 생활자에게는 주거공간의 대안으로 사용됩니다.

특히 공유 공간을 활용한 사업은 시설 투자비가 상대적으로 저렴하며 제조 과정이나 상품 판매 등이 없기에 부동산 공간의 대여가 핵심입니다. 최근엔 그 형태도 음악연습실, 촬영 스튜디오, 지하 테니스 연습장이나 농구 연습장 등으로 분화되어 발전하고 있습니다. 수도권이나 지방 교외의 펜션 또는 워크숍 전용 공간 사업도 비슷한 맥락에 해당합니다.

'소유'의 공간을 '공유'의 공간으로

공유의 개념을 적용하여 부동산 공간의 활용도를 높인 실제 예가 있습니다. 어느 중년 부부가 은퇴 후의 전원생활을 위해 전원주택을 구입했습니다. 하지만 '전원주택에서의 거주는 오직 두 번만 행복하다. 전원주택을 살 때와 팔 때'라는 농담처럼, 그 부부도 자연과 함께 전원생활을 한다는 건 로망에 불과하다는 점을 깨달았습니다.

주택을 팔기 위해 내놓았지만 매수인을 찾지 못해 난감했던 부부에게 어느 날 한 부동산에서 연락이 왔습니다. "어차피 팔리지도 않으니 월세를 놓으면 어떻겠냐"라는 말에 부부는 그렇게 하기로 결정했습니다. 큰 액수는 아니지만 임대 수익이라도 올리는 편이 낫다고 판단했기 때문입니다.

임차인은 젊은이들이었습니다. 이들은 전원주택을 임대한 후 인테리어를 바꾸고선 에어비앤비(Airbnb)와 인터넷을 활용하여 워크숍 전용 펜션으로 홍보, 사업을 진행했습니다. 월세가 저렴한 데다 주말엔 젊은이들이 번갈아 내려와 정리정돈을 했기에 유지비용 역시 동네 아주머니께 청소를 부탁하는 수준으로만 들었습니다. 그 결과 매주 주말 이틀 정도씩만 워크숍 목적으로 공간을 임대해도 충분히 수익을 거둘 수 있었지요.

이 사례는 공유가 소유보다 우월한 개념이라는 것, 그리고 같은 공간이라도 공유를 바탕으로 바라보는 시각이 달라지면 그것의 가치 또한 얼마든지 달라질 수 있음을 보여 줍니다. 창의력을 동원해 공간의 개념을 바꾸면 단순한 창고가 멋있는 포토 스튜디오가 되고, 도로상의 작은 자투리 공간이 전기차 충전을 위한 공간이 되고, 관리하기가 힘들어 신물이 난 전원주택이 서로의 마음을 터놓고 이야기할 수 있는 워크숍용 공간이 되는 것입니다.

이렇듯 공간을 재해석 및 변형하여 새로운 공간으로 재창조할 수 있다면 부동산 투자의 스펙트럼도 한층 넓어질 수 있습니다. 부동산 투자에 있어서 이런 아이디어를 떠올려 실행할 수 있는 능력은 큰 목돈보다 더 중요한 무기가 됩니다. 부동산은 더 이상 소유만을 위한 투자 대상이 아니기 때문입니다.

기업의 가치사슬은 여러 연구를 거쳐 제품이 개발되면 원재료를 수급해 제품을 완성하고 판매한 뒤 고객을 관리하는 과정들의 연결입니다.

그렇다면 부동산의 가치사슬은 무엇일까요? 구현하고 싶은 건물이나 공간의 설계를 통해 그것을 구체화하면 적합한 토지를 구해 건축을 끝낸 뒤 건물주가 해당 건물을 직접 사용하거나 원하는 사람에게 매각하는 과정들의 연결일 것입니다. 일반적인 제품과 달리 건물은 장기간 사용되기에 사용자가 지속적으로 바뀔 수도 있습니다.

우리는 부동산의 전체 가치사슬에 어떻게 참여하고 투자해야 할까요? 토지를 소유하고 있다면 가치사슬의 초기 단계에 투자자로 참여할 테고, 건축가라면 사용 목적에 맞게 건물을 지을 것이며, 자금이 충분한 사람은 완공된 건물을 매입할 것입니다. 그런 뒤 프리미엄을 붙여 매각하거나, 혹은 사용을 원하는 이들에게 임대를 하겠지요. 그 건물의 공간을 빌린 사람은 앞서 이야기했던 워크숍 전용 펜션의 젊은이들처럼 그곳을 활용해 원하는 사업을 하거나 주거를 할 것입니다.

이처럼 부동산에 투자할 때 전체 가치사슬에서 내가 어느 단계에 위치할 것인지는 여러 변수에 의해 결정됩니다. 경험, 자본력, 위험 선호도, 공간에 대한 아이디어, 실제 사용목적 등이 그 변수들입니다. 경험 많은 투자자일수록 자신이 어떤 단계에 투자할지에 대한 확신이 있습니다. 이미 다양한 경험을 통해 본인만의 관점과 전략이 세워져 있기 때문이지요.

자본력은 가치사슬의 초기 단계와 후기 단계 중 진입을 결정하는 요소임과 동시에 프로젝트의 규모를 결정하는 요소이기도 합니다. 토지를 매입해서 건물을 짓는 경우라면 큰 자본이 필요하지만 소형 오피스텔에 투자하는 것은 소자본으로 가능합니다.

위험 선호도는 가치사슬 단계별로 위험이 다르기에 투자자의 위험 선호도와 부합해야 문제가 되지 않는다는 점에서 중요한 요인입니다. 위험 선호도가 높은 투자자들은 부동산의 개발·시행 단계에 참여하겠지요. 그에 반해 위험 선호도가 낮아 안정화된 상권에서 오랜 기간 임대할 상가를 선호하는 투자자라면 가치사슬의 후반부에 참여할 것입니다.

공간에 대한 아이디어가 많은 투자자는 자신이 직접 설계를 하고 구현

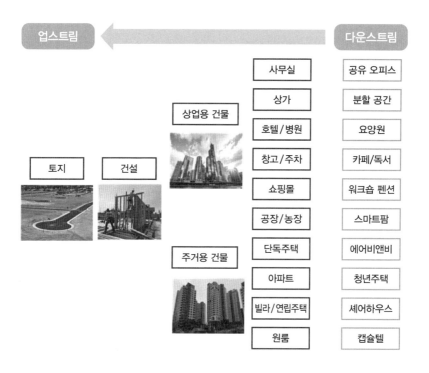

부동산 가치사슬

할 수 있는 초기 가치사슬 단계에 투자하는 편이 좋습니다. 반면에 자신만의 공간 설계에 특별한 관심이 없다면 이미 공간이 완성된 뒤인 후기 가치사슬 단계에 투자하는 것이 적절합니다. 또한 실제 사용목적은 직접 거주 및 사업에 필요한 부동산을 찾는 것인지 아니면 임대를 주기 위한 부동산을 찾는 것인지로 나뉩니다.

이러한 여러 변수들은 곧 투자자 자신에게 주어진 상황, 그리고 투자자의 기질 및 투자 성향과 관련되며, 실제 투자 행위를 여러 형태로 전개될 수 있게 합니다. 따라서 부동산 투자의 성공 확률을 높이려면 이 변수들에 대한 자신의 답이 어떠한지를 사전에 파악하고 그에 맞춰 투자 행위를 해나가는 것이 바람직합니다.

앞서 이야기했듯 부동산 투자는 단계별로 접근하는 것이 좋은데, 저는 다음과 같은 순서를 추천합니다.

- 1단계: 부동산과 사업을 결합한 투자 - 공유 공간 사업
- 2단계: 소형 수익형 부동산 투자 - 오피스텔, 소형 아파트
- 3단계: 중형 수익형 부동산 투자 - 상가, 사무실
- 4단계: 개발형 부동산 투자 - 토지, 재개발 부동산

1단계는 소액자본으로 다소 위험이 낮은 공간 활용 사업을 통해 부동산에 대한 감각을 키우는 단계입니다. 2단계와 3단계는 각각 소형 및 중형의 수익형 부동산에 투자하는 단계, 마지막인 4단계는 투자자 자신이 직접 개발형 부동산에 뛰어들어 사업을 개척해 보는 단계이지요. 높은 단계일수록 위험과 난이도가 높고 요구 자본의 크기가 큼과 더불어 수익

성과 규모의 경제 역시 높다는 점을 기억해 두시기 바랍니다.

단계별로 접근하는 것이 좋은 이유는 부동산 투자는 한 세대, 즉 30년 정도의 시간을 보고 해나가야 하기 때문입니다. 장기성 자산의 특성은 오랜 기간 황금알을 낳는 씨암탉처럼 지속적 수익을 일으키거나, 혹은 오래 숙성된 와인이 어느 순간 뛰어난 향미를 보여주듯 일정 시간이 지나면 가치가 급등하기도 한다는 점입니다.

이런 결실을 얻으려면 부동산에 투자한 이후에도 조급해하지 않고 길게 호흡하는 여유가 필요한데, 처음부터 그렇게 하기란 쉽지 않습니다. 그래서 규모가 작은 것부터 시작해 여러 단계를 경험하며 여유와 내공을 키워나가는 접근법이 바람직하다고 생각합니다.

7장

대체투자_ 투자 대상을 다각화하라

카페에서 투자와 관련하여 열띤 토론을 하는 사람들의 이야기를 살짝 엿들어보면 대개는 주제가 주식 아니면 부동산입니다. 그만큼 이 두 가지는 많은 사람들에게 투자 대상으로 인식되어 있는 것이지요.

주식은 개인이 거래용 계좌만 만들면 온라인으로 손쉽게 사고팔 수 있습니다. 마음만 먹으면 한국과 외국의 증권거래소를 오가며 24시간 내내 관련 거래를 할 수 있는 투자 대상입니다.

또한 부동산은 한국인들의 관심이 특히 높은 대상입니다. 그래서인지 주택 가격이나 주택담보대출, 신도시 개발 등 부동산과 관련되는 뉴스에 많은 관심이 쏠리지요.

주식과 부동산이 전부가 아니다

최근에 투자 대상에 대한 변화의 분위기가 감지됩니다. 인터넷 시대인 특성상 투자 대상도 현상에서 가상으로, 오프라인에서 온라인으로, 국제에서 글로벌로, 몇 안 되는 대형 브랜드에서 여러 소형 틈새시장 브랜드로 넓고 깊어진 것입니다. 접하는 것이 다양해진 만큼 사람들의 생각도, 자본이 추구하는 투자 대상도 자연스레 다양해졌습니다.

에너지 관련 투자를 예로 보자면, 과거엔 그 대상이 주로 화석연료였으나 어느 순간 태양광에너지나 풍력에너지 등 신재생에너지 분야로, 또 스마트그리드를 비롯한 에너지효율화 분야로 확대되었습니다.

또한 똑같은 주식 투자라 해도 과거에는 직접 개별 주식에 투자하는 방식이었지만 언제부터인가 전체 주가지표를 추정하는 인덱스 펀드가 등장하더니 최근에는 상장지수펀드, 즉 ETF(exchange traded fund)라는 형태도 나타났지요. 뿐만 아니라 과거 기관투자자의 전유물로 여겨졌던 헤지펀드나 사모펀드에도 개인들이 투자할 수 있는 길이 열리기 시작했습니다. 여러 파생 상품에도 투자가 가능하니 그야말로 투자 대상의 제자백가(諸子百家) 시대라 할 수 있습니다.

이렇듯 다양한 투자 대상들을 업계에서는 기존의 주식 및 채권 투자와 구별하기 위해 '대체투자'라 일컫습니다. 그럼 이러한 대체투자는 어떤 배경에서 시장에 등장하게 된 것일까요?

1980년대까지만 해도 투자자들에게 있어 자본을 늘리는 매력적인 방식은 상장주식이나 채권에 투자하는 것이었습니다. 당시엔 부동산도 투자 대상이라기보다는 주거 혹은 상업 활동을 위한 공간으로만 여겨졌습니다. 그러다 1980년대 말부터 1990년대 초 사이, 시장은 두 가지 큰 충격을 경험했습니다.

첫 번째 충격은 블랙먼데이였습니다. 1980년대 초 미국 저축대부조합의 부실화에서 비롯된 금융권의 큰 구조조정이 있었습니다. 그 영향이 산업 전반에 퍼지면서 1987년 10월 19일 월요일에 월가의 주식들이 22.6퍼센트나 대폭락한 사건이었지요. 당시 주식 투자자들은 천문학적인 손실을 입었고, 이를 계기로 주식이 아닌 새로운 투자 대상을 찾아야 한다는 절박감을 느꼈습니다.

그 시기에 투자자들의 마음을 끈 것이 바로 현대 포트폴리오 이론(MPT: modern portfolio theory)입니다. 투자자는 여러 투자 대상의 수익률과 위험이 상호보완적 관계에 있을 수 있도록 포트폴리오를 구성, 위험은 감소시키고 수익률은 올리는 방법을 찾아야 한다는 것이 이 이론의 골자입니다. 다시 말해 우리가 이미 알고 있는, 여러 바구니에 달걀을 골고루 담아 시장의 충격을 견뎌낼 수 있게 하라는 내용이지요.

이 '여러 바구니'를 마련하기 위해 투자자들은 더 많은 투자 대상들을 찾아 나섰습니다. 그 과정에서 부동산, 실물자산, 인프라 자산 등으로 범위를 넓히기 시작했습니다.

두 번째 충격은 펀드라는 개념의 등장이었습니다. 과거에도 펀드는 있었으나 대개 상장주식형 펀드인 뮤추얼 펀드가 주를 이루었지요. 그러다 사모펀드(PEF: private equity fund)와 헤지펀드(hedge fund)가 시장에 나타났고, 부동산펀드나 리츠(REITs: real estate investment trusts)처럼 부동산에 간접적으로 투자하는 펀드도 만들어졌습니다.

이어서 ELS(equity linked securities)나 ELF(equity linked fund)처럼

상품 구조에 따라 일정 범위까지 수익 또는 원금이 보장되는 구조화상품, 또 ETF까지 등장함에 따라 투자자들은 투자 관련 시야가 과거에 비해 훨씬 넓어졌습니다(펀드에 대해서는 7장 뒷부분에서 좀더 자세히 다루겠습니다).

이렇듯 블랙먼데이, 그리고 다양한 펀드의 등장을 계기로 투자 대상은 과거보다 훨씬 다양해졌습니다. 그렇다면 무엇이 앞으로 각광받을까요? 지금부터는 그런 대상들을 다양하게 살펴보겠습니다.

희로애락을 겪으며 함께 성장하는 비상장주식

비상장주식에 대한 투자는 잘 알려지지 않은 탓에 그간 전문 투자자 또는 기관투자자들의 전유물이나 다름없었습니다. 스타트업과 같은 초기 단계의 기업은 주로 창업투자 회사인 벤처캐피탈로부터, 그리고 상장을 앞둔 기업은 증권사나 사모펀드 등으로부터 투자를 받았습니다. 대개 초기 단계의 기업에 대한 투자는 위험이 높은 만큼 수익률도 높고, 상장 전 기업에 대한 투자는 상대적으로 위험이 낮지만 수익률은 적절한 편입니다.

스타트업이 투자받는 단계는 엔젤 투자, 시드 투자, 시리즈 A, 시리즈 B, 시리즈 C 등으로 나뉩니다. 엔젤 투자는 창업자가 사업 아이디어나 특정 기술을 발판으로 사업을 시작하는 매우 초기에 투자금을 모집하는 단계인데, 실제로 구현된 것이 없는 상태이므로 투자자 입장에서 감수해야 하는 위험이 매우 큽니다. 이후 어느 정도 사업이 구상되는 단계가 되면 시드 투자를, 시제품이 나오거나 새로운 서비스가 출시될 준비를 마치면 시리즈 A 단계의 투자를 받습니다. 이때는 대개 개인투자자보다는 벤처캐피털과 엑셀러레이터(accelerator)와 같은 기관투자자가 참여합니다.

그런데 최근엔 비상장주식에 투자할 수 있는 길이 개인들에게도 열리기 시작했습니다. 개인투자조합 형식으로 49명 이하의 사람들이 자금을 모아 초기 스타트업 기업에 투자할 수 있는가 하면, 어느 정도 자본이 있는 투자자는 사모펀드에 일정 규모 이상의 돈을 투자하는 것도 가능해진 것입니다. 그만큼 투자 스펙트럼이 넓어졌으니 개인투자자들에겐 반가운 일입니다.

비상장주식 투자의 장점

비상장주식 투자의 장점은 해당 기업이 사업에 성공할 경우 투자자 입장에서 높은 수익률을 얻을 수 있다는 점입니다. 일반 상장주식에 투자할 때 얻는 수익률보다 월등히 높은 경우도 간혹 있지만 이는 열 건 중 한두 건에 불과합니다. 나머지 중 두세 건은 적당한 수익률, 그 외의 건들에선 손실을 기록할 가능성이 있지요. 그럼에도 그 열 건 정도의 투자가 분산되어 이뤄지기 때문에 전체 평균 수익률은 일반 상장주식에 투자하는 경우보다 높다는 연구결과들이 보고되고 있습니다.

또한 회사의 사업이 걸음마 단계일 때부터 서서히 커나가는 과정을 지켜보고 때로는 투자를 하며 함께 성장한다는 것, 그래서 훗날 성공의 과실을 함께 향유하는 즐거움과 보람을 느낀다는 것도 비상장주식 투자가 갖는 매력입니다. 수익을 나누는 것은 물론 좋은 일이지만, 마치 아이를 키우는 과정처럼 희로애락을 겪으며 자신도 성장해 나가는 것은 투자자로서 성숙해 지는 데 있어 소중한 경험입니다.

이런 경험을 많이 할수록 투자자는 노련한 비상장주식 투자 전문가로 거듭나게 됩니다. 처음에는 한두 명의 창업자를 알게 되어 투자에 뛰어들 겠지만 시간이 지나면 창업자의 동료, 친구, 선후배 등의 네트워크에 자연스럽게 참여하게 되지요.

유유상종(類類相從)이라는 말처럼, 좋은 사람 주변에는 좋은 이들이 모여 있게 마련입니다. 창업 정신으로 회사를 세우고 성공시키는 사람들은 대개 자신들만의 리그를 형성하고 있고, 투자자는 그런 리그에 참여하는 좋은 기회를 얻을 수 있습니다.

즉, 새로운 투자를 소개 혹은 요청받아 심사숙고 끝에 투자를 실행하고, 그것이 성공을 거두면 또다른 좋은 투자와 연결되는 선순환 구조에 들어서면 비상장주식 투자의 매력에 흠뻑 빠지게 됩니다. 투자를 통해 수익을 얻을 뿐 아니라 새로운 제품과 서비스를 바탕으로 신사업을 창출해 기업가치를 증대시켜나간다는 기쁨을 함께 느끼고 공유하는 과정은 투자 이상의 의미가 있습니다.

비상장주식 투자 시의 체크 포인트

비상장주식에 투자할 때 투자자가 고려해야 할 요소들엔 여러 가지가 있습니다. 그중 특히 중요하다고 여겨지는 몇몇을 알아보겠습니다.

- 해당 산업의 전망: 투자를 고려 중인 스타트업 기업이 나아가고자 하는 산업의 향후 전망을 확인합니다. 지금은 유망해 보이지만 이내 성장성이 한계에 다다를 가능성은 없는지, 지금은 시장 규모가 크지 않지만

어느 정도의 시간이 지나면 폭발적으로 성장할 것이라 점쳐지는 산업인지 등을 알아보는 것입니다.

기업의 사업이란 결국 미래를 보고 전개하는 것이기에, 해당 기업이 속해 있는 산업의 미래가 어떠할지 따져보는 것은 지극히 당연한 일입니다. 이를 위해서는 꾸준히 엑셀러레이터들이 주최하는 데모데이에 참여하는 것이 좋습니다. 더불어 이미 산업 내에서 큰 플랫폼을 만들어 낸 기업들이 향후 어떤 쪽으로 투자를 해나가는지도 주시할 필요가 있습니다. 산업의 미래 방향성을 제시하는 것은 해당 산업을 이끌어가는 리더 기업들이기 때문입니다.

산업 이슈를 다루는 잡지나 리서치 리포트도 손에서 놓지 않고, 세미나 혹은 스터디 모임에도 참여하는 것이 좋습니다. 하루가 다르게 변해가는 글로벌 환경의 기술 트렌드나 시장의 역학 관계에 대한 감각을 잃지 않으려면 끊임없이 공부하며 따라잡는 것만이 최선입니다. 발품을 팔아 정보를 얻고, 가능한 한 많은 이와 악수를 나누고 명함을 교환하며 자신의 네트워크를 넓히기 위해 노력해야 합니다.

- 창업자와 팀의 역량: '사람이 전부다'라는 광고 문구도 있지만 스타트업의 성공 여부는 특히나 사람, 즉 창업자와 팀에게 달려 있습니다.

우선 스타트업의 창업자는 자신의 아이디어를 바탕으로 회사를 만들고 사업을 시작합니다. 또 자리를 잡은 중견 또는 대기업과 달리 하나부터 열까지 불확실성이 높은 의사결정을 해야 하지요. 한 번 해봤던 일이라면 참조할 만한 사례라도 있겠지만 아이디어로 승부하는 것이 스타트업인 만큼 대개는 그런 자료가 없습니다.

그때 중요한 역할을 하는 것이 창업자의 역량입니다. 똑똑하고 창의적인 역량뿐 아니라 어려움을 버텨내고 앞으로 나아가는 의지와 인내, 함께 일하는 이들을 이끌고 의견을 모아가는 리더십이 있어야 하지요. 또한 팀원들은 적극적으로 업무에 임하며 리더의 지휘하에 훌륭한 팀워크를 이뤄낼 수 있어야 합니다.

이 모든 것들은 투자자가 투자 의사결정 시 참고해야 할 사항들에 해당합니다. 아무리 훌륭하고 전망 있는 사업모델이라 해도 창업자와 팀원들에게 그것을 현실화시킬 만한 역량이 없다고 판단되는 경우엔 투자하지 않는 것이 옳습니다.

- 사업모델에 대한 판단: 투자자 입장에서 확인해야 하는 사업모델의 핵심 포인트는 '시장의 문제를 해결할 수 있는가'입니다. 가령 어느 핀테크 기업이 중금리대출(중간 수준의 신용등급을 가진 이들을 대상으로 하는 신용대출) 관련 신용데이터를 모으는 빅데이터 사업모델을 추구한다고 가정해 보겠습니다.

일반 대형 시중은행은 대개 기업을 상대로 여신을 제공하고, 안정적 사업이 기반이 된다는 점을 감안하여 금리를 낮게 책정합니다. 그러나 중상공인에게는 그렇게 해주는 경우가 그리 많지 않습니다. 현금흐름이 풍부한 경우라 해도 사업 연수가 짧거나 혹은 공식적 거래 기록이 많이 남아 있지 않아 금융 기관 입장에서 보자면 대출 승인에 필요한 자료가 부족하다고 판단하기 때문입니다. 상황이 이렇다 보니 중상공인은 대형 시중은행을 통한 대출을 포기하고 제2 또는 제3금융권의 고금리 대출로 사업을 끌어나가야 하는 어려운 상황에 빠지는 경우가 많습니다.

하지만 만약 중금리 시장의 신용데이터를 모아 시중은행 등의 금융 기관에 제공함으로써 중상공인이 대출을 받을 수 있는 근거를 마련해 준다면 이는 중금리대출 시장의 문제가 해결되는 중요한 계기가 될 것입니다. 만일 이러한 사업모델을 갖는 스타트업이 있다면 투자자의 입장에서 관심을 기울이고 투자를 진지하게 고려할 수 있습니다.

- **자본 시장 상황**: 스타트업은 사업의 성장에 맞춰 지속적으로 투자를 받아야만 하는 경우가 많습니다. 다시 말해 투자자 한 명이 감당할 수 있는 투자 규모가 아니기에 벤처캐피털, 증권사, 사모펀드 등 소위 기관투자자들이 시기에 맞춰 지속적으로 투자를 해줘야 스타트업 사업이 순항할 수 있지요. 그리고 어느 시점에 다다르면 주식 시장에 상장하거나 타 기업이나 투자자에게 사업모델을 매각할 수도 있습니다.

투자자는 향후 자본 시장에서 어떤 투자자들이 해당 스타트업에 계속 관심을 기울일 것인지, 또 향후 상장이나 인수 등의 가능성은 있는지 등을 심도 있게 검토해야 합니다. 이렇게 자본 시장 상황을 파악해야 하는 이유는 내가 투자한 뒤에도 그 스타트업이 추가 자본의 투자를 받아 계속 성장해야 하고, 결국 M&A나 상장이 가능해야 나의 투자를 회수할 수 있는 길이 넓게 열리기 때문입니다.

- **자신의 투자 목적**: 비상장회사를 세운 친구나 지인이 투자를 요청하는 경우라면 자신에게 던져야 할 질문이 있습니다. '나는 지금 수익을 내기 위해 투자하는 것일까, 아니면 저 사람을 돕기 위해 투자하는 것일까?'가 그것입니다.

그 사람의 창업이나 사업을 도와주고 싶은 마음에서 투자하려는 것이라면 자신이 손실을 감내할 준비가 되어 있는지의 여부를 냉철히 생각해 봐야 합니다. 수익을 바라는 동기가 있는데 그저 친구라서, 혹은 지인이라는 이유만으로 꼼꼼히 따져보지 않고 투자를 결정한다면 좋지 않은 결과로 이어질 가능성이 높습니다.

이 외에도 스타트업에 주로 투자하는 비상장주식 투자의 귀재들은 자신만의 성공 비결을 한두 가지 정도씩은 갖고 있습니다. 제 비결 중 하나는 연쇄창업자에게만 투자하는 것입니다. 한 번 창업해 본 경험은 그것이 성공이었든 실패였든 두 번째 창업에 도움이 되기 때문이지요. 어떻게 하면 성공할 수 있는지, 혹은 어떤 점에서 실패한 것인지를 알게 된 창업자일수록 그다음에 성공할 가능성이 높아지는 것은 당연한 일입니다.

또한 투자를 고려할 때에는 창업자의 말투를 유심히 살피곤 합니다. 사업모델의 약점 혹은 경영에서의 개선점 등과 관련해 의도적으로 뼈아픈 조언을 던진 뒤 창업자가 어떤 반응을 보이는지 관찰하는 식입니다. 그런 조언을 진심으로 받아들일 수 있는 사람이라는 느낌이 그의 반응에서 들 때에만 투자를 긍정적으로 검토합니다. 조언해 주는 사람에게 귀를 기울이는 창업자라면 회사의 운영을 지혜롭게 개척할 능력이 있다고 믿기 때문입니다. 이런 점들도 투자를 검토할 때 체크 사항으로 참조하시면 좋겠습니다.

성공적인 비상장주식 투자를 위한 핵심 준비

이처럼 비상장주식에 대한 투자는 여러 사항들을 확인한 뒤 진행해야 합니다. 상장주식들은 자본 시장에서 충분히 검증된 데다 거래소의 엄격한 심사 과정을 거친 뒤 일반인의 투자가 허용되기 때문에 투자자 입장에서는 믿고 투자할 수 있습니다. 그러나 비상장기업은 초기 단계의 회사인 만큼 사업모델이 검증되지 않아 이익은커녕 매출조차 발생하지 않는 경우도 있습니다. 따라서 투자자 스스로가 더욱 신중하고 객관적으로 검토하여 투자 여부를 판단해야 합니다.

앞서 말했듯 비상장주식 투자를 통해 큰 수익률을 거두는 비율은 열건 중 한두 건 정도입니다. 그렇다면 그런 한두 건을 만드는 요소는 무엇일까요? 물론 행운의 힘일 수도 있지만, 그것을 제외하고 생각해 보면 투자 대상을 발굴하여 실제 투자를 행하고 후에 투자금을 회수하는 과정을 혼자 해나가지 않는다는 점입니다. 투자를 위한 네트워크 안에서 여럿이 함께 고민하고 서로 조언을 주고받으며 자금도 대신 위탁할 수 있다는 뜻입니다.

비상장투자를 위한 사전준비의 시작은 좋은 네트워크에 참여하려는 노력입니다. 네트워크가 마련되어 있지 않은 투자자라면 처음에는 엔젤 투자 클럽 등에 참여하여 정보를 얻고 인맥을 넓혀가는 게 바람직합니다. 가장 좋은 방법은 투자 전문가들로 구성된 네트워크에 들어가는 것이지만 사실 이 일 자체가 쉽지 않지요. 그래서 엔젤 투자 클럽 등에서 시작하는 것을 차선책으로 삼는 것입니다.

주의해야 할 점은 엔젤 투자 클럽에서 활동하는 리더나 멤버들 중에는 사적 이익을 위해 잘못된 정보를 퍼뜨리는 경우도 있다는 점입니다. 산업에 대한 충분한 연구 없이 막연한 기대감으로 투자를 권유하거나 소개하는 것이 그 예입니다. 때문에 엔젤 투자 클럽과 같은 모임은 투자에 대한 자신의 판단력을 기르는 수단으로만 활용하고 절대 전적으로 의지해선 안 된다는 점을 기억해야 합니다.

그다음 단계는 자신만의 네트워크를 세팅하는 것입니다. 섹터별, 연령

별, 그룹별로 네트워크를 맞춰 나가려면 나만의 네트워크 지도를 만들어야 합니다. 앞에서 설명했던 네트워크 매핑을 응용, 이미 알고 있는 전문가나 사업가 혹은 친구나 선후배 등을 모바일, 바이오 기술, 재무·회계 등 자신이 관심 있는 투자 영역에 맞춰 정리해 두는 것이 비상장주식 투자를 위한 준비의 핵심입니다.

특히 엑셀러레이터나 벤처캐피털과의 네트워크, 성공한 스타트업 창업자들과의 네트워크, 기술이나 과학 분야에 종사하는 학자 및 연구자 관련 네트워크는 투자자로서 반드시 진입하거나 연결되어 있어야 하는 분야임을 명심해야 합니다.

다음은 비상장주식 투자를 위한 네트워크를 만드는 방법입니다. 앞서의 네트워크 매핑 방법과 다소 유사하지만 차이점도 있으니 잘 숙지해 두시기 바랍니다.

1단계: 인적 네트워크 점검

- 주변의 친구나 지인 중의 스타트업 관련자를 파악하여 목록을 만든다.
- 목록 내의 사람들을 창업자, 투자자, 정부기관, 자문기관, 학계 등으로 나누어 분류한다.

2단계: 스타트업 산업 파악

- 국내외 스타트업 동향을 알 수 있는 글을 읽거나 세미나 등에 참석한다.
- 현재 유망하거나 미래에 새롭게 성장할 스타트업 업종을 파악, 정리한다.

3단계: 산업과 네트워크 매핑

- 유망 스타트업 업종을 가로축, 인적 네트워크를 세로축에 배치하고 그 교차점에 1단계와 2단계에서 정리한 내용을 채워가며 비어 있는 부분을 확인한다.
- 네트워크에서 채워지지 않은 부분은 벤처캐피털의 투자 데모데이에 참석하거나 스타트업에서 일하는 지인으로부터 소개받는 방식 등을 통해 보강해 나간다.
- 스타트업 사업 및 투자 동향과 관련된 스터디 혹은 토론 모임에 참여하거나 자신이 그것을 직접 만들어 네트워크를 적극 관리하고 업데이트한다.

국민소득과 문화 수준이 반영된 아트 투자

비상장주식 투자가 과거에는 기관투자자나 사모펀드 등의 전유물이었던 것처럼 아트 투자, 즉 미술품을 대상으로 하는 투자는 부유층의 전유물이었습니다. 기본 투자 금액도 큰 데다 관련 정보도 일반인들에게 거의 알려지지 않았기 때문입니다.

그러나 아트 투자 시장에 블록체인 개념이 도입되면서 일반인들에게도 투자의 길이 열렸습니다. 작품 소유권을 블록체인 기반으로 기록, 분할하여 소유하는 방법이 개발된 것입니다. 그에 따라 여러 명이 소액을 투자하여 작품을 공동소유하는 투자 방식이 활성화되었음은 물론 그렇게 분할된 소유권이 향후 거래될 수 있는 가능성까지 논의되기 시작했습니다. 투자 대상을 확대하고 위험 대비 수익률을 올리기 위해 백방의 노력을 하는 개인투자자들에게는 반가운 소식입니다.

그럼 블록체인과 같은 기술적 진보가 아트 투자 시장을 일반화시킨 주요 요인이었을까요? 그렇지 않습니다. 기본적으로 예술과 미술이라는 영역은 그 나라의 국민소득 및 문화 수준과 밀접한 관계가 있습니다. 한창 성장하는 신흥개도국이나 저개발 국가에서 예술이나 미술품이 하나의 투자 영역으로 자리잡는 경우가 없는 것도 그 때문입니다. 유형의 자산을 평가하고 투자할 자본 및 인식도 부족한데 무형의 자산인 예술품에 관심을 기울일 여건은 더더욱 안 되는 것이지요.

그와 달리 선진국에선 고도화된 자본 시장의 기능이 무형 자산에 대한 감상 및 판단을 이끌어내는 문화가 결합될 수 있기에 아트 투자가 활발히 이루어지고 있습니다. 다양한 기준에 비춰 생각해 보면 현재 한국은 어떤 분야에선 이미 선진국 대열에 진입했고, 또 어떤 분야에선 진입 직전 단계에 와 있습니다. 저는 바로 이 시점이 우리나라에서 아트 투자라는 영역에 대한 관심을 증대시키는 거시적 티핑 포인트(tipping point)라고 생각합니다.

관련 데이터에 따르면 선진국의 미술품 시장 규모는 GDP 대비 약 0.1퍼센트를 차지하는 데 반해 한국의 경우엔 0.02퍼센트 수준이라 상대적으로 작은 편입니다. 그러나 한국 자본 시장의 성향과 국가경제 규모를 고려하면 미술품 시장은 폭발적으로 성장할 가능성이 높습니다. 최근 몇 년간 미술 시장에서 나타나고 있는 동향 역시 실제로 폭발 직전의 모습을 띠고 있으며, 이미 시장을 발 빠르게 선점한 투자자들도 있습니다.

아트 투자 시 체크 포인트

아트 투자 시장의 규모는 요즘 들어 한층 더 빠르게 상승 중입니다. 글로벌 초저금리로 인한 시장 상황이 실물 가격의 상승세를 견인하고 있기 때문입니다. 그렇기에 거시경제와 문화적 측면에서 아트 투자 시장은 지속적으로 우상향할 것이라 전망되고 있습니다. 그러나 시장에 넘쳐나는 유동성으로 인해 미술품 가격에 거품이 낄 가능성도 아트 투자자라면 염두에 두고 지속적으로 관찰하며 대응해 나가야 합니다.

그러한 큰 틀 안에서 투자자가 확인해야 할 미술품 시장의 세부적 특성은 다음과 같습니다.

- 작품의 희소성과 성장성: 예술의 관점에서 미술품을 평가하는 일이 제게 가능할까요? 결론부터 이야기하면 불가능합니다. 저는 개인적 판단에 따른 감성과 취향이야 있지만 미술품의 예술성에 대해선 논할 능력이나 자격이 없기 때문입니다.

  하지만 '투자 대상으로서의 미술품은 어떻게 바라봐야 할까?'라는 질문이 주어진다면 조금 다르게 접근할 필요가 있습니다. 미술품이 수요 공급의 시장 원리에 영향을 받는 상품이라는 점, 또 작가가 창조해 내는 작품의 수와 투자자가 소유하고 싶어 하는 작품의 수가 갖는 함수 관계를 고려해야 하는 것입니다. 동시에 해당 작가의 작품은 어떤 수준의 작품성을 갖는지, 또 많은 수집가 및 투자자 들로부터 어떤 평가를 받는지도 알아야 합니다. 그래야만 어느 작품의 인기가 더욱 높아질지, 상대적으로 희소성을 갖는 작품은 무엇인지 등 작품 가치의 방향성을 보다 구체적으로 추정할 수 있기 때문입니다.

- 세제 혜택 및 제도: 통상 부동산 투자 시에는 거래 관련 세금, 보유세, 양도세 등 세 가지 종류의 세금을 고려해야 합니다. 또 상장주식 거래 시엔 증권거래세만 낼 뿐 양도차익에 대해선 과세되지 않지만 비상장 주식의 경우엔 증권거래세와 양도세를 납부하지요.

  그러나 아트 투자는 세제 측면에서 상대적으로 유리합니다. 국내 생존작가의 작품일 경우엔 금액에 상관없이 양도세가 부과되지 않습니다. 외국 작가나 사망한 국내 작가의 작품일 경우엔 6,000만 원까지 양도세가 적용되지 않으며, 그 이상의 거래액이면 양도차익 구간에 따라 80~90퍼센트의 필요경비를 제한 뒤 20퍼센트의 단일세율을 적용합니다. 따라서 아트 투자 시엔 세금 효과를 반드시 검토해야 합니다.

- 투자 후 매각 가능성: 감상이나 소장의 목적으로 구입한 미술품이라면 일정 기간 뒤의 매각 필요성을 판단할 필요가 없습니다. 그러나 투자 목적으로 시세 차익을 생각한다면 일정 기간 뒤 작품을 재매각할 수 있는지를 꼭 따져봐야 합니다. 한국 아트 시장에서는 외국 유명 작가의 작품을 국내에서 투자한 뒤 매각이 쉽지 않은 경우가 종종 있었습니다. 그렇기에 한국 내에선 오히려 국내 유명 작가의 작품을 매각하는 것이 쉬울 수 있습니다.

  이러한 미래 매각의 가능성과 더불어 향후의 가격 상승 수준에 대한 의견들 역시 충분히 취합해야 합니다. 가령 유명 작가의 원본 작품에 투자하는 것과 판화 작품에 투자하는 것을 비교해야 할 수도 있습니다. 유명 작가인데 사망한 경우는 일부 작품의 저작권을 미술관이 보유하고 판화를 아트 상품처럼 발매할 때가 있는데, 이런 경우는 통상 가격이 크게 상승할 가능성이 별로 없습니다. 그에 반해 아직 생존해 있는 유명 작가의 경우 판화 작품에 작가가 직접 서명한 작품이라면 향후 가격이 높아질 수 있습니다.

- 공동소유 형식으로의 소액 투자: 미술품 투자에서의 가장 큰 현실적 제약은 가격입니다. 상장 주식에도 시장을 리드하는 SK나 삼성과 같은 블루칩 주식, 그리고 안정적 중견기업이나 그룹을 지칭하는 옐로우칩 주식이 있듯 미술품 시장에도 블루칩에 해당하는 작품이 있습니다. 누가 들어도 알 만한 유명 작가의 작품이 그것이죠. 블루칩 작품들은 미술품 경매에서 높은 낙찰률로 거래되는데, 고액 자산가가 아니면 쉽게 투자하기 어려운 가격대임은 말할 필요도 없습니다.

하지만 최근엔 블록체인과 같은 IT 기반 기술을 활용, 여러 명의 투자자들이 자금을 모아 블루칩 작품을 인수하는 사례들이 눈에 띄게 증가하고 있습니다. 과거에는 개인 혼자 접근할 수 없었던 투자 대상이 현실적으로 가능한 범위에 들어온 셈입니다. 투자자라면 이런 새로운 트렌드를 놓쳐선 안 됩니다.

성공적인 아트 투자를 위한 핵심 준비

아트 투자를 성공으로 이끄는 핵심 요인은 '정보의 비대칭을 최대한 줄이는 것'입니다. 내가 가진 정보와 상대가 가진 정보의 차이가 크면 클수록 정보의 비대칭 정도가 높다고 말합니다. 바람직한 것은 상대보다 정보면에서 우월한 위치를 점하는 것이고, 그것이 여의치 않다면 최소한 상대가 파악하고 있는 것만큼은 나 역시 알고 있어야 합니다.

주식에 투자한다면 거시경제를 분석하고 산업을 이해한 뒤 구체적인 투자 종목을 선정하듯, 아트 투자에서는 예술 세계의 투자 동향을 분석하고 한국 회화 작품들과 관련된 산업을 이해한 다음 개별 또는 몇몇 작가를 선정하여 투자에 들어갑니다. 이런 과정에서 투자자가 정보의 비대칭성을 줄이려면, 즉 정보를 최대한 많이 보유하고 최신의 것으로 업데이트하려면 어떻게 해야 할까요?

가장 먼저 시작해야 할 일은 미술에 대해 기초부터 공부하는 것입니다. 현대 미술 시장에서 주류를 이루고 있는 회화 작품을 이해하려면 무엇보다 미술사를 공부해야 합니다. 서양의 고대 미술, 르네상스 미술, 로코코, 낭만주의, 추상주의, 초현실주의 등으로 연결되는 미술의 흐름을 심도 있게 파악하기를 권합니다. 서점에는 미술사 입문, 서양 미술에 대한 이해, 심리·전쟁·역사 등과 연결된 미술 해설 등 미술과 관련된 다양한 주제의 서적들이 있는데, 최소한 열 권 이상을 읽은 뒤 투자를 시작하는 것이 좋습니다.

두 번째 단계로 해야 할 일은 갤러리 운영자, 미술품 경매 운영자, 미술 평론가 등 미술 시장에서 활동하는 사람들과의 네트워크를 개척하는 것입니다. 해마다 열리는 미술전이 있으면 일반인 관람 기간에 관람하거나 틈틈이 여러 갤러리를 다니며 질문도 던져보고 업계 동향에도 귀를 기울여보면 좋습니다.

아름다운 대상을 보면 감탄이 절로 나오고 심오한 의미가 담긴 작품을 보면 마음이 정화되는 것은 인간의 기본적인 성향임에도 우리는 바쁜 일상 탓에 이 성향을 묻어두곤 합니다. 그런데 두 번째 단계의 과정을 해나가다 보면 '예술을 사랑하는 사람'으로 거듭나는 흥미로운 부작용을 경험하게 됩니다. 내 안에 있는 예술적 본능이나 예술에 대한 애정이 살아날 수 있으니 아마 이보다 행복한 부작용도 없을 것입니다.

투자를 배우는 과정에서 나 자신을 재발견하게 되는 것, 이것이 바로 투자를 가장 바람직한 여정으로 만드는 요소입니다.

세 번째 단계는 소액으로 투자 가능한 범위 내에서 아트 투자를 시작해 보는 것입니다. 블루칩 작가의 소품에 투자하거나, 앞서 이야기했듯 공동투자 플랫폼을 활용하여 투자하는 등이 구체적인 방법입니다.

이때 염두에 두어야 할 것은 투자 목적의 작품과 감상 목적의 작품은 다르다는 점입니다. 즉, 내 마음에 드는 작품이 아니라 향후 가격 상승이 예상되는 작품에 투자해야 한다는 뜻입니다. 두 가지 목적을 동시에 이루는 것은 고액의 자산가 혹은 미술 관련 전문성을 갖는 투자자만이 가능한 일로서, 일반 투자자에겐 결코 적절한 목표가 될 수 없음을 다시 한 번 강조합니다.

아트 투자가였던 일본인 부부

1990년대 후반 뉴욕 맨해튼에서 회계사 생활을 할 때의 일입니다. 주택 구입을 위해 여러 곳을 다니다가 드디어 마음에 드는 집을 찾았습니다. 일본인이 살던 2층짜리 타운하우스였는데 우리 세 식구가 살기엔 안성맞춤으로 보였습니다.

처음 그 집의 내부를 보기 위해 들어섰을 때 우리 부부의 눈에 들어온 것은 거실 한쪽에 있는, 얼핏 봐도 수십 점 이상인 그림들이었습니다. 웬 그림들이냐고 물으니 그 일본인 집주인은 "맨해튼의 갤러리들을 통해 그림을 사서 투자하는 것이 저희 부부 취미예요. 돈만 있으면 그림을 사는 데 쓴다니까요" 하며 웃었습니다.

20여 년이 지난 지금 생각해 봤을 때, 그 부부가 그림들을 현재까지 갖고 있다면 엄청난 가치에 이르렀을 듯합니다. '아는 만큼 보인다'라는 말처럼 그때의 저는 미술 문맹이었음이 확실합니다. 그나마 위안이 되는 것은 그때 '영끌'해서 그 타운하우스를 구입한 경험이 이후의 부동산 투자에 큰 밑바탕이 되었다는 점입니다. 역시 신이 모든 능력을 주시는 것은 아닌가 봅니다.

💰 에너지부터 곡물까지, 상품 투자

'상품' 투자라 하니 무슨 뜻인지 모호하다고 느낄 수도 있습니다. 우리가 사서 소비하는 물건들이 상품인데, '상품 투자'라면 그런 물건들에 투자한다는 뜻인가 하고 생각할 수 있습니다.

투자에서의 '상품'은 영어로 'commodity'라는 것을 일컫습니다. 실물자산의 범주에 들지만 부동산 같은 큰 자산이 아니라 주로 제조업 등의 산업 활동에 필요한 원료입니다. 투자 대상으로서의 상품은 다음과 같습니다.

- 에너지: 원유, 천연가스, 정제된 석유 제품
- 귀금속: 금, 은, 플래티넘, 희토류
- 산업용 금속: 알루미늄, 구리, 아연, 니켈, 납, 주석
- 곡물: 옥수수, 밀, 대두, 커피, 쌀, 설탕, 면화
- 가축: 양, 소, 돼지, 가금류

제가 생각하는 상품 투자의 첫 번째 핵심은 '화폐가치의 하락과 연동되는 헤지성 투자'입니다. 인플레이션으로 인해 화폐가치가 하락할 때 투자자는 자본의 가치를 지키기 위한 행동을 해야 합니다. 물가가 오르면 일반적으로 상품 가격 역시 그만큼 상승합니다. 따라서 인플레이션 상황에서는 주식이나 채권, 현금이 아닌 상품을 보유하고 있는 편이 현실적으로 안전합니다(아울러 임대용 부동산도 인플레이션 시 안전한 투자 대상입니다).

상품 투자의 두 번째 핵심은 상품의 수요공급에 영향을 미치는 수요자

와 생산자 사이의 역학 관계를 이해하는 것입니다. 가을의 김장용 배추를 예로 들어 설명해 보겠습니다.

대관령에서 고랭지 배추를 재배하는 농부는 배추의 생산자, 겨울에 대비해서 김장을 해야 하는 어머니들은 배추의 소비자입니다. 이 둘의 중간에는 생산자로부터 배추를 구입해 소비자에게 판매하는, 생산자와 직접 거래하는 수요자인 가락동 농수산물 시장의 도매상인이 있습니다. 이 둘 사이에선 정반대의 이해 관계가 작용합니다. 배추를 생산자는 비싼 가격에 팔고 싶어 하고 수요자는 싼 가격에 사고 싶어 하니까요.

그럼에도 이들은 실제로 배추가 출하되기 3개월 전에 배추 가격을 미리 정하는 약속을 합니다. 실제 출하 시에 배추 가격이 폭등하면 수요자가 불리해지고 폭락하면 생산자가 불리해질 테니, 양자 모두 안정적인 이익을 취하기 위해 미리 가격을 정해두는 것입니다. 상품 시장에서 일어나는 이러한 현상을 선물 시장(futures market) 거래, 이때 양자가 정하는 가격을 선물 가격(futures price)이라 합니다. 이와 달리 현재 시점에서 물건을 사고파는 거래는 현물 시장(spot market) 거래, 이때의 거래 가격을 현물 가격(spot price)이라 일컫습니다.

상품 투자자는 해당 상품의 선물 및 현물 거래를 살펴보고 투자 판단을 내려야 합니다. 그리고 이론적으로 이 두 가격은 '선물 가격 = 현물 가격 + 보관 비용'이라는 관계에 있습니다. 앞서 이야기한 배추의 경우를 다시 예로 들어보겠습니다.

제가 3개월 후의 배추를 사기 위해 지금 지불하고자 하는 가격은 현재의 현물 가격에 3개월간 배추를 보관하는 비용을 더한 값입니다. 지금 배추 100포기의 현물 가격이 10만 원이고 그것들을 3개월간 창고에 보관하는 비용이 1만 원이라면 3개월 후 배추 100포기의 선물 가격은 11만 원이 됩니다.

그러나 시장에서의 실제 선물 가격은 11만 원보다 낮을 수도 있고 높을 수도 있는데, 이러한 상황에 맞춰 투자자의 전략도 달라져야 합니다. 시장의 선물 가격이 이론적 선물 가격보다 높으면 선물을 매도하고 현물을 매수하는 전략을, 그 반대의 경우라면 선물을 매수하고 현물을 매도하는 전략을 취해야 하는 것입니다. 이렇게 생산자와 수요자 간의 역학관계를 이해하고 선물 가격과 현물 가격의 차이를 이용하여 투자하는 방식을 파생 상품 거래라 표현하기도 합니다.

그러나 파생 상품 거래만이 상품에 투자할 수 있는 방법은 아닙니다. 현물 거래, 상품과 관련된 인덱스 펀드나 ETF를 통한 투자, 상품을 생산 혹은 거래하는 회사의 주식에 대한 투자 등 여러 방법이 있기 때문입니다. 따라서 위험과 수익에 대한 자신의 성향에 맞는 방법을 택하면 됩니다.

상품 투자 시 체크 포인트

상품 투자에서 성공하려면 상품별 시장이 갖는 특성을 반드시 확인해야 합니다. 상품들의 성격이 다른 만큼 그것들이 거래되는 시장도 다른 특성을 띠기 때문입니다. 주요 상품별 시장의 특징은 다음과 같습니다.

- 원유: 유황도, 정제마진율, 점도 등에 따라 가격이 다양함

  탱크 형태로 영구 저장이 가능함

  탐사 및 시추 기술의 발전에 따라 생산량이 결정됨

  정제 기술의 발전에 따라 정제탑에서 나오는 석유화학 제품의 원

가 등이 결정됨

수요가 경기순환 주기의 영향을 크게 받음

대체에너지의 생산량에 따라 가격이 달라짐

환경 문제 및 정치적 위험에 영향을 받음

- 천연가스: 운송 비용이 가격에 큰 영향을 끼침

원유에 비해 낮은 생산 원가

혹한기나 혹서기 시 냉난방 수요가 증가하면 가격이 상승함

- 산업용 금속: GDP 성장률 및 산업 주기와 높은 연계성을 보임

원유 대비 상대적으로 낮은 보관 비용

환경 규제, 정치적 영향, 노사분규의 불확실성이 존재함

높은 개발 및 고정비로 인해 규모의 경제를 활용한 생산이 요구됨

- 귀금속(금, 은, 플래티넘, 희토류 등): 전자제품 부품에 사용되면서 중요성이 부각됨

영구 보관이 가능하고 희소하여 인플레이션 헤지 및 가치 저장 기능이 있음

위험 자산에 대한 안전 자산 투자로 선호됨

- 곡물: 생산 및 보관 주기가 연간을 기준으로 형성됨

자연재해(한발, 해일, 홍수, 병충해 등) 및 기후의 변화가 공급에 있어 큰 위험 요인이 됨

생산 및 공급의 불안정성이 국가의 정치적 위험을 증대시킬 수 있음

- 가축: 곡물 가격의 변동에 큰 영향을 받음

기온의 급강하나 고온 현상으로 인해 가축의 폐사 가능성 발생

전염병(구제역, 조류독감, 돼지독감 등)이 큰 위험 요인이 됨

신흥성장국의 소득 증가로 수요가 급증하고 있음

성공적인 상품 투자를 위한 핵심 준비

상품 투자 시의 핵심 요건은 글로벌 가치사슬에 대한 분석입니다. 화석 연료의 일종인 원유의 경우를 살펴볼까요?

중동의 사막에서 생산된 원유는 송유관(파이프라인)을 거쳐 항구 터미널로 옮겨진 후 유조선에 실려 한국에 있는 울산종합석유화학 단지의 원유저장탱크로 옵니다. 이어 정제 과정을 거쳐 다양한 석유화학 제품으로 만들어진 다음 정밀화학 기업들 또는 소비자들에게 판매됩니다. 자동차 연료인 휘발유는 주유소를 통해 판매되고, 등유는 산업이나 가정의 난방용 연료로 사용되며, 항공유는 항공사에게 판매되는 등 최종 소비자에게 전달되는 과정을 거치지요.

다른 상품들 역시 유사한 가치사슬 과정을 거치면서 부가가치가 창출됩니다. 각 상품별로 글로벌 가치사슬과 어떻게 연결되는지를 이해하는 것이 상품 투자의 시작입니다.

투자와 관련하여 원유의 방대한 글로벌 가치사슬이 갖는 함의는 원유 자체뿐 아니라 원유에서 제품으로 연결되는 가치사슬상에 자리하는 여러 기업의 주식이나 펀드가 상품 투자의 대안이 될 수 있다는 점입니다. 두바이 원유, 북해산 브렌트유, 또는 서부 텍사스 중질유 등의 원유 중 하나를 투자자가 현물로 직접 골라 구매하는 것은 어려운 일입니다. 그렇게 하기보다는 원유의 글로벌 가치사슬에서 다양한 투자 대상을 찾아 원유 상품 투자의 대안으로 선택하는 편이 좋을 수 있습니다.

글로벌 가치사슬 파악에서 두 번째로 중요한 부분은 각 상품이 가지는 특성을 면밀히 파악하는 것입니다. 에너지 섹터에 있는 원유와 천연가스는 서로가 보완적이면서 경쟁적이기도 합니다. 특히 최근에는 대체에너지가 ESG 열풍을 타고 매력적인 투자 대상으로 떠오르고 있는데, 화석에너지와 대체에너지의 상호 관계를 제대로 이해해야 합니다.

지금은 화석에너지의 사용을 줄이고 대체에너지로 대체해 가는 과정이 순탄치 않은 시기입니다. 물론 언젠가는 완전히 대체되겠지만 현재는 과도기인 데다 대체 과정에 필요한 기술 등의 개발에도 시간이 소요되기 때문입니다.

이는 원유보다 이산화탄소 배출량이 상대적으로 적은 천연가스가 각광받고 있는 이유입니다. 따라서 투자자는 향후 수년간 천연가스 관련 투자를 검토할 필요가 있습니다. 이렇듯 상품들이 가지는 특성 및 상호 역학 관계를 이해하는 것이 중요합니다.

세 번째는 다양한 상품 투자의 방식을 익히는 것입니다. 이해를 돕기 위해 화석연료인 원유와 천연가스 섹터에 투자하는 방식을 설명하겠습니다. 일반적이고 전체를 포괄하는 에너지 섹터에 대한 투자를 원한다면 에너지 섹터 ETF를 선택하는 것이 적절합니다. 그러나 가치사슬별로 투자하고자 한다면 업스트림(up-stream) 투자와 미드스트림(mid-stream) 투자 중 하나를 택할 수 있습니다.

업스트림 투자에는 두 가지 방법이 있습니다. 하나는 미국의 엑손모빌(Exxon Mobil), 코노코필립스(Conoco Philips), 네덜란드의 로열더치셸(Royal Dutch Shell) 등 대규모 종합석유 회사의 주식에 투자하는 것입니다. 다른 하나는 미국 애팔래치아, 텍사스, 루이지애나 등에서 석유만을 생산하는 석유회사 주식에 투자하는 것입니다.

미드스트림 투자의 대상으로는 터미널, 송유관, 저장고 등을 운영하는 회사들이 있습니다. 이런 회사들은 주로 화석연료의 생산과 소비의 중간 단계를 연결해 주는 역할을 하는데, 국제 유가의 변동과 상관없이 어느 정도 안정적인 운영이 가능합니다. 따라서 배당을 받으며 안정적 투자 수익을 원하는 투자자에게 적절한 투자 대상입니다.

이처럼 화석연료에 대한 투자라 해도 여러 방법이 있고, 그에 따라 위험과 수익의 특성도 다양합니다. 그러므로 투자자는 그것들과 더불어 각 사업들의 안정성과 성장성까지 이해할 수 있어야 합니다.

가장 적합한 간접 투자 펀드

펀드는 가장 적절한 간접투자 방법입니다. 자신이 원하는 섹터나 산업, 또는 자산의 종류를 취급하는 펀드를 찾아 투자하면 펀드매니저가 일정 보수를 받고 대신 운용해 주기 때문에 투자자 입장에서는 투자하고자 하는 회사를 직접 골라낼 필요가 없지요. 따라서 투자와 관련된 자신감이나 전문 지식이 없는 투자자에겐 펀드가 적절한 투자 방법이 됩니다.

최근에는 주식 고르기가 힘든 만큼 펀드 고르기도 힘들다는 농담까지 나올 정도로 펀드의 종류와 수가 급격히 늘어났습니다. 펀드는 투자 대상과 투자 전략에 따라 운영 형태와 규칙이 다릅니다. 그중 투자자로서 알고 있으면 도움이 되는 ETF, 부동산 리츠, 사모펀드, 헤지펀드, 벤처캐피털에 대해 알아보겠습니다.

ETF

ETF는 최근의 대세입니다. 그야말로 없는 게 없어서 세상의 모든 투자 대상을 담아 놓은 매우 큰 그릇 같다고 해도 과언이 아닙니다. 미국 나스닥 기술주를 원하면, 혹은 뉴욕증권거래소의 배당주를 원한다면 힘들게 여러 기업의 주식들을 분석하고 하나하나 매수해 바구니에 담을 필요가 없습니다. 같은 전략을 추구하는 ETF들이 여럿 있으니 하나 혹은 몇몇을 선택해 투자하면 되니까요. 마치 스타벅스 커피 매장의 메뉴판을 보고 커피를 주문하듯 말입니다.

ETF는 인덱스 펀드를 거래소에 상장시켜 투자자들이 주식처럼 편리하게 거래할 수 있도록 만든 상품입니다. 장점으로는 여러 가지가 있는데 가장 큰 것은 앞서 언급했듯 투자자가 직접 주식을 선택할 필요가 없다는 점입니다. 또한 주식처럼 자신이 원하는 가격으로 시장에서 바로 매매할 수 있다는 점입니다.

거래 비용이 상대적으로 낮고 분산 투자 효과를 누릴 수도 있습니다. 특히 ETF는 상승기뿐 아니라 하락기에도 투자할 수 있습니다. 2배~3배 레버리지도 가능하여 지렛대 효과를 거둘 수도 있지요. 이처럼 ETF는 다양한 무기에 다양한 총알로 전투를 해볼 수 있게 준비된 인터넷 게임과도 같습니다.

다음은 시장에 널리 알려진 ETF의 종류들입니다. 업종이나 테마 등에 따라 세분되어 있으므로 자신이 관심 있는 분야를 찾아 투자하기에 쉽습니다.

- 업종별 ETF: 필수소비재, 자유소비재, 금융, IT, 헬스케어, 원자재, 에너지, 유틸리티, 통신, 산업재, 반도체, 은행

- 스타일, 자산별 ETF: 성장주, 가치주, 선진국, 신흥국, 채권종합, 국채, 장기국채, 물가채, IG회사채, HY회사채, 리츠, 한국
- 테마별 ETF: 친환경, 혁신 산업, 우주항공, 클라우드, 온라인 소매, ESG, 생명공학, 엔터테인먼트 및 레저, 핀테크, 전기차, AI 로봇, 농업

부동산 리츠

리츠(REITs)는 '부동산 투자신탁'을 뜻합니다. 부동산에 투자하고 싶은 여러 명이 자금을 한데 모아 부동산 매입 회사를 설립한 뒤 그 회사의 주식을 주식 시장에 상장시키는 구조로 생각하면 됩니다. 부동산에 투자를 함과 동시에 원하는 투자 지분을 주식 시장에서 팔 수 있는가 하면 여타 부동산 투자 회사의 지분을 살 수도 있으니 상당히 편한 투자 구조라 할 수 있습니다.

가령 강남의 사무용 건물에 투자하고 싶지만 직접 건물을 살 만한 여건이 아니라면 그런 건물들을 소유하고 있는 리츠의 주식을 사는 것도 투자 방법이 되는 것입니다. 비록 건물 전체는 아니지만 내부 화장실에 있을 세면대 하나 정도는 내 것이 될 수 있는 셈이지요.

리츠는 투자자에게 많은 편의를 제공하는 구조인 만큼 아무나 악용할 수 없게 방지하는 장치도 마련되어 있습니다. 감독 기관은 사전 요구 조건을 충족하는 경우에만 리츠를 허용합니다. 총 자산 중 70퍼센트 이상은 부동산에 투자되어야 하고, 이익의 90퍼센트 이상을 투자자에게 배당하야 하는 등이 그것입니다. 그 외에도 다양한 조건이 있으나 투자자 입장에서 모두 세세히 알 필요는 없습니다. 투자자에게 중요한 것은 각 리츠의 투자 전략과 자산의 특징을 파악하고, 그것을 바탕으로 자신이 투

자하려는 리츠를 잘 고르는 것이기 때문입니다.

리츠의 단점 중 하나는 주식 시장에 상장되어 있기에 그 변동성의 영향도 받는다는 것입니다. 이론적으로 보자면 리츠는 안정적 수익을 주는 임대용 부동산 등을 소유하고 있기에 주식 시장의 상승과 하락 같은 변화와는 직접적 관계가 없습니다. 그러나 실제로 주식 시장이 폭락하거나 폭등하면 리츠의 주가 역시 동일한 정도까진 아니지만 일부 함께 변동하는 모습을 보입니다.

그러나 투자자라면 이 단점을 현명히 활용할 수도 있습니다. 리츠의 본질가치엔 변화가 없는데 시장의 영향을 받아 과도하게 하락한다면 그때를 투자 시점으로 잡고, 상대적으로 배당수익률을 증대시키는 효과를 얻는 것입니다.

또한 리츠는 안정적 배당을 주는 동시에 때로는 보유 자산의 매각으로 수익을 발생시켜 자본 이득의 기회를 주기도 합니다. 종합하자면 리츠는 안정적 배당을 기초로 하고 자본 이득의 가능성도 가진 투자 대상이라 할 수 있습니다.

가령 임대 주택을 근거 자산으로 하는 '레지던스 리츠(residence REITs)'나 강남 테헤란로 또는 강북 태평로 주변의 좋은 빌딩들을 근거 자산으로 하는 '밸류 리츠(value REITs)'는 그것들을 바탕으로 임대 수익을 올리고, 이후 매각할 때 자본이득을 얻을 수 있습니다. 또 전국의 주유소 100~200개에 투자하여 임대 수익을 받는 '에너지 리츠(energy REITs)'는 대개의 주유소가 핵심 입지에 자리한다는 특성상, 해당 지역이 재개발될 때 개발이익을 얻을 수도 있습니다.

그렇다면 리츠 투자와 직접적인 부동산 투자 사이엔 어떤 차이가 있을까요? 리츠는 소액 투자가 가능하며 세제 혜택 덕에 세금 부담이 적습니다. 또 전문가가 운용하여 믿고 맡길 수 있고, 상장되어 있기에 자신이 원하는 시기에 매각하여 현금화가 가능합니다.

그에 반해 직접적인 부동산 투자는 일정 규모의 목돈이 있어야 가능하고 취등록세, 보유세, 양도세 등의 세금을 부담해야 합니다. 또한 투자자 자신이 부동산 전문가가 아니라면 본질적으로 위험한 판단이나 실수의 가능성이 존재하고, 유동성이 떨어지기에 자신이 원하는 시기에 현금화하는 데 일정 시간이 소요될 수 있습니다.

사모펀드

공모펀드는 일반 대중을 상대로 자금을 모아 주식 또는 채권 시장의 자산에 투자하는 펀드, 즉 우리가 익히 알고 있는 뮤추얼 펀드(mutual fund)입니다. 한국에서는 1990년대 후반에 태동하여 2000년대 이후 적립식 펀드, 연금 저축 및 신탁 펀드 등으로 간접 투자 자산의 거대한 축을 형성하고 있습니다.

이러한 펀드들에 가입하고 자금을 불입하는 것에는 그리 전문적인 지식이나 깊은 공부도 필요치 않습니다. 각 펀드들이 투자하는 대상들도 비슷하거니와 수수료나 수익 면에서 또한 대부분의 펀드가 엇비슷하기 때문입니다.

그러나 사모펀드는 공모펀드에 대별되는 개념입니다. 사모펀드는 소수의 투자자로부터 모은 자금을 특별한 투자 전략이나 투자 대상을 찾아 운용합니다. 조금 거창하게 표현하면 '그들만의 리그'라 할 수 있고, 이니 서클 내 사람들만의 가입을 허용하는 진입장벽이 있는 것도 사실입니다.

그 이유는 다음과 같습니다.

첫째, 개인투자자에게는 큰 금액일 수 있는 최소 가입 금액이 있습니다. 둘째, 전문투자자로서 등록된 개인이어야만 투자 기회를 얻을 수 있는 사모펀드들도 존재합니다. 셋째, 투자 기회가 특정 네트워크 내에서 소개되고 실제 투자 역시 알음알음으로 이뤄지기에, 해당 네트워크에 연결될 수 없는 개인들은 원해도 투자 기회를 잡지 못하는 경우가 꽤 있습니다. 넷째, 투자 전략이 일반 자본 시장에서 흔히 알려지지 않았거나 이해하기 어려울 수 있습니다. 특별한 자산을 편입하거나, 계산하기 어려운 모델을 활용해서 투자하거나, 심지어 AI 알고리즘을 기초로 프로그램 매매를 할 수도 있고, M&A 혹은 부도와 같이 기업의 특별한 상황을 이용하여 수년에 한두 번 찾아오는 기회를 노려 투자할 수도 있습니다.

결론적으로 사모펀드는 원하는 사람들 누구나가 진입할 수 있는 시장이 아닙니다. 내가 투자에 대해 얼마나 알고, 누구를 알고 있으며, 그들과 어떤 관계를 맺느냐에 따라 투자 기회가 열리니까요. 49인 또는 100인 이하의 소수에게만 투자가 권유되는 구조의 세계에 일반인이 접근하는 것은 어려운 일입니다.

사모펀드는 금융 기관이 관리하는 공모펀드와 달리 사인(私人) 간 계약의 형태를 띠며, 금융 감독 기관의 감시가 심하지 않고(최근에는 여러 금융 스캔들로 인해 감독이 점점 심해지는 경향을 띠기는 합니다), 운용에도 특별한 제한이 없기에 자유로운 운용이 가능합니다. 법에 따르면 사모펀드는 헤지펀드라 불리는 전문투자형 사모펀드와 PEF(private equity fund)라 불리는 경영참여형 사모펀드로 나뉘는데, 이 둘을 좀더 자세히 살펴보면 다음과 같습니다.

• 전문투자형 사모펀드(헤지펀드): 헤지(hedge)는 '울타리'라는 뜻입니다. 영국에서 목동들이 양을 키울 때 울타리를 쳐서 빠져나가지 못하게 하듯, 헤지펀드는 투자 원금을 보호하기 위해 울타리를 치는 펀드라고 이해하면 됩니다.

흔히 헤지펀드는 위험하고 핫머니(hot money), 즉 투기적 이익을 찾아 국제금융 시장을 이동하는 단기 부동자금의 성격을 띤다고 오해하곤 합니다. 그러나 원래의 의미처럼 헤지펀드는 시장상황의 등락과 상관없이 일정한 수익을 얻을 수 있는 방법들을 찾아내려 하는 펀드입니다.

헤지펀드는 1949년 미국인 투자자 앨프리드 존스(Alfred Jones)가 친구 몇 명과 자신의 자금을 모아 저평가 주식은 매수하고 고평가 주식은 매도하는 방법으로 운용한 것에서 시작되었습니다. 즉, 헤지펀드는 매수 전략과 매도 전략을 혼합해서 자금을 운용하는데, 여기엔 고평가 주식을 매도해 시장 위험을 피하려는 의도도 포함되어 있습니다.

헤지펀드가 추구하는 전략은 작게는 열 개 정도, 많게는 40개 이상에 이르기도 합니다. 또 그런 전략들은 마치 계절별 패션처럼 유행을 타기에 '스타일'이라 불리기도 하지요. 헤지펀드의 많은 투자 전략 중 시장에 널리 알려진 몇몇으로는 다음과 같습니다.

주식 매수 매도형(long-short equity): 매수와 매도를 혼합하는 투자

시장 중립형(market neutra): 시장 위험을 헤지하는 투자

M&A 차익 거래형(merger arbitrage): M&A를 활용하는 투자

전환사채 차익 거래형(convertible arbitrage): 전환사채를 활용하는 투자

특별 자산형(event-driven): 부실화된 기업에 투자

채권 차익 거래형(fixed Income arbitrage): 채권 가격의 차이를 활용한 투자

글로벌 전략 투자형(global macro): 글로벌한 방향성에 투자

주식 매도형(short-biased): 시장 하락에 베팅하는 투자

- 경영참여형 사모펀드(PEF): '경영권 획득형 펀드(buyout fund)'라고도 불리는 PEF가 한국 자본 시장에 알려진 것은 1990년대 IMF 위기 직후였습니다. 금융 시장의 자금이 경색되자 많은 기업들은 흑자 도산을 했고, 주가는 곤두박질쳤으며, 삼성전자의 주식도 헐값 수준에 거래되는 시기였지요. 이때 구원투수처럼 나타난 외국 PEF 투자자들이 우리나라의 기업들을 인수하기 시작했습니다.

  PEF들은 한국의 알짜기업들을 낮은 가격에 인수해 3~5년간 구조조정을 통해 경영 효율을 개선하고, 고금리 부채를 저금리 부채로 조정하며, 글로벌 환경에서 경쟁력을 갖출 수 있게끔 사업 전략을 재설정하는 과정 등을 통해 기업가치를 올렸습니다. 그리고 IMF 이후 한국 경제가 어느 정도 회복되고 기업들도 되살아나자 투자 원금 대비 높은 가격에 해당 기업들을 매각했습니다. 이런 점에서 보자면 사실 금융 성격상 PEF는 구원투수라 할 수 있지만, 국가적 차원에서 뒤돌아보면 국민으로서 안타까운 부분이 있습니다.

- 벤처캐피털: 2000년대부터 전 세계가 인터넷 기반의 경제로 전환되자 새로운 기술, 사업모델, 시장 등에 기반을 둔 다양한 스타트업들이 등장했습니다. 이때 새롭게 나타난 사모펀드가 '창업투자조합'이라는 법적 명칭을 갖는 벤처캐피털입니다.

  벤처캐피털은 초기 단계에 있는 기술기업들에게 대개 지분율 20퍼센

트 미만의 투자를 진행합니다. 또한 경영권 획득형 펀드와 달리 회사 경영은 창업자나 대주주에게 위임하고 이사회에 참여하는 형식을 취합니다. 여러 회사에 투자하기 때문에 회사들 사이의 네트워킹을 도와주고 사업에 도움이 되는 조언을 해주기도 합니다. 단순한 투자자가 아니라 동반자로서 회사의 성장에 일조할 수 있게끔 노력합니다.

최근에는 사모펀드의 투자 영역이 확대되고 투자자들의 구성도 다양해지면서 개인투자자들이 투자에 참여할 기회도 마련되고 있습니다. 그 대표적인 예가 스타트업에 공동으로 투자하는 개인투자조합입니다. 이를 통해 초기 스타트업에 엔젤 투자자로 참여하는 것이 가능할 뿐 아니라 대상 회사가 벤처 인증을 받은 곳이라면 투자 금액에 대한 세제 혜택도

역사는 반복되고, 실패는 교훈이 된다

1990년대 한국의 주류 산업은 지역별 독과점 체제였습니다. 그중 가장 큰 브랜드는 서민들이 즐겨 마시는 소주를 대표하는 진로였지요. 그러나 진로는 IMF 위기 당시 계열사 지급 보증을 잘못 서면서 부도 위기에 빠지고 말았습니다.

공포가 시장을 지배하던 그때 미국의 사모펀드는 시장에서 진로의 채권을 헐값에 사들이기 시작했습니다. 사업 본체가 건실한 상황에서 구조조정과 법정관리를 거치면 진로는 얼마든지 다시 일어설 수 있는 회사임을 그들은 알았던 것입니다. 그리고 그들의 예상대로 진로는 회생에 성공했고 외국계 사모펀드는 엄청난 수익을 거두었습니다. 외국의 사모펀드가 한국에 근사하게 데뷔를 한 셈이었습니다.

그로부터 10년이 지난 후, 한국의 투자자들은 미국의 리먼 사태로 인해 부실화된 자산을 투자 대상으로 하는 사모펀드에 투자함으로써 높은 수익을 거두었습니다. 역사는 반복되고, 과거의 실패에서 교훈을 얻은 투자자들은 또다른 위기가 왔을 때 그것을 수익의 기회로 역이용할 수 있음을 보여주었습니다.

있으니 여러모로 유리한 구조로 볼 수 있습니다.

또한 사모펀드의 투자 전략이나 동향은 전반적인 자본 시장의 움직임을 이해하는 데 큰 도움이 된다는 점도 기억해 둘 필요가 있습니다. 자본 시장은 다양한 참여자들이 한데 모여 만들어내는 오케스트라와도 같습니다. 그렇기에 이번에는 누가 핵심 연주자이고 누가 프리마돈나이며 누가 뒤로 물러나 반주자 역할을 하는지를 파악하면 자연스레 어디에 투자해야 할지도 알게 됩니다. 이것이 사모펀드들과 관련된 투자 뉴스나 정보 등에 항상 귀를 기울여야 하는 이유입니다.

신진 부르주아 세력, 디지털 자산

디지털 자산은 근래 몇 년 사이에 새로 생겨난 표현입니다. 아날로그와 대별되는 개념이라 그런지 디지털이라 하면 미래지향적이고 혁신적인 느낌이 드는 것도 사실입니다.

그런 디지털이 어느 날 '자산'이란 단어와 결합, 상당히 전망 있는 투자 대상으로 각광받기 시작했습니다. 변화하는 객체에 자산성과 희소성을 부여하는 자본의 속성 때문입니다. 기존 투자 패러다임의 관점에서 보자면 디지털 자산에 투자하는 것은 허무맹랑한 일처럼 보일 수도 있지만 이는 결국 하나의 투자 섹터로 자리잡게 될 것입니다.

디지털 자산은 PC나 노트북 또는 데이터 저장 장치 등과 같은 전자기기에 저장할 수 있는 문서, 오디오, 동영상 등의 디지털 데이터를 말합니다. 디지털 자산을 저장하는 기기는 점차 클라우드 환경으로 확장·발전하고 있고, 저장 대상인 디지털 데이터 역시 확대되는 중입니다. 디지털 자산에 대한 소유권과 전환 가능성은 해결되어야 할 문제로 지적되고 있지만, 빠른 변화를 법과 제도가 따라가지 못하는 터라 그에 대한 지원이나 통제는 아직 제한적입니다.

그러던 와중에 등장한 블록체인 기술은 기존의 문제와 한계를 해결하는 기미를 보였습니다. 그에 따라 사람들은 디지털 자산에 대한 투자와 매매를 하기 시작했습니다.

거래 대상으로 가장 널리 알려진 디지털 자산 중 하나는 비트코인으로 대표되는 가상화폐일 것입니다. 비트코인은 향후 금, 심지어는 기존 화폐의 대체제가 될 것이란 기대를 불러일으켰고, 가격 역시 엄청나게 상승해 왔습니다. 한낱 버블에 불과하며 한여름밤의 꿈과 같이 어느 날 그 가치가 사라질 것이라 이야기하는 사람이 있는가 하면, 향후엔 전 세계 금의 시가총액을 능가하며 인류 최대의 안전자산으로 자리잡을 것이라 말하는 사람도 있습니다. 지금으로선 누가 옳은지 아무도 장담할 수 없습니다.

비트코인과 같은 암호화 화폐가 가상화폐의 시초인 듯하지만, 사실 가상화폐 개념은 이미 수십 년 전부터 사용되었습니다. 1990년대 우리나라에는 '이코인'이라는 가상화폐가 있었습니다. 1996년에 동명의 회사에서 발행한 국내 최초의 가상화폐로, 영화나 음악의 구매 혹은 시험 응시료의 온라인 납부 등에 2000년대 초까지 사용되었지요.

2000년대 초반 싸이월드라는 가상의 공간에서 사용되었던 '도토리', 온라인 게임의 역풍을 타고 등장한 게임머니, 지금의 네이버페이와 카카오페이도 가상화폐의 일종에 해당합니다. 미국 역시 페이팔(Paypal)에서 가상화폐를 만들어 유통시켜왔고요. 이렇듯 가상화폐는 이미 오랜 기간 우리가 사용해 온 친숙한 개념입니다.

비트코인으로 시작된 암호화(encryption) 화폐는 그전까지 편의 증진의 개념으로 사용되었던 가상화폐를 투자의 개념으로 전환시키는 계기가 되었습니다. 블록체인 기술 기반으로 암호화 과정을 거쳐 안정성과 희소성이 보강된 암호화폐는 기존의 가상화폐와 달리 가상공간이 아닌 현실에서도 사용됩니다.

또한 은행과 같은 제3기관의 인증절차를 거치지 않고 P2P(peer to peer) 방식으로 거래에 참여하는 상대들이 거래원장에 거래 기록을 저장 및 보관하지요. 이 경우에 사용되는 것이 블록체인의 분산원장기술입니다.

디지털 자산이 투자 대상으로 전화되는 과정은 계속되고 있습니다. 암호화 화폐가 자본 시장을 시끄럽게 만든 것과 달리 이곳저곳에서 등장해 조용히 움트고 있는 실질적 디지털 자산들이 그 예입니다. 성동격서(聲東擊西)라는 말처럼, 소리를 지르는 것은 동쪽인데 정작 공격은 서쪽에서 이뤄지는 모양새라고나 할까요. 디지털 자산화는 미술품에서 시작되어 현재는 부동산으로까지 확대되고 있는데, 그중 몇 가지 예를 살펴보겠습니다.

- 디지털 자산유동화 증권(DABS: digital asset backed securities): 자산유동화증권(ABS)은 금융 시장에서 널리 알려진 금융 기법입니다. 부동산 또는 대출 자산 등을 기초 자산으로 증권을 발행하여 다수의 투자자가 해당 자산을 간접적으로 소유하게 하는 것인데 통상 기존 금융권인 은행 및 증권사가 활용합니다. 이런 ABS는 개인이 투자하기에는

금액도 크고 유통 경로도 맞지 않았습니다.

그러나 최근엔 블록체인의 디지털 자산유동화 증권이 등장하면서 개인이 소액으로 투자할 기회도 생겨나고 있습니다. 이를 통해 '꼬마 빌딩'으로 표현되는 소형 임대용 건물도 자산유동화 증권 발행에 필요한 기초 자산이 될 수 있게 환경이 바뀐 것입니다. 대형 부동산을 대상으로 대형 기관투자자들 사이에서 주로 거래되었던 ABS였으나 대상 범위가 중소형 부동산으로, 또 투자자 범위가 개인투자자로 확장되자 투자 시장도 이전보다 활성화되기 시작했습니다.

• 디지털 아트 대체불가토큰(NFT: non-fungible token): 다른 토큰으로 대체하는 것이 불가능한 가상자산인 블록체인 기반 토큰으로, '대체불가능'이란 속성 덕에 예술 작품을 디지털 토큰화하는 데 사용되기 시작했습니다. 블록체인상에 창작자, 소유자, 거래 정보 등이 저장되기에 위조 또는 변조가 불가능하다는 장점이 있습니다. 또한 고유인식번호로 구분이 가능하기에 유일무이한 속성을 갖는다는 점에서 투자 대상으로 떠오르기 시작했습니다.

예술 작품을 디지털 코인화하는 시도는 지난 수년 사이에 이루어졌고, 이렇게 디지털 자산화된 예술 작품은 최근 온라인 경매를 통해 수백만 달러에 거래되기도 했습니다. 이런 방식은 앞으로 더욱 확대되고 다양한 작품에 도입될 것으로 예상되기에 지속적으로 관심을 기울여야 할 투자 대상입니다.

디지털 자산은 아직은 투자 대상으로 자리잡지 못했고, 해결되어야 할 선결 과제들 탓에 시장 참여자들이 합의에 도달해야 할 부분도 있습니다. 또한 국가적·제도적 차원에서 지원되어야 할 사항들도 존재합니다.

우선은 자산의 분절화(fragmentation)에서의 진전이 이루어져야 합니다. 과거에는 생각지도 못했던 '쪼개고 나눠서 소유하기'라는 새로운 개념이 자리잡아야 한다는 뜻입니다.

미술품 혹은 음원을 어떻게 나누어 소유하고 그것에 투자할 수 있을까? 건물의 벽돌 하나하나에 그 주인을 표시할 수 있을까? 가상세계에서의 권리도 그렇게 쪼개서 나누고 소유할 수 있을까? 이런 질문들이 한번 시작되면 꼬리에 꼬리를 물고 확장될 것입니다.

디지털 자산을 규제 및 통제하는 기능은 중앙으로 집중되어야 할지, 아니면 분권화되어야 할지에 대해서도 합의가 이뤄져야 합니다. 중앙은행과 증권거래위원회에서 알 수 있듯 기존의 금융 및 투자 시스템은 중앙에 집중되어 있습니다. 선량하고 무지한 투자자를 보호해야 한다는 정책적 근거, 그리고 시장의 통일성 및 표준화를 위해서도 중앙에서 통제해야 한다는 것이 수백년간 금융 및 투자 시스템의 근간이 되는 개념이었습니다.

그러나 디지털 자산과 암호화 화폐라는 신진 부르주아 세력은 그런 믿음 혹은 통념을 무너뜨리고 있습니다. 이에 '구관이 명관'이라 주장하며 기존 시스템을 지키고 운영해 온 봉건주의자들은 위기의식을 느끼고 있지요. 이 두 세력의 힘겨루기는 향후의 관전 포인트가 될 테지만, 결국 큰 방향은 투자자들의 대세가 어디로 흘러가는지에 따라 결정될 것으로 보입니다. 분명한 점은 시대의 새로운 흐름을 거스르기란 어렵다는 것입니다.

인류의 역사는 정주민과 유목민이 대결하는 과정의 연속이었습니다. 중국을 예로 생각해 봐도 이 점을 잘 알 수 있습니다.

역사적으로 중국은 소중국(小中國) 시기와 대중국(大中國) 시기가 반복되며 발전해 왔습니다. 소중국 시기는 지배 계층이자 정주민인 한족(漢族)이 중원을 지키며 문화와 문명을 발달시킨 시기입니다. 그리고 대중국 시기는 한족이 북적(北狄)·서융(西戎)·남만(南蠻)·동이(東夷)라며 낮잡아 부른 유목민들이 중국을 정복해 한족을 지배한 시기이지요. 그러나 중국이 크게 발전한 것은 정주민이 유목민과 결합해 시너지를 일으킨 시기였습니다.

투자의 역사에서 정주민에 해당하는 것은 주식과 채권이라는 전통투자입니다. 이 영역 하나에 해당하는 자본 시장의 크기도 크고 시장 참여자 규모도 거대합니다. 중국의 중원 역시 매우 넓은 데다 인구수와 생산물의 규모가 엄청났지요. 그런데 정주민인 전통투자의 영역에 우리가 대체투자 혹은 대안투자라 일컫는 부동산, 사모펀드, 헤지펀드, 상품 및 인프라 투자 등의 유목민들이 들어오고 있습니다.

지금 투자의 세계는 정주민인 전통투자 영역과 유목민인 대체투자 영역의 대결장이자 화합의 장입니다. 그러나 중국이 정주민과 유목민의 시너지를 바탕으로 발전했듯, 사실 이 두 영역은 서로 대립하고 경쟁할 필요가 없습니다. 투자자의 입장에서는 두 영역을 혼합시킴으로써 전체 포트폴리오의 수익을 더욱 증가시키고 위험은 더욱 감소시킬 수 있기 때문입니다.

따라서 우리는 전통투자가 만들어낸 성곽과 도시 안에 안주해선 안 됩니다. 유목민이 새로운 목초지를 찾아서 말을 타고 먼 길을 떠나듯, 대체투자 영역을 찾아내는 데 시간과 관심을 투자해야 한다는 뜻입니다. 새로운 개념의 부동산 투자, 미술품에 대한 공동투자, 산업의 변화를 따라가는 ETF 투자, 글로벌 에너지 주기에 근거한 상품에 대한 투자, 디지털 자산 투자 등 그렇게 찾아낸 새로운 세계는 이전보다 상대적으로 낮은 위험과 높은 수익을 제공할 것입니다.

새로운 목초지를 찾아 나서는 투자자만이 포트폴리오의 성과를 장기적으로 올리고 미래 먹거리를 계속 발굴할 수 있습니다. 그리고 그런 사람만이 장기적으로 경제적 자유를 얻을 수 있는 자산을 축적할 수 있다는 점을 기억해야 합니다.

문어발식 투자를 지양하자

그룹 경영과 관련하여 과거 언론에선 '문어발식 확장'이라는 표현이 자주 눈에 띄었습니다. 문어는 배가 고프면 자기 발에 붙어 있는 빨판으로 다른 발을 빨아먹는다고 합니다. 즉, '문어발식 확장'은 사업 영역의 무분별한 확장이 불러일으키는 제살 깎아먹기식의 폐해를 비판하는 표현입니다.

이는 비단 기업 경영에만 해당되는 이야기가 아닙니다. 투자에서도 무분별하고 맥락 없는 자산 배분은 동일한 결과를 가져올 수 있기 때문입니다. 전략적 투자 마인드를 가지고 안전자산과 위험자산의 비율, 전통투자와 대체투자의 비율, 위험 선호도 등을 생각하고 실행에 옮겨야 장기적으로 자신이 원하는 투자 수익을 얻을 수 있습니다.

투자 과정도 시행착오를 거치게 마련이기에 때론 제살을 깎는 실수를 범할 때도 있겠지만, 전략이 단단하다면 그에 근거해 일관성 있는 투자를 해나갈 수 있습니다. 2000년대로 접어들면서 한국의 재벌과 기업들이 과거의 실수를 거울로 삼아 문어발식 확장을 버리고 전략적 행보를 펼치며 성장하고 있는 것처럼 말입니다.

당신에게는 아직 세 번의 기회가 있다

지금까지 우리는 '재정독립과 경제적 자유'라는 주제하에 나의 기질을 이해하는 것에서 시작하여 나와 주변환경을 분석한 후 투자 전략을 세워 보는 과정을 거쳐 실제 성공 및 실패 사례를 살펴보며 투자의 기초를 닦았습니다. 이어서 주식과 부동산 투자라는 주요 자산에 대한 투자를 이야기하고 새롭게 부상하는 비상장, 아트, 상품, 펀드 및 가상자산 투자에 대해서까지 정리했지요.

이상의 많은 내용이 주입식 교육처럼 되지 않으려면 여러분이 주체적인 생각을 갖고 판단해야 합니다. 그저 듣고 읽는 것만으로는 그 어떤 것도 진정한 내 것이 될 수 없습니다. 제대로 된 투자 역시 결국엔 내가 어떤 질문을 던지고 스스로 답을 하는가에 달려 있습니다. 거창하게 표현하면 자신만의 투자 철학을 완성해 가자는 이야기입니다. 설사 '개똥철학'이라고 평가될지언정 자신만의 투자 철학을 가진 사람은 그 신념하에 오랫동안 흔들리지 않고 투자할 수 있습니다.

오랜 기간 묵은 장에서 깊은 맛이 나듯, 투자의 결실은 장기간에 걸쳐 실패와 성공을 반복하며 실패의 횟수와 규모를 줄이고 성공의 횟수와 규모를 키우는 과정 끝에 거둘 수 있습니다. 하루아침에 이루어지지 않는, 긴 기간을 싸워가며 만들어내야 하는 결과입니다.

현명한 투자를 위한 성장문답

나만의 투자 철학을 갖고 또 다져가는 데는 투자를 위한 성장문답 과정이 필요합니다. 정해진 문답 형식이 있는 것이 아니라 실제 투자를 진행하면서 자신이 질문을 발견하고 그에 맞는 답변을 만들어가는 과정이지요. 다만 막연히 느껴질 수 있을 테니 다음의 예시로 질문과 답을 하는 연습을 해보겠습니다.

질문 1: 표면을 볼 것인가, 속을 볼 것인가?

명절이 되어 선물 세트를 구입하다 보면 종종 겉과 속이 다른 상품을 보게 되곤 합니다. 대목에 수요가 몰리다 보니 얄팍한 상술을 가진 판매자들은 상품의 겉포장만 화려하게 만들 뿐 정작 내용물은 볼품없거나 부실한 것들로 채워 넣습니다. 이런 선물을 받으면 보낸 사람의 성의가 느껴지기는커녕 불쾌한 감정이 앞서기까지 합니다.

투자의 세계에도 겉은 화려한 표현으로 포장되어 있으나 실질은 따라주지 못하는 대상들이 있습니다. 화려한 명절 선물세트의 포장지처럼 이런 투자 대상들은 '우량 주식, 알짜 부동산, 성장성 높은 스타트업'이라는 문구로 장식되어 있지요. 그러나 우리에게 중요한 것은 포장지가 아니라 꽉 찬 알맹이, 즉 제대로 된 실적, 근거 및 수치입니다.

그러므로 우리는 그 알맹이를 건져낼 수 있는 질문들을 던져야 합니다. 우량 주식에 대해서는 '미래의 시장 점유율은 어떻게 될 것인가?', 알짜 부동산에 대해서는 '임대 소득과 매입 가격 사이의 수익률을 분석한 결과는 어떤가?', 성장성 높은 스타트업에 대해서는 '시장을 장악하는 사업 모델이 있는가?'라고 물을 수 있어야 한다는 뜻입니다.

근사한 홍보 문구가 아닌, 근거가 되는 증거를 찾아낼 수 있는 질문을 끊임없이 던지십시오.

질문 2: 효율적 시장인가, 비효율적 시장인가?

투자론에는 '효율적 시장 가설(EMH: efficient market hypothesis)'이란 것이 있습니다. 주식 시장의 주가가 어느 정도의 정보를 반영하고 있는가에 따라 강형 효율적 시장, 준강형 효율적 시장, 약형 효율적 시장으로 구분하는 가설입니다.

이 가설에 따르면 약형 효율적 시장에서는 시장에 공개된 정보가 주가에 반영되고, 강형 효율적 시장에서는 공개된 정보뿐만 아니라 기업의 내부 비밀 정보까지 주가에 이미 반영되어 있다고 봅니다. 전자의 예로는 신흥국의 주식 시장을, 후자의 예로는 선진국의 주식 시장을 듭니다.

투자자 입장에서 보자면 강형 효율적 시장에서는 투자 수익을 내기가 어려울 수 있습니다. 이미 모든 정보가 자산 가격에 반영되어 있기에 본질가치에 비해 가격이 저평가 또는 고평가된 자산을 찾기 어려운 탓입니다. 그에 반해 약형 효율적 시장에서는 모든 정보가 가격에 반영되는 것이 아니다 보니 본질가치 대비 가격이 비싸기도 하고 싸기도 합니다. 투자자가 열심히 조사, 분석하여 본질가치를 추정할 수 있다면 수익을 낼 수 있는 기회도 존재하는 것입니다.

따라서 우리는 투자 대상이 거래되는 시장이 강형 효율적 시장인지, 약형 효율적 시장인지, 아니면 전혀 효율적이지 않은 시장인지 질문을 던져야 합니다. 그리고 비효율적 성격을 가진 시장, 섹터, 클래스를 찾아내기 위해 노력해야 합니다. 바로 그런 곳에 추가 수익의 기회가 있기 때문입니다.

질문 3: 가격을 볼 것인가, 가치를 볼 것인가?

흔히 '가치를 보고 투자하라'고 이야기합니다. 그럼 가격은 무엇이고 가치는 무엇일까요? 저는 가격이란 것은 사람의 '마음'에 있다고 생각합니다. 심리에 영향을 받기도 하고, 대중이 몰리는 데 따라 가기도 하며, 투자자 자신의 희망이나 비관이 반영되어 싸거나 비싸다는 판단이 들기도 하기 때문입니다. 투자 대상인 기업과 사랑에 빠져 비합리적 의사결정을 내리는 투자자의 경우가 한 예일 것입니다.

반면 가치는 사람의 '머리'에 있습니다. 이성적 판단과 냉철함에 근거해서 자산을 바라보는 눈이 가치를 깨닫게 만듭니다. 마음에 두고 있는 투자 대상이 있다면 그 근거가 '가치'인지 '가격'인지를 항상 스스로에게 물어야 합니다. 마치 매가 하늘을 날면서 먹잇감을 파악하고 사냥할 만한 것인지 아닌지를 판단하듯 말입니다.

가격은 변동하지만 가치는 단단히 자리를 지키고 있다는 것, 이것이 시장의 진리입니다. 따라서 투자자는 가치를 중심으로 가격을 판단해야 합니다.

질문 4: 추세를 볼 것인가, 주기를 볼 것인가?

시장에서의 자산 가격은 주변의 거시 및 미시 환경의 변화에 영향을 받으며 끊임없이 변동합니다. 투자자들은 그런 가격의 변동을 만들어내는 주체임과 동시에 그에 일희일비하면서 투자라는 고통스러운 드라마에서 행운의 혹은 비운의 주인공이 됩니다.

자산 가격의 움직임에는 추세(trend)와 주기(cycle)가 있습니다. 주가는 상승 추세에 접어들 때도 있고 하락 추세에 있기도 하지요. 상승 추세일 때면 시장은 끝없는 낙관론의 지배를 받고, 사람들은 추격 매수를 하기도 합니다. 하락 추세일 때면 마치 지구 종말의 시나리오 같은 비관론이 시장을 짓누르고, 사람들은 겁에 질려 투매(panic selling)에 나섭니다. 이런 모습들에서 우리는 인간이 갖는 욕심과 공포가 어떤 결과를 일으키는지도 관찰하게 됩니다.

반면에 자산 가격의 변동을 큰 주기로서 이해할 수도 있습니다. 5년이든 10년이든 자산의 가격은 상승과 하락의 큰 주기를 반복하는데, 그것을 보고 있노라면 우리 마음속에 존재하는 냉정과 열정의 반복을 보는 것 같습니다.

투자자로서 우리는 시장의 변화를 추세와 주기 중 어느 것으로 볼 것인지를 항상 물어야 하고, 추세에 빠져서 주기를 놓치지 않도록 주의해야 합니다. 추세에 빠져 있는 것은 마치 숲속에서 나무만을 바라보며 숲 전체를 상상하는 것과 같습니다. 숲 바깥에서 숲을 볼 수 있는 객관성과 냉철함은 주기를 보아야만 유지할 수 있습니다.

질문 5: 다수의 의견을 따를 것인가, 소수의 의견을 말할 것인가?

정치에는 다수당과 소수당이, 사회에는 정상인과 비정상인이, 의견에는 주류와 비주류가 있습니다. 이처럼 인간 사회는 암수한몸처럼 통일되어 있기보다는 반대의 요소로 나뉘어 구성되는 경우가 대부분입니다.

투자에도 다수와 소수의 의견이 존재합니다. 다수의 의견은 투자 집단이 대세를 이루며 리드하는 것으로, 이것을 대중이 따름에 따라 유행처럼 번집니다. 마치 당시의 '절대선' 같은 느낌으로 인식되기도 하지요. 리먼 사태로 시작되는 글로벌 금융위기 때도 이와 흡사한 양상이 벌어졌습니다. 대세의 흐름에 반대되는 의견을 이야기하는 사람은 공격의 대상이 되고 '절대악'인 듯 여겨졌으니까요.

일반 사회에서도 그렇듯 자본 시장에서도 반대 의견이나 비판적 사고는 항상 소수 의견입니다. 대중은 대세를 따르는 것에 편안함을 느낄 수밖에 없습니다. 하지만 투자자라면 오히려 그때가 가장 위험할 수도 있음을 인지하며 항상 질문을 던져야 합니다. '나는 지금 다수를 리드하는 천사의 추종자가 될 것인가, 아니면 소수 의견을 말하는 악마의 옹호자가 될 것인가?'라고 말입니다.

절대적인 답은 없습니다. 그러나 당연하다고 생각하는 것에 끊임없이 질문을 던지는 것이 투자자가 가져야 할 태도임은 확실합니다.

질문 6: 빚으로 투자할 것인가, 내 돈으로 투자할 것인가?

'빚투' 또는 '영끌' 같은 단어가 일상화된 세상입니다. '남의 돈은 절대 쓰면 안 된다'는 격언을 가훈처럼 여길 만큼 빚을 죄악시하는 사람들도 있지만, 자신의 종잣돈으로는 부족해 여기저기서 자금을 끌어당겨 투자하는 사람들이 적지 않습니다. 특히 청년들은 천정부지로 뛰는 집값을 언제 노동 소득으로 따라잡을 수 있겠냐며 지금이라도 영끌로 부동산을 사야 한다고 하고, 비트코인과 같은 암호화 화폐는 변동성이 큼에도 그것에 투자하기 위해 빚을 내는 공격성을 보이기도 합니다.

시대적 상황이 청년들을 그렇게 만든 것임을 알기에 그들이 틀렸다고만 이야기할 수 없는 것이 사실이고, 그래서 마음도 아픕니다. 그러나 빚으로 투자하는 것만은 피하라고 이야기하고 싶습니다. 자기 돈으로 투자하면 마음이 편하다는 장점도 있지만 재무적인 관점에서 투자의 위험도 감소합니다. 하지만 빚으로 투자하면 하락장에서는 밤에 잠을 이룰 수 없을 정도로 불안감에 시달릴 뿐 아니라 실제로 '깡통계좌'가 될 수도 있습니다. 기대수익이 높은 만큼 파산의 위험도 감내해야 합니다.

1990년대 후반에 있었던 롱텀캐피털매니지먼트(Long-Term Capital Management)라는 헤지펀드의 파산이 대표적인 예입니다. 월가의 고수라 불렸던 존 메리웨더(John Meriwether)가 1994년에 설립한 이 회사는 1997년 노벨경제학상 공동수상자인 마이런 S. 숄즈(Myron S. Scholes)와 로버트 머튼(Robert Merton)은 물론 당대의 천재 경제학자와 금융공학자 들이 파트너가 되어 자금을 운용하는 것으로 유명했습니다. 그러나 30배 이상의 레버리지를 일으켜 펀드를 운용하던 이 회사는 러시아의 모라토리엄(moratorium), 즉 국가부채 지불유예 선언으로 자본 시장이 크게 요동치면서 파산하고 말았습니다.

자기 자본만으로 투자하다 보면 수익이 낮은 경우도 있고, 빚을 내서 투자하면 위험할 수 있는 대상도 있습니다. 그렇기에 실제 투자 전에 투자자는 항상 스스로에게 물어야 합니다. 자신은 어느 정도의 레버리지를 감내할 수 있는지, 그리고 투자하려는 대상은 그 특성상 어느 정도의 레버리지까지만을 허용하는 것이 좋을지를 말입니다.

나만의 투자 철학을 완성하자

투자에 실패하는 사람들은 본인의 투자 신념이 부족한 경우가 많습니다. 주변의 이야기를 듣고 충분한 판단 없이 부화뇌동하여 투자하는 경우 손실로 연결됩니다. 장기적 투자를 성공하기 위해 나만의 투자 철학을 가지는 부분에 대해 이야기해보고자 합니다.

직관의 형성

30년 전 미국 대학원에서 경영학 석사과정 2년차로 유학하던 시절, 중국집 경영에 참여한 경험이 있습니다. 당시 저는 운 좋게도 KPMG라는 회계법인으로의 입사가 결정된 상황이었는데, 공대 박사과정에 있는 선배와 함께 중국집을 인수하여 경영을 하게 되었던 것입니다.

1대주주인 선배는 요리부터 주방 관리까지를 맡았고, 저는 말하자면 2대주주의 입장에서 주로 배달을 담당했습니다. 저녁 5시경부터 식당 영업을 위해 식자재를 준비하고 본격적인 손님이 들이닥치는 6시경부터는 음식을 배달하느라 정신이 없었습니다. 눈이 오든 비가 오든, 10달러짜리 주문이든 100달러짜리 주문이든, 치안이 좋은 지역이든 나쁜 지역이든 무조건 배달을 나가야 했지요. 그리고 배달이 줄어드는 9시경이면 식당을 천천히 정리하고 10시경에 퇴근하는, 하루에 5시간가량을 투입하는 생활을 1년간 하며 경험을 쌓았습니다.

그 시간이 지나고 보니 어느덧 식당 사업을 보는 눈이 생겼습니다. 지금도 식당에 가면 공간 규모, 테이블 수, 종업원 수, 주방의 모습 등을 주의 깊게 살펴보게 됩니다. 불과 1년 남짓한 경험이었음에도 식사를 위해 식당에 가면 영업이 잘되는 곳인지 아닌지, 잘되는 이유는 무엇이고 안 되는 곳이면 무엇이 문제인지 바로 보입니다. 감히 말하건대, 바닥부터 배우고 뛰며 경험했기에 식당업에 대한 직관이 생긴 것입니다.

좋은 인재를 채용하는 것은 조직의 생명줄과도 같습니다. 저는 20년 이상 동안 사람을 채용하고 관리하고 훈련시켜 왔습니다. 회계법인에서 컨설턴트를 뽑는 일부터 시작해 기업에서 신입 직원을 채용하고, 교육 기관에서 학생들을 가르치며 좋은 학생들을 선발해 오는 일들을 했지요.

그러다 보니 어떤 사람이 좋은 인재이고, 어떤 사람이 조직에 도움이 되며, 어떤 사람이 중장기적으로 성장할 잠재력을 가지고 있는지 대화를 해보면 30분 내에 파악할 수 있습니다. 사람을 판단하고 성장시키는 부분에 대한 직관이 생긴 것입니다. 아마 사람을 다루는 일을 오래 한 사람이라면 비슷한 능력을 얻었을 겁니다.

저는 이전에 2년 이상 목공을 취미로 하면서 작은 소품에서 화장대 정도까지 만들어본 경험이 있었습니다. 가구를 만드는 목수는 '소목', 집을 짓는 목수는 '대목'이라 하지요. 그런데 50세가 된 해의 어느 날, 문득 '이 정도면 소목은 되었구나' 하는 생각이 들었습니다. 동시에 대목이 되어보고 싶어 혼자 자그마한 농막을 지어보기로 결심했습니다.

그해 8월 초, 1주일의 여름휴가 동안 여섯 평짜리 농막을 만드는 작업에 착수했습니다. 다만 보조나 동료의 도움 없이 혼자 모든 일을 해결하겠다는 조건을 스스로 달았습니다. 작업장은 양평의 어머니 댁 옆에 있는 땅이었습니다.

30도가 넘는 무더위에 혼자 나무를 사서 자르며 기둥을 세우기 시작했습니다. 첫 기둥을 세우는 데는 반나절 정도가 걸렸습니다. 간단한 아이디어 스케치를 바탕으로 작업을 시작했는데 수평과 수직을 맞출 수가 없어 유튜브에 올라온 동영상을 보면서 힘들게 문제를 해결했습니다.

1주일 내내 매일 14시간씩 일하면서 겨우 절반을 완성했고, 나머지 절반은 주말마다 작업해 나갔습니다. 그리고 마침내 10월 말에 자그마한 나만의 농막이 완성되었습니다. 여섯 평 중 세 평의 공간에는 책을 넣어두었고 다른 세 평에는 목공 공구를 보관했습니다. 농막 앞에는 솥뚜껑 삼겹살을 구워 먹을 수 있게끔 데크도 설치했습니다.

그렇게 절대시간을 담아낸 결과 저는 나무만 보면 재질과 종류를 파악할 수 있고 나무별 물성도 잘 알게 되었습니다. 5년의 시간 동안 직접 나무를 재단하고, 조립하고, 오일을 발라가며 손끝에 나무의 느낌을 집적해온 덕에 목공에 대한 직관이 생겨난 것입니다.

나만의 투자 철학을 갖는다는 것은 곧 투자에 대한 직관을 갖는 일입니다. 다양한 투자 대상에 실제로 투자를 해보고 손실을 입거나 이익을 보는 과정을 거치다 보면 투자 대상을 하나의 생물처럼 바라보게 됩니다. 같은 투자 대상에 대해서도 누군가는 수익을 내지만 또다른 누구는 손실을 경험합니다.

투자자와 투자 대상은 마치 연애 중인 남녀처럼 밀당을 하기도 합니다. 투자자는 그런 과정을 겪으며 본인만의 직관을 길러갑니다. 어느 순간 시장에 살짝 부는 바람을 느끼며 큰 비가 올 것 같다는 예측을 하기도 하고, 아무도 눈치 채지 못하는 단초를 파악하고 그에 대비하기도 합니다.

제가 만나본 투자의 거성들은 다들 비슷한 성향을 갖고 있었습니다. 그것을 앞에서는 '기질'이라 표현했는데, 다른 말로 하면 '직관'입니다. 하루 20건 이상의 배달을 1년간 해보면, 20년간 매년 20명의 인력을 채용하다 보면, 톱과 사포로 5년간 나무를 자르고 다듬으며 가구나 농막을 완성하다 보면 얻게 되는 직관을 투자라는 프로세스에서도 얻어내야 합니다.

경제 뉴스의 한 줄을 읽으면 한 문단이 떠오르고 한 페이지가 생각나면 심지어 한 권의 책 분량을 상상할 수 있는 직관, 기업 공시 한 줄을 보고도 그 기업의 현장과 경영진의 스타일 및 기업의 미래 방향성이 상상되는 직관, 새로운 기술의 출현을 접하면 어느 기업이 수혜를 받고 글로벌 가치사슬이 어떻게 변화해 갈지를 상상할 수 있는 직관을 가지는 것을 목표로 해야 합니다.

직관을 기르기 위한 루틴

직관은 절대시간을 담아내는 과정을 루틴으로 반복해야만 얻어낼 수 있습니다. 그러한 루틴은 개인별 성향이나 사전 경험에 따라 다르지요.

다음은 다소 힘들지만 그래도 앞날을 위해 자신을 훈련시킬 수 있는 루틴의 예시입니다. 개인별 능력의 차이가 있기에 실제로 적용되는 방식은 다양하게 변형되거나 보강될 수 있습니다.

- 일별 루틴: 매주 닷새, 20분씩 글로벌 경제·산업 트렌드 공부 20분
- 주별 루틴: 매주 두 시간씩 리서치 리포트 읽기
- 월별 루틴: 한 달에 8시간을 할애, 투자 관련 서적 한 권씩 읽기
- 분기별 루틴: 본인의 투자 전략 및 전술 보고서 쓰기
- 반기별 루틴: 본인이 선정한 투자 대상으로 리스트 완성
- 연간 루틴: 본인의 투자 결과 분석 및 계획 수립

자본가로서의 단계적 성장

자본가라 하면 흔히들 거대한 자본을 갖고 자본 시장을 들었다 놓았다 하는 사람을 떠올리곤 합니다. 하지만 저는 자본가에 대한 정의를 세분화하고 싶습니다.

물론 투자자로서 자본을 축적하고 성공하는 것은 인생의 중요한 목표일 수 있습니다. 재정독립과 경제적 자유를 얻기 위해 충분한 자본을 축적해야 하는 당위성은 부인할 이유가 없기 때문입니다. 다만 그것이 인생의 마지막 목표라 여기며 자본 축적을 정의해야 할지에 대해선 생각해 볼 필요가 있습니다.

자본 축적이라는 개념은 여러 형태를 띱니다. 꾸준한 공부와 토론을 통해 많은 지식을 축적한 사람이 있다면 그도 자본가입니다. 그런 이들은 '지적 자본가'로서 주변에 지적으로 큰 영향력을 주기 때문입니다. 좋은 주변 사람들을 많이 알고 있으며 그들과 교류하며 성장하는 사람 또한 자본가입니다. 그들은 '인적 자본가'로서 사람들 사이의 관계를 원활하

게 만들며 소통의 시너지를 만들어냅니다.

전통투자와 대체투자를 통해 충분한 경제적 부를 이룬 사람도 당연히 자본가입니다. '금융 자본가'로서 그들은 개인적으로나 사회적으로 경제적 부를 창출하는 데 기여합니다. 창업 아이디어를 바탕으로 사업을 일구거나 제조 혹은 무역을 통해 기업을 만들어낸 이들 역시 '산업 자본가'로서 국가와 산업의 성장 기반을 만들어줍니다.

마지막으로 중요한 자본이 하나 더 있습니다. 사회가 지속가능하게 성장하고 사회 구성원을 안전하게 연결시켜 사회적 가치를 향상시키는 일을 하는 사람들이 있습니다. 소셜 벤처를 운영하거나, 본업은 있지만 별도의 시간을 내어 사회적 기여를 적극적으로 해내는 그들을 저는 '사회 자본가'라 칭합니다.

우리가 이 다섯 가지 형태의 자본을 모두 형성할 수 있다면 성공한 삶을 살았다고 이야기할 수 있을 것입니다. 사실 다섯 가지 모두를 이루기엔 현실적 제약이 있지만 단계별 접근을 통해 몇 가지만 갖춘다 해도 큰 성공이라 할 수 있습니다. 다음은 제가 정리한 단계별 접근법입니다.

- 자본가 1.0: 학습과 성장을 통한 '지적 자본가'
- 자본가 2.0: 넓고 깊은 인간관계를 통한 '인적 자본가'
- 자본가 3.0: 금융 자산의 축적을 통한 '금융 자본가'
- 자본가 4.0: 사업의 개발 및 확장을 통한 '산업 자본가'
- 자본가 5.0: 사회적 기여를 통한 '사회 자본가'

처음부터 금융 자본가가 되겠다고 생각하기보다는 우선 지적 자본가가 되겠다는 목표를 설정하고 노력한 후 인적 자본가로 단계를 높여서 달성하는 것입니다. 그다음에는 금융 자본가, 그보다 더 성공하면 산업 자본가가 된 뒤 최종 목표로 사회 자본가가 되는 꿈을 꾸어보자고 제안하고 싶습니다. 그렇게 되면 단순히 돈을 벌고 자본을 축적하는 것을 인생의 목표로 삼는 것이 아니라, 그보다 더 넓고 깊은 관점에서 금융과 투자를 바탕으로 인생을 설계할 수 있을 것입니다.

투자, 30년을 생각하라

투자는 자신이 얼마나 무지한지에 대한 한계를 깨닫고 인정하는 것에서 시작합니다. 자신이 모두 알고 있다고 자신한다면 투자가 투기로 변질되는 등, 과도한 자신감은 때로 낭패스러운 결과를 불러오기도 하기에 항상 겸손하게 투자에 임해야 합니다. 대박의 꿈을 꾸며 투자를 하거나 근거 없는 루머나 상상에 근거해 이성적 판단을 하지 못했을 때의 결과는 참담합니다.

오랫동안 자산을 운용해 온 유수의 투자 기관이나 투자 귀재들은 매년 시장 수익률을 조금 상회하는 수준을 목표로 투자합니다. 또 초대박이나 높은 수익률을 바라지 않고 전략을 세워 지켜나가는 끈기를 발휘합니다. 도박장에서 베팅에 열중하는 사람들은 확률이 자기편이라 믿고 '반복하다 보면 언젠가는 성공할 것'이란 생각으로 도박에 임하지만 결국은 패배하고 맙니다. 도박을 하는 사람의 결과는 정해져 있는 셈입니다.

투자는 규칙을 정하고 반복하는 과정에서 수익을 얻는 경기이지 실패

할 확률에 인생을 거는 게임이 아닙니다. 투자 전략을 세우고 자신을 훈련시키며 전술적으로 자산을 배분해 나가야 하고, 최소한 30년의 기간을 목표로 진행해야 합니다.

지적 자본가나 인적 자본가가 되면 시장을 더 잘 알 수 있고, 내게 음으로 양으로 도움을 주는 인적 자원이 천군만마처럼 옆에 있으면 금융 자본이 축적되며 투자 성과가 실현됩니다. 이처럼 여러 상황이 긍정적으로 상호작용을 해나가는 일종의 화학반응 과정 같은 것이 투자입니다.

한국의 자본 시장은 30대가 되기까지 꾸준히 성장해 왔습니다. 이제 성인이 되었으니 혹시 성장판이 닫혀버리는 것은 아닌지 우려되기도 했으나 그렇지 않았습니다. 산업과 기술의 혁신이 일어나고 국가의 부가 증대되자 자본 시장도 다시 업그레이드되어, 다양하고 새로운 산업군이 나타나 성장의 모멘텀을 만들어가고 있습니다. 또한 투자 영역도 국내에서 해외로 확대되면서 그 범위가 넓어졌고, 미국 같은 선진 자본 시장에 투자할 기회 역시 많아짐과 동시에 신흥성장 시장의 폭발적 성장을 함께할 수 있는 기회도 생겼습니다.

그러면서도 탐욕과 공포라는 기본적 인간 심리의 영향 탓에 자본 시장은 5년에서 10년의 주기로 자산 가격의 버블화와 폭락의 사이클을 반복하기도 합니다. 숲 안에서 나무를 보지 않고 숲 바깥에서 큰 그림을 보며 질풍노도의 시기를 겪으며 성장하는 자본 시장에 투자하면 앞으로의 30년을 같이 성장할 수 있습니다.

이순신 장군이 임진왜란 당시 선조에게 했다는 "신에게는 아직 열두 척의 배가 남아 있사옵니다"라는 표현을 빌리자면, "우리에게는 앞으로도 30년이라는 시간, 그리고 최소 세 번의 큰 기회가 남아 있사옵니다"라고 할 수 있겠군요. 미리 계획하고 미리 준비하는 투자자라면 앞으로의 할 일도 더욱더 많아질 것입니다.

　당신에겐 계획을 세우고, 구조를 짜고, 즐길 수 있는 충분한 시간이 있습니다.

2021년 12월

이동훈

어떻게 경제적 자유를 얻을 것인가

초판 1쇄 2021년 12월 27일
초판 6쇄 2022년 2월 20일

지은이 | 이동훈
펴낸이 | 송영석

주간 | 이혜진
기획편집 | 박신애 · 최미혜 · 최예은 · 조아혜
외서기획편집 | 정혜경 · 송하린 · 양한나
디자인 | 박윤정
마케팅 | 이종우 · 김유종 · 한승민
관리 | 송우석 · 황규성 · 전지연 · 채경민

펴낸곳 | (株)해냄출판사
등록번호 | 제10-229호
등록일자 | 1988년 5월 11일(설립일자 | 1983년 6월 24일)

04042 서울시 마포구 잔다리로 30 해냄빌딩 5 · 6층
대표전화 | 326-1600 **팩스** | 326-1624
홈페이지 | www.hainaim.com

ISBN 979-11-6714-021-0